Michael Murphy

Die Kunst, den Ball zu schlagen

Michael Murphy

Die Kunst, den Ball zu schlagen

Golf und Psyche

Aus dem Amerikanischen von
Michael Windgassen

Kabel

Die amerikanische Originalausgabe erschien 1972
unter dem Titel »Golf in the Kingdom«
bei The Viking Press Inc. in New York.

Die deutsche Ausgabe erschien erstmals 1994
unter dem Titel »Golf und Psyche«.

Für meine Eltern
John und Marie Murphy

ISBN 3-8225-0610-9
Sonderausgabe 2002
2. Auflage 2002

Gesamtherstellung: Clausen & Bosse, Leck
Printed in Germany

www.kabel.de

»Das Spiel wurde vor Milliarden Jahren erfunden – erinnerst du dich nicht?«

– alte schottische Golfweisheit

Inhalt

Erster Teil

Zweiter Teil

Erster Teil

Shivas Irons

Zwischen dem schottischen Firth of Forth und dem Firth of Tay liegt die Grafschaft Fife – von Freunden dieses Landstrichs schlicht »The Kingdom« genannt. Dort liegt an der Nordseeküste ein Golfplatz, der mir leuchtend in Erinnerung ist, ein unscheinbares Heide- und Dünengelände, wo sich jene unwahrscheinlichen Ereignisse zutrugen, die zu diesem Buch geführt haben. Takt und Diskretion zwingen mich, den tatsächlichen Namen dieses Platzes geheimzuhalten; darum werde ich ihn statt dessen als »Links of Burningbush« bezeichnen. Vielleicht haben Sie den Platz schon einmal bespielt und entsinnen sich aufgrund meiner Beschreibung. Aber ich möchte an dieser Stelle ausdrücklich darauf hinweisen, daß nicht einmal das Gebiet oder die Gemeinde, zu der der Platz gehört, namentlich erwähnt wird, da die Mitglieder des ehrenwerten Golfclubs an der hier erzählten Geschichte Anstoß nehmen könnten.

An einem Tag im Juni 1956 machte ich dort zufällig Bekanntschaft mit Shivas Irons, der mir lediglich als ein Golfpro vorgestellt wurde. Ich spielte eine Runde mit ihm, traf ihn am Abend bei einem Freundestreff wieder, folgte ihm gegen Mitternacht in eine Schlucht, wo er seinen mysteriösen Lehrmeister aufsuchte, wurde Zeuge, wie er bei Sonnenaufgang in ekstatische Trance verfiel, und fuhr am folgenden Nachmittag – nur vierundzwanzig Stunden nach unserer ersten Begegnung – entnervt, aber begeistert nach London zurück: Meine Wahrnehmung der Dinge hatte sich ein für allemal grundlegend gewandelt.

Der erste Teil dieses Buches handelt von jenem unglaublichen Tag im Rückblick von fünfzehn Jahren. Währenddessen ist meine Erinnerung an unser Treffen unzähligen Veränderungen unterworfen gewesen. Wie war es bloß möglich, daß er und sein Lehrmeister während ihrer Golfrunden auf den Burningbush Links mit den Strukturen von Bewußtsein und Raum experimentierten, ohne daß andere Spieler oder Greenkeeper davon Kenntnis nahmen? Hat er tatsächlich Gestalt und Größe verändert, wie ich mich zu entsinnen vermeine, oder saß ich nur einer Täuschung auf, hervorgerufen durch mein damals arg verwirrtes Gemüt? War es ihm wirklich gelungen, bei Loch achtzehn den Ball 320 Yards weit zu schlagen? Ich bin mir ziemlich sicher, daß er das tat. Über all die Jahre im Anschluß an unsere Begegnung habe ich mir immer wieder diese Fragen gestellt. Der gemeinsam verbrachte Tag und die Erinnerung daran beeinflussen nach wie vor meine Denkweise und Wahrnehmung. So lebendig ist er in meiner Vorstellung, daß ich bisweilen, besonders während einer Runde Golf, den Eindruck habe, er wäre mir unter die Haut geschlüpft. Dann könnte ich schwören, daß er mich auf den Spielbahnen begleitet, mir mit seinem sonoren schottischen Akzent Vorhaltungen macht, Trost zuspricht oder Ratschläge gibt, wie ich meinen Schlag verbessern könnte. Seine spukhafte Gegenwart verlockt mich immer wieder zum Spielen, trotz aller Vorbehalte, die ich gegen diesen Sport habe. Auf einem Golfplatz kann ich jenen Tag im Jahre 1956 neu durchleben.

Der zweite Teil dieses Buches ist ein Versuch, einige Gedanken aus seinen Tagebuchaufzeichnungen zu deuten, die ich auszugsweise für mich kopiert habe. Denn dieser Mann war ein philosophierender Poet und ein Historiker von besonderem Schlage. Seine Worte sind nicht minder bemerkenswert als seine großartigen Golfschläge. Ich weiß nicht mehr, was mich dazu brachte, die jeweiligen Auszüge abzuschreiben. Daß ich es tat, werte ich als einen ebenso großen Glücksfall wie meine persönliche Begegnung mit ihm. Womöglich ahnte ich auch intuitiv, daß wir uns nie mehr wiedersehen würden. Jahrelang habe ich erfolglos versucht, Kontakt zu ihm aufzunehmen. In Burningbush weiß niemand, wo er steckt und was er treibt. Der Mann an der Bar des altehrwürdigen Golfclubs hat wohl recht mit der Vermutung, daß ihn sein Freiheitsdrang in der Weltgeschichte umhertreiben würde.

Nach diesem denkwürdigen Besuch verließ ich Schottland in Richtung Indien, um im Ashram des indischen Gurus Aurobindo Philosophie und praktische Meditation zu studieren. Die Übungen beschäftigten mich so sehr, daß meine Erinnerungen an Burningbush in den Hintergrund rückten. Abenteuer auf Golfplätzen schienen mir in der strengen, weihevollen Umgebung des Ashrams eine profane Zeitverschwendung zu sein. Weisheiten von Aurobindo, Juan de la Cruz, Plotin und Meister Eckehart beherrschten mein Denken, und von den Gesprächen, die ich in Schottland geführt hatte, kam mir kaum mehr ein Wort in den Sinn.

Nach anderthalbjährigem Aufenthalt in Indien kehrte ich nach Kalifornien zurück. Dort spukte mir Shivas Irons wieder im Kopf herum. Ich hörte seine Stimme, mit der er mir dieselben Vorschläge machte wie damals während unseres gemeinsam verbrachten Tages. »Immer schon ein Feld, schon vor dem Schwung.« Es klang wie eine Litanei. Manchmal hörte ich ihn kurz vorm Einschlafen sprechen.

Richard Prive, ein ehemaliger Kommilitone von Stanford, der sich intensiv mit den ungenutzten Möglichkeiten des Bewußtseins beschäftigte, erfuhr im Sommer 1961, daß ich in San Francisco wohnte, und kam, um mich zu sehen.

Es dauerte nicht lange, und wir faßten den Plan, auf dem alten Grundstück meiner Familie in Big Sur ein Institut zu gründen. Schon bald verwirklichte sich unser Traum, wenn auch in abgewandelter Form, die aber der ursprünglichen Idee sehr nahekam, eine Art Ashram oder Forum aufzubauen, wo sich Ost und West begegnen.

Zu dieser Zeit nahmen mich die Erinnerungen an Shivas immer stärker gefangen. Daß ein auf mystischem Gebiet so talentierter Mensch wie er ausgerechnet Golfpro war – und zwar ein durchaus tüchtiger –, erfüllte mich zunehmend mit Staunen, zumal es mir beim Aufbau unseres kleinen Instituts äußerst schwerfiel, das Alltägliche und Erhabene unter einen Hut zu bringen. Psychiater, Hippies, Mitläufer, Gelehrte aus Universitäten und Forschungsanstalten, Ehepaare mit Problemen und Gurus vom anderen Ende der Welt fielen über uns her in Reaktion auf unsere Briefe und Broschüren. Wir lagen genau im Trend einer gesellschaftlichen Bewegung, von der wir bislang kaum etwas gewußt hatten. Alles stürzte sich in neue geistige Abenteuer, suchte nach den Verhältnissen von Seele und Körper und Schlafzimmer, traf sich in Encountergruppen zu endlosen Therapien und erforschte das weite Feld dessen, was mein Lehrer Aurobindo die »vitale Natur« genannt hatte. Die Beschäftigung mit dem menschlichen Potential (so bezeichneten wir es) war so chaotisch und berauschend, daß ich Shivas Irons um so mehr darum bewunderte, wie er das Geistige und Profane in Einklang zu bringen vermochte, was in seinem vorzüglichen Golfspiel und dem Umgang mit

Freunden an der Bar von Burningbush konkret zum Ausdruck kam.

Eines Nachts in Big Sur, nach einer besonders aufreibenden und erschöpfenden Sitzung, der wir den Titel »psychologisches Karate« gaben, zog es mich zu einem Karton voller Aufzeichnungen, die ich während meiner Indienreise gesammelt hatte. Darunter fand ich auch meine Abschriften aus Shivas' Tagebüchern wieder. Bei der Lektüre kamen Erinnerungen und Eindrücke wie eine Flutwelle zurück. Obwohl so weit entfernt von der Grafschaft Fife, empfand ich alles wie aus nächster Nähe und in ursprünglicher Intensität: den Duft der Heide, das Farbenspiel aus Purpur und Grün. Für eine Stunde oder länger befand ich mich wieder in Schottland, spazierte über die gepflasterten Straßen jener kleinen Stadt, genoß die frische Meeresluft und schaute wie in satorihafter Verzückung von der Düne über Loch dreizehn hinab. So tief war mein Empfinden, so hellwach, daß ich kaum glauben konnte, all dies vergessen oder gar verdrängt zu haben.

Ich fand, daß es an der Zeit war, den Kontakt wiederherzustellen. Am nächsten Tag schickte ich Shivas einen Brief. Monate vergingen ohne Antwort. Mein Wunsch, von ihm zu hören, nahm derweil ständig zu. Im Sommer 1964 schrieb ich einen zweiten Brief, doch auch der blieb ohne Rückmeldung. Einen dritten adressierte ich dann an seine Freunde, die McNaughtons, aber sie schickten mir den Brief zurück mit dem Vermerk, daß sie ihn nicht zustellen könnten. Inzwischen war ein weiteres Jahr vergangen, und die Arbeit an unserem Institut nahm mich voll in Beschlag. Wir gelangten zur Berühmtheit – zumindest in einschlägigen Kreisen –, und für eine Weile glaubten wir unmittelbar vor einer sensationellen Neuentdeckung zu stehen. Wir arbeiteten am Konzept einer Lebens- und Wohngemeinschaft, das eine Fülle von Disziplinen zur Erweiterung des menschlichen Potentials enthielt. Dahinter stand die Idee, als »Astronauten der

Innenwelt« wirken und zu neuen, bislang unbekannten Bewußtseinsdimensionen vorstoßen zu können. Von einem »Manhattan-Projekt« der Psyche war sogar bisweilen die Rede. Doch bald wurde uns klar, daß der erhoffte Durchbruch wohl doch länger auf sich warten lassen würde als vermutet und womöglich gar in die falsche Richtung ging. Unser Ehrgeiz erlahmte, als einige unserer Astronauten mit einer Bruchlandung zur Erde zurückkehrten, und wir mußten lernen, daß der Versuch, das Bewußtsein zu programmieren, ein heikles Unternehmen mit ungewissem Ausgang ist. Was uns zusätzlich ernüchterte, war der Umstand, daß 1967, im sogenannten Sommer der Liebe, Tausende junger Leute aus allen Teilen der Vereinigten Staaten auf der Suche nach einem ultimativen Mekka der Gegenkultur herbeiströmten und auf unserem Grund und Boden zu campieren beabsichtigten. Sie kamen mit verklärtem, wonnigem Lächeln, voller Drogen und Enthusiasmus, schwärmten durch die Redwood-Wälder und über das Küstengebirge, und nicht wenige von ihnen benahmen sich wie die Vandalen. Es herrschte eine Atmosphäre, in der alle Disziplin verlorenging, die wir für unsere Arbeit brauchten. Gegen Ende dieses Sommers fing ich mir eine Hepatitis ein.

Während ich mich davon zu erholen versuchte, reifte in mir der Entschluß, nach Burningbush zurückzukehren und den Mann ausfindig zu machen, der eine Lebensweise praktizierte, wie sie mir vorschwebte und von der ich in diesem chaotischen Sommer so weit entfernt war. Aber weil meine Genesung nur langsam voranschritt und manche Probleme in unserem Institut zu lösen waren, mußte ich die Reise um drei Jahre verschieben. Erst im Sommer 1970 konnte ich endlich aufbrechen.

Ich kam mit einigen Freunden in England an, mietete, ohne viel Zeit zu verlieren, ein Auto und fuhr über Edinburgh zur Grafschaft Fife. Wie groß war meine Enttäuschung. Wo sich Shivas aufhielt, wußte mir keiner zu sagen. Seine alte Hauswirtin verdrehte die Augen, als ich mich nach ihm erkundigte, zuckte wehmütig mit den Schultern und sagte, daß sämtliche Briefe, die sie an seine Londoner Adresse weitergeleitet habe, zurückgeschickt worden seien. Er hatte Burningbush irgendwann im Herbst 1963 verlassen. »Oh, er ist ein Rumtreiber«, sagte sie mit Schimpf und freundlicher Nachsicht wie alle, die von ihm sprachen. Es war deutlich, daß sie ihn sehr vermißte.

Im Clubraum des Golfvereins roch es nach Leder und Kaminfeuer. Die Atmosphäre war behaglich; gekreuzte Schwerter, Tartanstoffe, Trophäen und Bilder alter Golfplatzhelden zeugten von langer Tradition. Der Mann an der Bar, meine einzige Verbindung zu jenem Tag vor vierzehn Jahren, schwelgte in Erinnerungen an seinen außergewöhnlichen Freund. Über ihn erfuhr ich, daß Shivas tatsächlich nie für den Club gearbeitet, sondern als Golflehrer auf eigene Rechnung unterrichtet hatte. Das sei ihm wichtig gewesen, um »seine besonderen Methoden beibehalten zu können«.

»Oh, so einen wie ihn gibt's nicht noch mal«, sagte der Barmann und lächelte versonnen. »Nur Seamus kommt an ihn ran, aber auch er ist weg.« Seamus MacDuff, den Shivas seinen Lehrer nannte, war vor ein paar Jahren gestorben wie auch Julian Laing, der Arzt vor Ort, ebenfalls ein guter Freund von Shivas. Evan Tyree, als Golfchampion wohl der bekannteste Schüler von Seamus, war nach Neuseeland gegangen, um dort, wie es hieß, Land zu kaufen. Die McNaughton-Familie hatte es nach Afrika verschlagen. Alle, die ich damals hier kennengelernt hatte, waren verschwunden, bis auf den freundlichen dicken Mann an der Bar. Sein Gesicht war röter geworden und das Haar grauer seit unserer ersten Begegnung.

Ich stellte mich ihm vor, und mir wurde plötzlich bewußt, wie wichtig er für mich war als der letzte Kontakt zu Shivas Irons.

»Liston«, antwortete er und streckte mir die Hand entgegen, »nennen Sie mich einfach Liston. Mein Vorname ist Sonny, aber alle nennen mich Liston.« Er schenkte mir Scotch ein, und wir verbrachten den Nachmittag damit, unsere Erinnerungen an Shivas auszutauschen. Zwischendurch bediente er die Clubmitglieder und legte Scheite aufs Feuer.

»Es war schon erstaunlich, wie er bei den Leuten hier ankam«, sagte er. »Auf jeden ging er anders ein. Ich kann gut verstehen, was Sie meinen, wenn Sie sagen, daß er ständig seine Gestalt wechselte. Ich hab ihn und seine Entwicklung über all die Jahre hinweg genau beobachtet. Und je länger ich ihn beobachtete, desto mehr war ich von ihm fasziniert. Meine Frau behauptete zu spüren, wenn ich mit Shivas zusammengewesen war; sie sagte, ich würde dann so sprechen und mich so bewegen wie er. Komisch: Es hat ihr gefallen, wenn ich in seiner Nähe war. Sie mochte mich anschließend um so lieber. Das sagte sie jedenfalls.« Er schüttelte den Kopf, und sein Grinsen verriet, daß er schon so manchen Ehekrach erlebt hatte. »Ja, er war ein lebhafter Kerl. Soll ich Ihnen mal was sagen? Ich hab noch unlängst daran gedacht, wie er seine Übungsschläge da draußen absolvierte.« Er zeigte durchs Fenster hinaus auf einen verwaisten Abschlagplatz. »In seinen Schwüngen lag was ganz Besonderes, was Merkwürdiges... und dann dieser Gesichtsausdruck dabei. Ich hab ihn immer noch vor Augen.« Ich fragte, ob Shivas mit ihm jemals über philosophische Aspekte des Spiels gesprochen habe. »Ganz selten«, antwortete er. »Eigentlich nie, wenn ich's mir recht überlege. Von solchen Sachen versteh ich sowieso nichts. Aber mit Ihresgleichen hat er manchmal philosophiert. Ansonsten war er um Worte nie verlegen. Natürlich wollte jeder Ratschläge von ihm hören, und damit hat er nicht geknausert.«

Ich fragte, wo Shivas jetzt wohl stecken könnte. »Keine Ahnung«, erwiderte er. »Irgendwas muß in ihn gefahren sein. Bevor er von hier Abschied nahm, hab ich ihn oft davon reden hören, daß er unbedingt wieder auf Achse müsse. Manchmal sprach er auch davon, den Armen helfen zu wollen.« Er schüttelte den Kopf. »Es heißt, daß er ein unverbesserlicher Schürzenjäger war. In bezug auf Frauen galt er immer als ein bißchen spinnert.« Er tippte, als er das sagte, mit dem Finger an die Schläfe. »Aber nicht nur in bezug auf Frauen. Er war einfach ziemlich sonderbar.« Und wieder ging sein Finger an die Schläfe. »Aber ich hab viel von ihm gelernt; und er wußte immer für Stimmung zu sorgen. Es gab keinen, der so gut singen konnte wie er.«

Im Verlauf des Gesprächs wurde deutlich, daß Liston den spurlos verschwundenen Freund sehr vermißte. In Burningbush wußte niemand, wo sich Shivas nun aufhielt.

Dabei hatte ich mich fest darauf eingestellt, ihn endlich wiederzusehen. Tieftraurig reiste ich aus Schottland ab. Meine trübe Stimmung hielt an, bis ich den Entschluß faßte, dieses Buch zu schreiben. Auf diese Weise wollte ich ihn mir vergegenwärtigen, was auch gelang. Während ich mein Gedächtnis nach Hinweisen auf seine Person und Denkungsart durchforschte, kam ich zu unerwarteten Einblicken. Kaum hatte ich zu schreiben begonnen, als mir bewußt wurde, daß jener Tag im Jahre 1956 Eindrücke und Lehren für ein ganzes Leben gebracht hatte.

Im nachhinein ist mir klar, daß ich der Komplexität der Person von Shivas Irons nicht annähernd gerecht geworden bin. Denn viele seiner rätselhaften Bemerkungen bleiben ungedeutet, etliche Seiten seiner Tagebücher ungeöffnet und manche Ereignisse, die sich damals zutrugen, ohne Erklärung. Dennoch will ich veröffentlichen, was ich habe, und nicht erst auf den Tag der endgültigen Klärung warten, der womöglich noch lange aussteht.

Und außerdem hoffe ich, daß sich mit diesem schmalen Band der eigentliche Autor aus seinem Versteck herauslocken läßt.

Eine Fußnote zu seinem Namen

Wie erwähnt, ist »Burningbush« ein frei erfundener Name für jenen Golfplatz im Dünengelände der Grafschaft Fife, wo ich mein Abenteuer erlebte. Gleiches gilt für die Namen von einigen Personen, die in der Geschichte vorkommen. Der Name des Protagonisten ist jedoch authentisch: Shivas Irons. Ich habe nachgeforscht und Quellen entdeckt, die über Ursprung und Geschichte dieses ungewöhnlichen Namens Auskunft geben. Shivas oder Shives ist ein schottischer Familienname, der in East Aberdeenshire schon im vierzehnten Jahrhundert gebräuchlich war. So hieß auch ein Bezirk in dieser Gegend. *Chivas Regal* ist die Markenbezeichnung eines Scotch-Whiskys mit Weltruf. Im schottischen Dialekt bedeutet das Verb »shiv« beziehungsweise »shive« so viel wie schieben oder stoßen. Vielleicht rührt der Familienname von Verdrängungskämpfen zwischen alten Clans her. »Shive« ist auch als Substantiv gebräuchlich und bezeichnet eine Scheibe Brot. Mir gefällt es, diese Bedeutung auf den Namen Shivas zu übertragen, denn er bot mir mit seiner Gegenwart und Weisheit gleichsam das Brot des Lebens. Das Substantiv »shivereens« wird synonym zu »smithereens« verwandt und läßt sich übersetzen mit Fragmente, Atome, Splitter. Auch dieser Bezug erscheint mir angemessen, insofern, als Shivas die Wahrnehmungsgewohnheiten anderer zu zerpflücken vermochte. Unbelegbar ist eine Verbindung zum Namen des alten Hindu-Gottes der Zerstörung und Erneuerung, der wohl ältesten Gottheit überhaupt (Bildnisse von Shiva datieren zurück auf das zweite bis dritte Jahrtausend v. Chr.). Das war eine Enttäuschung für mich, aber ich tröstete mich mit der Erkenntnis, daß direkte Etymologien nicht unbedingt der einzige Hinweis auf innere Zusammenhänge sind.

Der Name »Irons« ist in der Grafschaft Angus seit dem fünfzehnten Jahrhundert bekannt. Allerdings konnte ich bislang keine verwandtschaftlichen Bezüge zu einem gleichnamigen Clan ausfindig machen (übrigens auch nicht zum Clan namens Shivas). Doch forsche ich weiter in der Familiengeschichte, denn weil die Aussicht auf ein Wiedersehen immer geringer wird, hoffe ich, über seinen Stammbaum mehr von ihm zu erfahren. Das schottische Wort »iron« (oder »irne«) ist in diesem Zusammenhang sehr interessant. Es bedeutet »Schwert«, wird aber auch als Bezeichnung für einen Golfschläger verwandt, was im Hinblick auf die typisch schottische Spielweise durchaus angemessen erscheint. Synonym zu »iron« wird auch das Wort »Pflug« gebraucht. Schwerter zu Pflugscharen schmieden ist, wie ich es gerne sehe, eine der größten Versprechungen, die uns der Golfsport in Aussicht stellt.

Shivas Irons: Wie gut paßt der Name zu diesem Mann. Was hatten seine Eltern wohl im Sinn, als sie ihn so tauften? Der schottische Philosoph Thomas Carlyle sagt, daß der Name uns zeitlebens wie ein Mantel kleidet und »einen mystischen Einfluß geltend macht, der bis ins Innerste wirkt; vor allem während jener formbaren Anfänge, wenn die Seele noch jung ist und zart, und das unsichtbare Saatkorn wird heranwachsen zu einem überragenden Baum.« Der Name kann das Leben gestalten, und wenn es denn so ist, daß Shivas' Seele lebendig wurde, um in der von mir beobachteten Weise zu wirken, haben seine Eltern mit der Namensgebung ihres Sohnes große Hellsichtigkeit bewiesen.

Golf im Kingdom

Der Reiz, der von einer Person ausgeht, spricht nicht nur – quasi zwingend – festgeformte Reaktionsmuster an, sondern birgt auch eine Fülle von Überraschungsmomenten in sich. Zwingend und überraschend – so wirkte Shivas Irons auf mich gleich bei der ersten Begegnung.

Der Pro-Shop von Burningbush liegt hinter dem ersten Abschlag, rund 30 Meter entfernt von dem imposanten Clubhaus. Das kleine Gebäude kam mir gleich vertraut vor, denn ich hatte davon in den Memoiren eines bekannten schottischen Golfpros gelesen. Es war fast wie ein *déjà-vu*-Erlebnis, als ich mich darin umschaute. Ich hätte schwören können, den kleinen Mann hinter der Theke schon einmal gesehen zu haben. Er zeigte mir Schläger und Schuhe, die zum Verleih bereitlagen, und musterte mich dabei mit heimlicher Neugier. Ich spürte seine Augen auf mich gerichtet, als ich einige der Hölzer und Eisen zur Probe in die Hand nahm.

»Suchen Sie 'nen Partner?« Ich bejahte seine Frage. Die Schwierigkeiten und Hindernisse der Anlage von Burningbush sind bekannt; darum fand ich es angebracht, mich auf der ersten Runde begleiten und anleiten zu lassen.

»Sind Sie Amerikaner?« fragte er und hantierte mit einigen Ausrüstungsgegenständen herum.

»Ja, das bin ich«, antwortete ich.

»Als Tourist hier in der Gegend?«

»Ich bin studienhalber unterwegs. Aber davon abgesehen war es immer schon mein Wunsch, auf der berühmten Anlage von Burningbush zu spielen.«

»Was studieren Sie?«

»Philosophie. Ich bin auf dem Weg nach Indien.« Dieser Hinweis brachte mich in letzter Zeit immer wieder in Verlegenheit, besonders Männern gegenüber. Indische Philosophie galt als wenig praktisch und durchweg unmännlich.

Er sah mir zu, wie ich ein Paar Golfschuhe anzog und einen Satz Schläger auswählte.

»Ich glaube, es läßt sich ein Spiel für Sie arrangieren«, sagt er nach längerer Pause. »Da ist ein Pro, der gerade mit einem Schüler eine Übungsrunde dreht. Vielleicht können Sie sich dazugesellen.«

Ich war erfreut und antwortete, daß ich professionelle Hilfe gut gebrauchen könne, vor allem, um »Lucifer's Rug« zu meistern, womit ich eins der berüchtigten Hindernisse der Anlage ansprach.

»Na ja, vielleicht hilft er Ihnen, vielleicht auch nicht. Fragen Sie selbst; da draußen sind die beiden.« Er zeigte durchs Fenster auf den ersten Abschlag, wo sich zwei Männer miteinander unterhielten.

Ich sammelte die geliehene Ausrüstung zusammen, schleppte sie hinaus zu einer kleinen Bank und nahm Holz 1 zur Hand, um ein paar Probeschwünge zu unternehmen, rund zehn Meter von den zwei Gestalten entfernt. Sie hatten mir den Rücken zugekehrt und blickten die erste Spielbahn entlang. Der größere der beiden war allem Anschein nach der Lehrer; er deutete auf einen fernen Gegenstand und gab Erklärungen in einer Tonlage von sich, die von Autorität zeugte. Ich trat hinzu, zögerte und versuchte, mich räuspernd bemerkbar zu machen. Die beiden nahmen mich aber offenbar nicht wahr und setzten ihr Gespräch fort. Wieder räusperte ich mich und sagte kleinlaut: »Hallo.« Nun wandte sich mir der größere, der Lehrer, zu und sah mich an. Dieser stechende, verunsichernde Blick – ich bemerkte sofort, daß mir der Mann vor kurzem schon einmal begegnet war.

Gut eine Stunde zuvor hatte ich mich auf dem Weg zum Clubhaus verlaufen und war in eine dunkle, enge Sackgasse geraten, die hinter dem Unterstand für die Caddies vor einem steil ansteigenden Deichabschnitt endete. Rund fünf Meter von mir entfernt sah ich einen Mann mit grotesken Verrenkungen in die Luft springen und mit dem Fuß austreten. Herumwirbelnd stürzte er zu Boden zurück, wo er sich mit ausgestreckten Armen abfing. Etliche Male wiederholte er diesen Akt und versuchte, wie es schien, mit dem Fuß einen Balken zu erreichen, der in der Höhe eines Basketballkorbs am Schuppendach vorragte. Unschlüssig, ob ich mich weiter vorwagen oder verziehen sollte, verharrte ich auf der Stelle und sah dem seltsamen Treiben wie gebannt zu. Sooft der Mann zum Sprung ansetzte, war ein explosives Keuchen zu hören wie bei Gewichthebern, bevor sie die Hantel zur Hochstrecke bringen. Ansonsten war es still. Der Mann hatte noch keine Notiz von mir genommen. Bei der fünften oder sechsten Kapriole gelang es ihm schließlich, mit der Schuhspitze – einem Golfschuh, wie ich registrierte – an den Balken zu tippen. Nach erfolgter Landung blieb er bäuchlings am Boden liegen und atmete schwer. Schließlich hob er den Kopf und sah mich verlegen und fasziniert dastehen.

Wortlos richtete er sich zur vollen Größe von einsfünfundachtzig bis -neunzig auf und bedachte mich zum erstenmal mit diesem irritierenden Blick. Seine Augen standen, womöglich infolge der anstrengenden Springerei, ein wenig schief und funkelten verwegen und heiter. Mir wurde ganz schwindelig.

Dann wechselte der Gesichtsausdruck schlagartig, und er schenkte mir ein warmherziges, gewinnendes Lächeln, wobei sich zeigte, daß seine Schneidezähne ein wenig vorstanden. Er zwinkerte mir zu und wackelte verschmitzt mit dem Kopf, als wollte er sagen: »Halt die Ohren steif!« Ohne ein Wort zu verlieren, ging er an mir vorbei und verströmte dabei einen intensiven Geruch, der mich an Eukalyptus und frisch gebackenes Brot erinnerte.

Und nun standen wir uns hier erneut gegenüber. Struppig hing ihm rötliches Haar in die Stirn, und seine blauen Augen musterten mich auf entwaffnende Art. Ich stellte mich vor. Grinsend bleckte er die vorstehenden Zähne und antwortete mit breitem, schottischem Akzent: »Ich heiße Shivas Irons, und dies ist Mr. Balie MacIver.« Er zeigte auf seinen Mitspieler, wandte sich dann abrupt ab und schaute wieder auf die Spielbahn hinab. Ich brachte meine Golfschläger zum Abschlag, führte ein paar Übungsschwünge aus und stellte zu meiner Erleichterung fest, daß er mich nicht beachtete, sondern sich nur um seinen Schüler kümmerte.

Ich übte und beobachtete die beiden. Das schottische Idiom war mir nur schwer verständlich; trotzdem bekam ich mit, daß er für MacIver eine Art Rundenplan zurechtlegte. »Wir werden jetzt sechs Löcher spielen, um den Schwung zu zentrieren, weitere sechs, um die Schwerkraft zu spüren, und die letzten sechs, um zu punkten«, sagte er, soviel ich verstehen konnte. Dann standen sie eine Weile wie zum Stillgebet mit geschlossenen Augen da. Vielleicht sprachen sie das Vaterunser, wie es manche Football-Profis vor dem Spiel tun, dachte ich.

Nach dieser kurzen Meditation unternahmen sie ein paar Probeschwünge. MacIver benutzte dafür ein langes

Eisen. »Ach, nehmen Sie doch den *play club*«, sagte der Lehrer und zeigte auf das Holz 1 des Schülers. Warum er diesen Schläger bei dessen Uraltnamen nannte und die heute gebräuchlichere Bezeichnung »Driver« vermied, erfuhr ich erst später: Er zog es vor, den Ball zu *spielen*, anstatt zu *treiben*. »Driving« war seiner Meinung nach ein Ausdruck, der verriet, was viele Golfer beim Abschlag falsch machen und dazu führt, daß sie vom Schwung aus dem Gleichgewicht geworfen werden.

Auf Anhieb war zu erkennen, daß er sich von durchschnittlichen Golfpros unterschied. Zu seinen Unterrichtsmethoden gehörte sicherlich nicht zuletzt der strenge Blick, mit dem er seine Schüler gleichsam pfählte, wenn es darum ging, sie auf einen wichtigen Punkt aufmerksam zu machen. Wenn er damit Erfolg hatte, zeigte er sogleich wieder sein gewinnendes Lächeln. Als ich näher hinsah, fiel mir auf, daß er mit dem linken Auge tatsächlich ein wenig schielte, und zwar zur Nase hin, kaum wahrnehmbar und doch irritierend. Diese kleine Abweichung war wohl der Grund für die bohrende Wirkung des Blicks; es schien fast, als beobachtete er aus doppelter Perspektive. »Murphy«, sagte er, mir zugewandt, »sieht hübsch aus, wie Sie schwingen. Versuchen Sie's doch mal mit dem Ball.« Lächelnd deutete er dabei auf den Abschlag.

Ich teete den Ball auf und blickte über die sanft geschwungene Spielbahn. Die Nachmittagssonne strahlte, und der heitere Anblick täuschte darüber hinweg, daß sich auf dem Weg zum Grün etliche Tücken verbargen, wie mir aus Beschreibungen dieser Anlage bekannt war. Im Hintergrund rauschte das Meer, und ich sah jenseits der Roughs die Wellen vor den Felsenstrand brechen, der durchaus noch in Reichweite eines verschlagenen Balls lag. Der Gedanke, mich hier in Burningbush vor den Augen dieses ungewöhnlichen Golfpros zu blamieren, nahm mir allen Mut, und ich erinnere mich noch ganz deutlich, daß ich mir sehnlichst wünschte, mit den anderen innehalten und beten zu können. Als ich mit dem Schläger maßnahm und den Ball – wie es so schön heißt – ansprach, purzelte er vom Tee. Shivas schien auf zwei Meter angewachsen zu sein, als ich mich zu ihm umdrehte. Er sah mich aufmunternd an und beschrieb eine kleine Geste mit der Hand, die, auf Hüfthöhe angewinkelt, mit dem Teller nach unten deutete. Ich verstand sofort, was er damit zum Ausdruck bringen wollte. Wieder teete ich den Ball auf und konzentrierte mich auf Hüfte und Bauch als das Zentrum für den Schwung. Im Geiste ließ ich den Ball über die rechte Spielbahnseite mit einem Hook aufs Grün zufliegen. Ich stellte mich in Position, schlenkerte den Schläger vorsichtig hin und her und vergegenwärtigte mir noch einmal die geplante Flugkurve des Balls. Dann setzte ich meinen Schlag, und tatsächlich: Der Ball folgte der Bahn, die ich im Geiste für ihn vorgesehen hatte.

»Sehr gut«, sagte er laut. »Günstiger zum Grün kann der Ball kaum liegen. Woher wußten Sie Bescheid?«

»Glückstreffer«, murmelte ich, erleichtert darüber, die ersten Hindernisse überwunden zu haben.

MacIver führte seinen Schlag ganz lässig aus und, wie mir schien, nur mit halber Kraft; dennoch trug sein Drive rund 180 Yards weit bis zur Mitte der Spielbahn. »So muß es sein, genau so«, kommentierte der Lehrer. MacIver trug weiße Schuhe, eine weiße Hose und eine schwarze Strickweste. Seine Aufmachung überraschte mich, da er ansonsten einen eher bescheidenen Eindruck machte. Er war ein sehr aufmerksamer Schüler und mit voller Hingabe beim Spiel. Er grummelte ein paar Worte vor sich hin, trat zur Seite und konnte sich ein stolzes Grinsen nicht verkneifen.

Jetzt war Shivas an der Reihe. Er beugte sich elegant, plazierte den Ball und wippte kurz auf einem Bein, um Gleichgewicht und Elastizität zu testen. Was wie ein ritueller Tanz anmutete, wiederholte er an anderen Abschlägen. Dann sprach er mit knappen Bewegungen den Ball an, wobei er sich nur wenig Zeit ließ, aber einen um so konzentrierteren Eindruck machte. Wie Ben Hogan schien er die Ballmitte zu fixieren und Kraft zu schöpfen. Ich glaubte, an der eigenen Haut spüren zu können, wie sich ein magnetisches Energiefeld um ihn aufbaute, und schließlich brachte er seinen Schwung zur Entfaltung, langsamer, als ich es nach dem entschiedenen Ansprechen erwartet hatte, aber mit enormer Wucht und eleganter Ausschwingbewegung. Ich hielt den Atem an, als der Ball davonschoß und an die 280 Yards weit über die Spielbahnmitte flog, fast in der Luft zu schweben schien, um schließlich, am Boden abprallend, im hohen Bogen auf das Grün zuzuspringen. Shivas zog sein Tee aus dem Rasen, zwinkerte mir zu und ließ das Bein hochschnellen, um mich an die Übung zu erinnern, bei der ich ihn hinterm Clubhaus überrascht hatte. »Vielleicht wird der Ball eines Tages überhaupt nicht mehr runterkommen«, sagte er schmunzelnd. »Haben Sie selber schon mal an diese Möglichkeit gedacht?« Er schien mit sich zufrieden zu sein, und er hatte allen Grund dazu.

Er ging voran mit langen, rhythmischen Schritten. Sein rostbrauner Pullover lag eng an und betonte den athletischen Oberkörper, der sich zu schmalen Hüften verjüngte. Er trug eine goldbraune Kordhose und schlichte braune Golfschuhe. Ich konnte den Blick kaum von ihm abwenden. Vor MacIvers Ball machte er halt und beobachtete seinen Schüler bei dessen zweitem Schlag, der wiederum beinahe halbherzig ausgeführt wurde. Immerhin erreichte der Ball fast das Grün.

MacIver war inzwischen total bei der Sache. Sein Schwung wirkte weder elegant noch kraftvoll, aber es beeindruckte mich zu sehen, mit wieviel Konzentration und Hingabe er sich dem Spiel widmete. Daß er von Shivas Unterricht bekam, machte mich ein bißchen neidisch.

Mit einem Siebener-Eisen schlug ich meinen Ball aufs Grün; das Beispiel der beiden spornte mich zu guter Leistung an. Elegant und kraftvoll wie beim Abschlag spielte Shivas seinen Ball mit einem Wedge bis auf einen Meter ans Loch heran. Ihm zuzusehen erfüllte mich mit einer an Ehrfurcht grenzenden Hochachtung. Ihm gelang ein Birdie, ich schaffte ein Par, und MacIver lochte zum Bogey ein. Ich notierte eine Vier auf meiner Score-Karte; MacIver protokollierte sein Ergebnis und das von Shivas.

»Sie haben einen guten Schwung, Michael«, sagte Shivas auf dem Weg zum zweiten Abschlag und setzte dabei wieder dieses abrupte Grinsen auf. Ich fühlte mich geschmeichelt durch sein Urteil und dadurch, daß er mich beim Vornamen anredete.

»Würden Sie mir Unterricht geben?« rückte ich endlich raus mit der Frage, die mir schon die ganze Zeit über auf der Zunge lag.

Er sah mir direkt in die Augen. »Sie machen sich doch hoffentlich keine falschen Vorstellungen. Das ist eine ernste, wirklich ernste Angelegenheit.« Er grinste wohlwollend und streckte mir die Hand entgegen. »Nennen Sie mich einfach Shivas«, sagte er.

»Unterrichten Sie den ganzen Sommer über hier?«

»Kommt drauf an«, entgegnete er und wandte sich ohne weitere Erklärungen von mir ab.

Das zweite Grün war vom Abschlag aus zu sehen und lag laut Score-Karte 353 Yards entfernt am Ende einer geraden, leicht gewellten Spielbahn. Die Roughs zur Rechten waren voller Steine und Stechginsterbüsche, die auf schottischem Dünengelände allenthalben vorkommen. Linkerhand grenzte eine weitere Spielbahn an. Kein besonders schweres Loch, wie ich fand. MacIver folgte dem Spielplan gewissenhaft und führte wiederum einen kurzen, auf Sicherheit bedachten Schlag bis zur Mitte der Bahn aus. Jetzt war ich dran. Spontan wie beim ersten Abschlag ließ ich erneut den Ball im Geiste fliegen, und auch hier wirkte sich, was ich ganz unbewußt als mentale Vorbereitung beim Ansprechen des Balls entwickelte, günstig auf mein Spiel aus. Nach mir kam Shivas an die Reihe. Er plazierte den Ball und führte dabei wieder diesen rituellen Tanz auf, und wieder zeigte er geballte Konzentration vor dem Schlag. Diesmal ließ er die Kugel wie ein Flintengeschoß fast waagerecht durch die Luft schnellen. Wie ich später erfuhr, variierte er seine Schwünge von Abschlag zu Abschlag. Das behauptete er jedenfalls; mir war es kaum möglich, die Unterschiede zu erkennen.

Als wir die Spielbahn entlanggingen, nahm ich die Score-Karte zur Hand und sah mir die Maßzahlen an. Insgesamt war der Course etwa 6800 Yards lang. Ein Par-Ergebnis lag hier auch für mich durchaus im Bereich des Möglichen. Ich versuchte mir auszurechnen, wieviel Birdies nötig wären – vielleicht zwei oder drei auf Bahnen, für die fünf Schläge vorgesehen waren, ein bis zwei weitere an den übrigen Löchern. Ich würde mir den einen oder anderen Bogey leisten können und hätte dennoch gute Aussichten, eine 72er Runde zu absolvieren. Mit beschleunigtem Schritt eilte ich auf meinen Ball zu, neugierig zu sehen, wie er plaziert war. Er lag ziemlich genau in der Mitte der Spielbahn; die Entfernung zum Grün war mit einem Achter-Eisen zu überbrücken. Vielleicht würde mir schon hier ein Birdie gelingen, dachte ich. Doch dann gingen mir Bilder von verschossenen Bällen durch den Kopf, von Stechginsterbüschen, von Bunkern vorm Grün und den Felsen dahinter. Beim Ansprechen des Balls versuchte ich, meinen Schwung auszuwuchten. Die Gelassenheit, die ich noch beim Abschlag gespürt hatte, war verschwunden. Statt dessen stellten sich Nervosität, Erfolgsdruck und Versagensangst ein. Ich trat zurück, näherte mich dem Ball erneut und setzte zum Schwung an. Das Bild von dem Gebüsch zur Rechten lenkte mich dermaßen ab, daß ich den Schlag nach links verzog und den Ball auf die angrenzende Spielbahn spielte. Verärgert rammte ich den Schläger in den Golfsack und hastete, ohne auf die anderen zu warten, dem Ball nach.

»Hiergeblieben, Michael!« donnerte Shivas mit gebieterischer Stimme. »Immer schön die Reihenfolge einhalten.«

Gehorsam blieb ich stehen und wartete. Als Shivas aufschwang und den Ball wieder einmal mit beispielhafter Präzision aufs Grün tropfen ließ, träumte ich erneut von einer bravourösen Punkteleistung und las auf der Score-Karte nach, wo die Fünfer-Löcher lagen.

Als ich meinen Ball erreichte, sah ich, daß zwischen ihm und dem Grün ein Bunker lag. Die Fahne war rund dreißig Meter entfernt und mit einem kurzen Annäherungsschlag anzuspielen, worauf ich dann zum Par einputten könnte. Ich zog Eisen 9 aus dem Sack und machte ein paar Probeschläge, um mich auf die Entfernung einzuschwingen. Aber je länger ich mich vorbereitete, desto größer warf sich vor mir der Bunker auf. Zweimal nahm ich wieder Abstand vom Ball, doch es nutzte nichts. Als ich den Schlag schließlich ausführte, blickte ich nach oben, und der Ball landete im Bunker. Ich warf den Kopf in den Nacken, starrte gen Himmel und konnte mich nicht entscheiden zwischen Fluch und Bittgebet. Shivas und MacIver beobachteten mich schweigend. Als ich im Bunker verschwand, riefen sie mir Mut zu, und das war alles, was ich hörte, bis ich nach drei Versuchen zum Doppel-Bogey einlochte. Meine Hoffnungen auf eine 72er Runde in Burningbush waren verpufft.

Am dritten Abschlag stand eine kleine Bank. MacIver nahm darauf Platz und trug seine Ergebnisse in die Score-Karte ein. Er überraschte mich mit der Frage, wie ich an den beiden gespielten Löchern gepunktet hatte. »Das halte ich schon fest«, antwortete ich. »Sie haben Unterricht. Kümmern Sie sich nicht drum.« Es war mir zu peinlich, laut zu sagen, was ohnehin jeder von uns wußte: Ich hatte für dieses zweite Loch sechs Schläge gebraucht. Aber MacIver bestand darauf, alle Ergebnisse festzuhalten. »Vier am ersten Loch, sechs am zweiten«, sagte ich schließlich. »Dieser verdammte Bunker, und der erste Putt hätte reingehen müssen...«

»Sie hatten fünf am ersten«, korrigierte Shivas mit ernster Miene.

Ich drehte mich um und sah seine Augen überquer und starr auf mich gerichtet. »Sie haben ganz zu Anfang beim Einschwingen den Ball vom Tee gestoßen. Das wird mitgerechnet«, sagte er bestimmt.

Haben Sie jemals im Gespräch mit anderen das Gefühl gehabt, daß alles um Sie herum plötzlich unwirklich erscheint? Genau das empfand ich, als Shivas diese Worte an mich richtete. Ich war so schockiert von seiner Pedanterie, so peinlich berührt, den Ehrenkodex mißachtet zu haben, daß mir heiß und kalt wurde.

»Also eine Fünf und eine Sechs?« fragte MacIver.

Shivas sah, wie schwer mir die Antwort fiel. »Michael«, sagte er und wackelte mit ausgestrecktem Zeigefinger, »denken Sie daran: Sie sind hier in dem Land, wo all diese Regeln erfunden wurden. Daran müssen Sie sich halten, wenn Sie im Kingdom spielen wollen.« Dann setzte er wieder sein zweites Gesicht auf und zeigte ein breites Grinsen. An meine Antwort kann ich mich nicht mehr erinnern; ich weiß nur noch, daß ich mich fügte.

Immer wieder sind mir diese Worte durch den Kopf gegangen: »...wenn Sie im Kingdom spielen wollen«, und mit der Zeit wurde mir klar, daß für Shivas das Kingdom gleichbedeutend war mit dem Himmelreich.

Damals hatte ich dafür noch kein Verständnis. Mich störte es, so kritisch beobachtet zu werden. Zwar zeigte er sich auch entgegenkommend, was aber nicht verhindern konnte, daß ich mit Wut im Bauch das Spiel fortsetzte. Eine 72 zu erreichen, war nunmehr fast ausgeschlossen.

Trotzdem faßte ich neue Hoffnung. Das nächste Loch – ein Par fünf – bot mir die Chance zum Birdie, womit sich ein Schlag wiedergutmachen ließ wie auch bei dem einen oder anderen Fünfer-Loch. Mein Traumziel rückte wieder näher. Ich legte mir einen eigenen Spielplan zurecht und sah zu, wie MacIver seinen Abschlag vorbereitete. Leg dich voll ins Zeug, schärfte ich mir ein; aber bloß nicht verkrampfen. Ich vergegenwärtigte mir Sneads kräftigen, rhythmischen Aufschwung; dazu Shivas' Konzentration auf den Ball – das wäre optimal. Oder vielleicht, so dachte ich, wäre es noch besser, Shivas' Schwung einfach zu kopieren. Das nahm ich mir vor, als ich den Ball aufteete und in Position ging. Vorsichtig und gewarnt von meinem Mißgeschick am ersten Abschlag, nahm ich mit dem Schläger Maß, dachte an Shivas' Stellung zum Ball und erinnerte mich auch an Snead, wie ich ihn einmal während eines Wettkampfes bei Pebble Beach gesehen hatte. Ich fixierte den Ball mit den Augen und zog den Schlag durch. Er segelte in einer langgezogenen Linkskurve weit, weit über die Spielbahn mitten in den Kakao hinein. Es war wohl der längste Drive, den ich bis zu diesem Zeitpunkt geschlagen hatte.

Ich ließ die Zähne knirschen vor Wut über den verschlagenen Ball. Gleichzeitig war ich begeistert von der ungeahnten Wucht, mit der ich ihn gespielt hatte. Ich bat Shivas um die Erlaubnis eines zweiten Versuchs, falls der Ball verloren sei.

»Kommt nicht in Frage«, antwortete er entschieden. »Er liegt da hinten im Gebüsch.«

Das Rough am dritten Loch ist besonders felsig und voller Stechginster, jenem niedrigen, dornigen Gebüsch der Ilex-Familie, das in Schottland und vor allem auf seinen Strandgolfplätzen häufig vorkommt; ein Höllengewächs, wie manche meinen. Mitunter passiert es, daß ein Ball zwischen den kniehohen Zweigen zu liegen kommt. In diesem Fall kann man ihn nur herausdreschen, da ein gezielter Schlag kaum möglich ist. Dies war mein Geschick an diesem Nachmittag. Schon von weitem sah ich den Ball, zwischen Dornen eingekeilt, im Busch nisten.

Wer einen solchen Schlag wagt, sollte tunlichst vermeiden, mit dem Gesträuch in Berührung zu kommen, denn sonst läuft er Gefahr, daß der Ball noch tiefer in den Zweigen versinkt. Also trat ich äußerst behutsam mit meinem Golfsack näher, nahm ein Siebener-Eisen zur Hand, entschlossen, auf Anhieb das Grün zu erreichen. Trotz aller schlechten Omen verlockte mich nach wie vor die Aussicht auf ein Par. Ich achtete darauf, daß mein Eisen den gelben Blüten nicht zu nahe kam, und suchte festen Halt unter den Füßen. Ein paarmal nahm ich mit dem Schläger schwingend Maß und stellte fest, daß mir genügend Spielraum blieb. Nach einem letzten Blick auf die entfernte Fahne schlug ich mutig zu. Der Ball tropfte zwischen den Blüten tiefer ins Geäst und war nicht mehr zu sehen. Kopfschüttelnd schaute ich zum Himmel empor. »Scheißspiel, verdammt noch mal«, fluchte ich.

»Wo liegt er?« Shivas' überlaute Stimme tönte mir entgegen. Er stand, rund dreißig Meter entfernt, am Spielbahnrand.

»Mitten im Busch«, rief ich zurück. »Darf ich ihn rausnehmen und droppen?« Ich hatte eine gnädige Antwort erwartet, doch er brüllte mir zu: »Nein, spielen Sie ihn von der Stelle, wo er liegt. Wird wohl kein Problem sein.«

Ich war stocksauer. Da der Ball nicht zu sehen war, mußte ich auf gut Glück mein Eisen ins Gebüsch schlagen. Ich ging in Position, visierte die Fahne an und sah zu, daß ich unbehindert aufschwingen konnte. Dann hackte ich wütend ins Dickicht, worauf es gelbe Blüten regnete, aber der Ball kam nicht zum Vorschein.

»Bringen Sie mir ein Sträußchen mit, wenn Sie fertig

sind«, alberte Shivas lauthals. Aber mir fehlte der Sinn für seinen schottischen Humor.

»Der Ball ist nicht zu sehen«, brüllte ich. »Ich sollte ihn doch besser droppen.«

»Ach, der geht auch so raus«, antwortete er. »Immer feste drauf.«

Erneut schlug ich zu, härter noch als das erste Mal, und tatsächlich: Das Eisen fand den Ball, traf aber gleichzeitig auch auf Fels. Funken sprühten ringsum, und aus diesem zweiten Goldregen heraus flog der Ball rund zehn Meter weit in ein benachbartes Gebüsch.

»Verfluchtes Unkraut«, schnaubte ich und hackte wütend auf dem Busch herum. »Zum Teufel mit den Punkten!« Shivas hatte sich abgekehrt und ging auf seinen Ball zu. Ich war geneigt, ihm den Mittelfinger zu zeigen.

Endlich gelang es mir, den Ball mit einem Wedge auf die Spielbahn zurückzubefördern. Nun lag ich schon vier Schläge zurück und hatte trotzdem noch nicht die Höhe von MacIvers bescheidenem Drive erreicht.

Zu diesem Zeitpunkt packte mich wütender Ehrgeiz. Jetzt erst recht, dachte ich und wollte es den beiden zeigen. Mit einem Dreier-Holz nahm ich mir vor, den Ball aufs Grün zu legen und dann zum Bogey einzuputten. Eine Erholung erster Güte, über die Shivas und MacIvers noch staunen sollten. Ich nahm meinen Stand ein und dachte wieder an Snead, an Hogan, Jimmy Thompson, George Bayer – die ganze Korona des Golfsports führte ich mir vor Augen, um Kraft zu sammeln, die ich nun gebündelt in den Schlag hineinlegte. Voll getoppt, sprang der Ball fast senkrecht in die Höhe und tropfte kaum zehn Meter entfernt zu Boden. Der gute MacIver zeigte sich taktvoll und blieb auf Distanz, während ich qualvoll mit mir haderte. Doch dann konnte er der Versuchung doch nicht widerstehen und drängte mir seinen Rat auf. Er war ein mittelalter, freundlich aussehender Mann mit gepflegtem Schnauzbart und zackigen Manieren; der Erscheinung nach hätte er durchaus ein Offizier sein können. »Ich empfehle Ihnen, mit einem kurzen Eisen bis ans Grün weiterzuspielen«, sagte er und bewirkte mit dieser Bemerkung, daß mir fast die Galle überlief.

Ich brummte eine Antwort vor mich hin und sah zu, wie er unbeirrt seinen Ball in Richtung Fahne trieb.

Shivas stand etliche Meter weiter vor seinem Ball. »Ihr zwei erinnert mich an die Fabel von Igel und Hase«, feixte er. Ich biß die Zähne zusammen und schüttelte den Kopf, um kundzutun, daß ich seine Worte verstanden hatte.

Mein Ball war infolge schlechter Behandlung stark lädiert, und als ich ihn abschlug – mit einem Fünfer-Eisen auf Empfehlung von MacIver –, trudelte er wie ein verwundeter Vogel hin und her.

»Sagenhaft«, rief der Pro. »Das hat's noch nie gegeben: Hook und Slice auf einen Schlag.« Ich sollte wohl für ihn den Narren spielen.

Er spielte mit Holz 3 aufs Grün, geradeso, wie ich es mir vorgenommen hatte. Nach zwei Schlägen konnte er nun zum Eagle einputten. MacIver hatte vier Schläge gebraucht und war bis auf einen Meter an die Fahne herangekommen. Ich lag mit sieben Schlägen hoffnungslos zurück und war drauf und dran, meine Sachen zu packen, so sehr ärgerte ich mich. Doch Shivas' zwingende Art war unwiderstehlich. Ich markierte die Lage meines Balls, nahm ihn vom Boden auf und fing an, ihn zu säubern. Die Kerben, die ich hineingeschlagen hatte, machten einen ordentlichen Putt unmöglich. »Kann ich einen anderen Ball nehmen?« fragte ich zaghaft. Keiner von beiden antwortete. Vielleicht hatten sie Mitleid mit mir und wollten nicht nein sagen. Ich legte den verhunzten Ball zurück auf den Rasen. Als ich den Rumpf beugte, um zu putten, hatte ich – und daran erinnere ich mich bis heute genau – den Eindruck, als zwinkerte mir eine der Kerben im Ball aufmunternd zu; ist doch alles bloß ein Spiel, schien sie mir sagen zu wollen. Als ich den Ball spielte, wurde diese Einsicht deutlich bestätigt, denn er kugelte auf erratischer Bahn nach links wie einer jener Scherzbälle, die den Zweck haben, andere zu verblüffen. Einlochen würde ich damit wohl nie, dachte ich.

MacIver versenkte seinen Ball zum Par, dem ersten für ihn bisher. Shivas verfehlte das Loch nur knapp und schloß daraufhin erneut mit einem Birdie ab. Nun war ich wieder an der Reihe. Diesmal kullerte der Ball nach rechts und blieb rund einen Meter vor dem Loch liegen. Shivas, der meine Anstrengungen bislang ignoriert hatte, drehte sich nun um und sagte: »Das Ei will nicht rein; versuchen Sie mal, Ihren Willen dagegenzuhalten.« Vermutlich hatte er mir nur helfen wollen. Ich aber funkelte ihn zum erstenmal unverhohlen feindselig an. Mir war inzwischen alles egal. Ohne lange zu fackeln, schlug ich den Ball an, der nun schnurgerade aufs Loch zurollte, gegen den Rand prallte, hochhüpfte und auf der anderen Seite liegenblieb. In diesem Augenblick erinnerte ich mich an meinen Bruder Dennis, der als Schüler die Angewohnheit hatte, seinem Ärger dadurch Luft zu machen, daß er gen Himmel schaute und dem Herrgott mit ausgestrecktem Arm den Finger zeigte. Ich folgte seinem Beispiel, worüber sich meine beiden Spielpartner köstlich amüsierten. Ich tippte den Ball ins Loch und verließ mit den anderen schweigend das Grün.

Am nächsten Abschlag war MacIver nach meinem albernen Ausfall wieder ganz bei der Sache, kramte die Score-Karte hervor und registrierte die Ergebnisse. »Wieviel, Murphy?« fragte er kurz und bündig. Ich starrte ihn an. Mit Blick auf die Karte wartete er auf meine Antwort. Wieviel! Wollte er tatsächlich eine Zahl von mir hören? »Geben Sie mir einfach ein X«, sagte ich.

»Wie bitte?« Er sah mich verständnislos an.

»Ich will das Loch nicht mitzählen.«

»Ach was, Michael«, schaltete sich Shivas ein. »Halten Sie das Ergebnis fest; es wird Ihnen guttun.«

Gewiß, er versuchte, mich zu beruhigen; vor allem aber ging es ihm wohl um die sture Einhaltung geheiligter Regeln, die ich durch meine Extravaganzen verletzt hatte.

»Ein X?« vergewisserte sich MacIver, als hätte er nicht richtig gehört.

»Was soll's? Notieren Sie eine Zehn«, stöhnte ich.

Für eine Weile sagte keiner ein Wort. MacIver starrte auf die Score-Karte und schürzte die Lippen; anscheinend brachte er es nicht über sich, die Zahl aufzuschreiben. Shivas hielt den Kopf zur Seite geneigt und schaute nachdenklich drein. Das Schweigen war voll von unausgesprochenen Gedanken. MacIver kratzte sich hinterm Ohr und schaute seinen Lehrer fragend an. Shivas musterte mich mit ernstem Blick.

»Michael, wenn ich richtig mitgezählt habe, waren's elf«, sagte er schließlich.

MacIver sah mich erwartungsvoll an. »Na gut, eine Elf«, antwortete ich und nickte resigniert. Gewissenhaft trug er das Ergebnis ein.

Shivas trat nun auf mich zu und legte mir seine große Hand auf die Schulter. »Machen Sie sich um den Score nicht allzuviel Sorgen«, sagte er. »Das ist nicht so wichtig.« Er drückte freundschaftlich mit der Hand zu und wandte sich dann an MacIver, um ihm weitere Instruktionen zu geben. Nicht so wichtig, dachte ich im Weggehen, nicht so wichtig! Ich war gerührt von seinem Zuspruch – und perplex.

Das Ergebnis soll unwichtig sein? Dabei beobachteten mich die beiden wie Schießhunde! Ich dachte darüber nach, während wir dem vierten Abschlag entgegenspazierten.

Wenn mir beim Golfspielen der Kragen zu platzen droht, stehen mir als Reaktion zwei Optionen zur Wahl: Entweder ich gebe mich überschwenglich heiter und dresche aus Jux und Dollerei die Bälle in der Gegend herum, oder ich spiele mit Wut im Bauch und konzentriere mich um so mehr. Für letzteres entschied ich mich am vierten Loch. Ich wollte es ihnen zeigen. Mein Vorbild für diese Art zu spielen war Ben Hogan, und wie er versuchte ich dann allen Widrigkeiten die Stirn zu bieten und mit halb zusammengekniffenen Augen Maß zu nehmen. Ich hielt innere Monologe ab oder rezitierte im stillen Beschwörungsformeln mit dem Ziel, den Ball nach meinem Willen zu steuern und unabhängig zu machen von den Fehlern, die mir mit dem Schläger unterlaufen. So spielte ich auch manchmal Baseball oder Football. Ich hatte mir sogar einen Schlachtenruf zugelegt, der andere in Angst und Schrecken versetzen konnte.

Ich bereitete mich also auf den Angriff vor und vergegenwärtigte mir Bilder von feurigen Schwingern wie Hogan oder Bayer, nahm mir auch an Shivas' Konzentration ein Beispiel und blickte kämpferisch über die Spielbahn. Dann stellte ich mich zum Ball, fixierte ihn über Gebühr lange und mit finsterer Entschlossenheit und machte mit meiner ganzen Haltung klar, daß ab sofort nicht mehr mit mir zu scherzen war. Im Geiste sah ich den Ball bereits aufs Grün zuschießen. Und tatsächlich, mein Schlag traf mit außergewöhnlicher Wucht.

Die Bahn war ein Par vier, 400 Yards lang und ein wenig nach links gebogen. Mein Drive flog bis über den Scheitelpunkt der Biegung hinaus und blieb an einer Stelle liegen, von der das Grün mit Eisen sieben zu erreichen war. Mit gleichbleibend verbissener Konzentration absolvierte ich meinen zweiten Schlag. Schnurgerade flog der Ball – über das Grün hinaus in die Wildnis. Ich hatte ihm all meinen Willen aufgezwungen; doch das war des Guten zuviel gewesen. Mit einem Siebener-Eisen schlug ich aus vergleichbarer Lage normalerweise gut 20 Yards weniger weit.

Wir fanden den Ball nicht mehr wieder. Er war auf einer Felszunge gelandet, davon abgeprallt und im Meer verschwunden. Also droppte ich einen zweiten Ball und erzielte damit einen Doppel-Bogey.

Anschließend nahm ich auf einem Steinblock Platz und schaute hinaus auf die Wellen. Shivas kam und legte mir wieder eine Hand auf die Schulter. Ich vermute, er ahnte, wie mir zumute war. »Sie versuchen's mit der Brechstange und denken zuviel«, sagte er in jenem schulmeisterlichen Tonfall, der bei schottischen Golfpros des öfteren zu hören ist. »Verlassen Sie sich lieber auf Ihren guten Schwung, und denken Sie dabei an nichts.« Seine Worte trösteten mich. Es war wirklich albern, in dieser herrlichen Umgebung so viel Wirbel zu veranstalten.

Das nächste Loch war wie ein Fegefeuer nach der Hölle, in die ich mich gebracht hatte. Vielleicht lag es an seinem Rat, den MacIver so gut umzusetzen wußte, oder aber es lag an meiner Resignation angesichts der schlechten Resultate. Auf jeden Fall gelang mir an dem Fünfer-Loch ein Bogey. Ich hatte so vorsichtig geschlagen wie MacIver. Der Igel lehrte den Hasen.

Ich hatte mitbekommen, wie Shivas seinem Schüler den Rat gab, sich Ball und »Sweet spot« als zusammengehörig vorzustellen. Der Sweet spot ist jene Stelle am Schlägerblatt, mit der der Ball im günstigsten Fall zu treffen ist. Ein weniger präziser Schlag mag durchaus auch gelingen, doch wenn auf diesen Punkt gespielt wird, gibt es kein Vertun mehr – und der richtige Schlag macht ja im wesentlichen das Golfvergnügen aus. Shivas hatte MacIver erklärt, daß Ball und Sweet spot im Grunde »eine Einheit sind, bevor es überhaupt zum Schlag kommt. So sollte man es jedenfalls sehen.« Der Rat war hilfreich. Ich legte den Schlägerkopf hinter den Ball und stellte mir vor, daß beides zusammengehörte. Der Gedanke beruhigte mich. Fast unwillkürlich rückte ich an MacIvers Seite, um gemeinsam mit ihm dem großen Meister zu folgen.

Wir spielten die nächsten Löcher, ohne daß sich Nen-

nenswertes ereignete. MacIver protokollierte die Ergebnisse wie gehabt und fast zwanghaft, wie mir schien. Ich dachte immerzu an die Einheit von Sweet spot und Ball, schaute mir bei Shivas so viel wie möglich ab, und mit der Zeit übte sein Beispiel einen merkwürdigen Einfluß auf mich aus. Ich entwickelte immer mehr Gespür für das Spiel, erlebte den Gang von Schlag zu Schlag sehr viel intensiver, spürte die Kraft in mir beim Ansprechen des Balls und nahm sogar den Duft der Umgebung bewußter wahr. Kein ausdrücklicher Hinweis, sondern allein sein Vorbild brachte mich darauf. Nur einmal fragte er mich, ob ich das Heidekraut riechen könne. »Es wächst da hinten«, sagte er und deutete auf einen entfernten Hügel. »Aber der Duft zieht bis hierher.« Ja, ich nahm ihn wahr; genausowenig entging mir das Aroma aus Eukalyptus und frischgebackenem Brot, doch davon sagte ich nichts.

Die Löcher im mittleren Abschnitt setzten mir weitere Dämpfer auf und lehrten mich Bescheidenheit. Auf großartige Schläge und Punktzahlen legte ich nun weniger Wert als auf das Spiel an sich und die Schönheit von Burningbush. Mit dieser Einstellung zu spielen, war ganz neu für mich, hatte ich bislang doch ausschließlich das Ergebnis und den mechanischen Ablauf meiner Schwünge im Sinn gehabt. Ich war immer nur auf spektakuläre Schläge aus gewesen, auf lange Drives, gelungene Annäherungen an die Fahne, auf Erfolge, mit denen sich auch in Zukunft noch prahlen ließ. Wichtiger waren mir nun ganz andere Dinge, die Heide zum Beispiel und die Meeresbrandung.

Die Spielbahnen erstreckten sich am Ufer entlang; der Blick reichte meilenweit über geschwungenes Dünengelände, das lavendelfarben und gelb unter der Nachmittagssonne leuchtete. Solche Bilder im Gedächtnis aufzubewahren, lohnte doch viel mehr als der Ärger über lädierte Golfbälle und mißratene Schläge.

MacIver ging zur zweiten Phase seines Spielplans über

und übte sich nun in der Bewußtmachung der sogenannten *true gravity*. Soviel ich erfahren konnte, handelte es sich hierbei um die Wahrnehmung von »Kraftfeldern« und deren Wirkung auf Gegenstände. Den Anweisungen Shivas' folgend, versuchte er, diese Kraftfelder im Umkreis von Ball, Schläger und eigenem Körper zu »erkennen«. Obwohl ich nicht mit in ihr Gespräch einbezogen wurde, schnappte ich doch einiges am Rande auf. Mir war auf verschiedenen Golfplätzen schon so manche seltsame Theorie zu Ohren gekommen – Golfer lassen sich die abstrusesten Dinge einfallen –, doch was ich hier hörte, schien mir sehr viel systematischer durchdacht zu sein. Wie dem auch sei, MacIver versuchte nun, jenes Kraftfeld wahrzunehmen, daß seinen Körper, den Ball und den Schläger einheitlich umschloß. Während der ersten Löcher hatte er sich lediglich auf Ball und Schlägerkopf konzentriert; jetzt wollte er seine Perspektive um den Rest erweitern.

Ich versuchte es ihm gleichzutun, konnte aber keine Verbesserung an meinen Schlägen erkennen. Immerhin behielt ich nun den Ball im Blick, und das war schon ein gewisser Fortschritt. Womöglich, so dachte ich, geht es bei der ganzen Geschichte nur darum, den Schüler anzuhalten, den Ball im Auge zu behalten, den Schüler in seiner Konzentration zu unterstützen. Um dies zu erreichen, ist weiß Gott schon viel ausprobiert worden; der Kniff mit der Metaphysik konnte sicherlich nicht schaden. Die Aureolen, nach denen MacIver Ausschau hielt, blieben für mich zwar unsichtbar verborgen, dennoch spürte ich in meinen Schwüngen eine neue Elastizität. Ganz unverhofft machte ich dann eine Entdeckung. Es war am neunten Loch. Vom Meer segelte eine Möwe herbei, und für einen flüchtigen Augenblick sah ich den Vogel von gelbem Licht umstrahlt. Am Abschlag der zehnten Spielbahn dann zeigte der Ball einen violett schimmernden Lichtkranz. Als ich ihn spielte, traf ich mit dem Sweet spot.

»Genau so muß es sich anhören«, sagte Shivas, als hätte er auf diesen bestimmten Klang gewartet. Der Drive reichte nicht besonders weit, wirkte aber überaus befriedigend auf mich.

Ich ging auf meinen Ball zu und rätselte darüber nach, ob irgendwelche optischen Täuschungen dafür verantwortlich waren, daß ich diese Strahlenkränze gesehen hatte. Ich berichtete Shivas von meiner Beobachtung und meinem Zweifel daran.

»Nein, Michael«, entgegnete er bestimmt. »Wenn Sie das für eine Täuschung halten, haben Sie noch nicht richtig begriffen, worum es geht.« Mit meinem Annäherungsschlag traf ich erneut den Sweet spot, nachdem ich die Aureole nunmehr pulsierend wahrgenommen hatte. Der Ball landete knapp sieben Meter vor der Fahne. Ich erzählte Shivas, was geschahen war. »Weiter so«, sagte er, mehr nicht.

Loch zehn und elf spielte ich par und war bei jedem Schlag fasziniert über das, was ich sah und spürte. Golf hatte für mich nun eine völlig neue Qualität, war bereichert um ungewöhnliche Eindrücke und Eingebungen, vermittelt durch meine erste Erfahrung mit jener dinglichen Ordnung namens *true gravity*. Doch diese Erfahrung hielt nicht lange vor. Am zehnten Loch blies uns der Wind über eine schmale Spielbahn entgegen, die in der Mitte nach rechts knickte. Als ich mich auf den Abschlag vorbereitete, plagte mich wieder die Angst zu versagen. Ich schlug einen Slice, und der Wind trug den Ball ins Rough. Shivas begleitete mich auf dem Weg dorthin und fragte, was mit mir los sei. Ich berichtete ihm von meinen quälenden Gedanken. »Kämpfen Sie nicht dagegen an; die verschwinden ganz von allein. Versuchen Sie dahin zurückzufinden, wo Sie vor wenigen Minuten noch waren. Wenn Sie nur Geduld haben, geht alles wie von selbst.« Seine Worte halfen mir sehr, nicht nur für den Rest der Runde; bis heute profitiere ich davon, und nach wie vor mahnt mich sein Rat, Geduld zu üben.

Es gelang mir ein Bogey an diesem Loch; dazu reichten ein vorsichtiges Wedge aus dem Rough und eine Annäherung ans Grün mit Eisen 5. Als mich MacIver nach meinem Ergebnis fragte, war es mir ein Vergnügen zu antworten, daß ich eine Fünf hatte. Wie anders war noch meine Reaktion nach dem dritten Loch gewesen! Sogar ein Bogey machte mir nun Freude, und überhaupt empfand ich unerwartete Zufriedenheit.

Wir kamen ans dreizehnte Loch, das in Golfkreisen berüchtigte Bekanntheit genießt. Drei Schläge führen zum Par auf dieser leicht ansteigenden Spielbahn hin zu einer Fahne, die von zwei verkrüppelten Zypressen flankiert wird. Zwischen Abschlag und Grün liegt »Lucifer's Rug«, ein wahrhaft teuflischer Teppich aus wucherndem Stechginster, eine knapp zweihundert Meter lange Falle für jeden Ball, der nicht perfekt gespielt wird. Auf der linken Seite erstreckt sich ein tiefer Graben, aus dem mehrere Felsbrocken hervorragen. Ich blickte zur Fahne und beglückwünschte mich zur konzentrierten Gelassenheit, die ich mir inzwischen zugelegt hatte. Jeden Montag kamen die Caddies von Burningbush und den benachbarten Golfanlagen hierher, um nach verlorengegangenen Bällen zu suchen, wobei sie von Hunden unterstützt wurden, die eigens für diese Aufgabe abgerichtet waren. In der Vergangenheit hatten Clubmitglieder ein ums andere Mal versucht, um dieses Loch herum eine Art Museum zu errichten und es damit unbespielbar zu machen. Es wurde sogar behauptet, daß einst eine Leiche »under the rug« gefunden worden sei.

Der Abschlag muß bis zum Grün reichen, darf aber nur ja nicht darüber hinausrollen, denn an seinem Rand fällt eine zweite Klippe ab. Nur wenige Spieler schaffen diese Distanz mit einem Eisen; darum ist in der Regel ein Holz mit schräger Schlagfläche vonnöten, um den Ball möglichst hoch zu spielen. Zu allem Überfluß bläst hier zumeist ein kräftiger Seitenwind, wovon die beiden Zypressen zeugen. Darum muß der Schlag nach links in Richtung Graben gezogen werden. Kurz: Dieses Loch eignet sich vortrefflich, um die Wirksamkeit der »wahren Gravitation« zu testen.

Der Wind wehte von links, wie an der flatternden Fahne zu erkennen war. Ich zog das Zweier-Eisen aus dem Sack und betrachtete den Sweet spot wie eine Ikone. MacIver wirkte wie in Trance und blickte versonnen auf den Hang. Shivas führte das absonderlichste Ritual vor. Er stand eine Weile auf dem linken Bein, dann auf dem rechten, mal mit geschlossenen, mal mit offenen Augen. Dann legte er die Hände trichterförmig an den Mund und stieß einen unglaublichen Schrei in Richtung Graben aus, einen Schrei, so kieksend wie Gejodel und so verzweifelt wie Trauergeheul. Mir standen die Haare zu Berge. Die Felsen warfen ein schauriges Echo zurück. Dann drehte er sich um, nickte feierlich und gab uns das Zeichen zum Beginn.

MacIver zeigte sich völlig unbeeindruckt von Shivas' seltsamer Aufführung. Er nahm seinen Driver zur Hand und baute sich vor dem Ball auf wie vor einem Denkmal tiefster Ernsthaftigkeit. Seine schwarz-weiße Kostümierung stand im schrillen Kontrast zum Gelb des blühenden Hangs. Im Geiste sah ich ihn schon als eine kleine Chagall-Gestalt dem Ball hinterher durch die Luft fliegen. Tatsächlich aber stand er lange reglos da und lotete, wie mir schien, die Tiefen wahrer Gravitation aus. Dann zog er seinen Schlag durch. Der Ball segelte hoch und in geradem Flug – und landete, um knapp zehn Meter zu kurz, im Gestrüpp. Er verzog das Gesicht zu einer Grimasse und wandte sich seinem Golfsack zu. Langsam rückte ich zum Abschlagsmal vor und richtete ein Stoßgebet an meine Sweet-spot-Ikone in der Hoffnung, den magischen Punkt zu treffen. Als ich den Ball aufteete, fing Shivas wieder zu schreien an, daß mir fast das Blut in den Adern gefror. Entsetzt drehte ich mich um. Er schüttelte den Kopf, sagte aber nichts zu seiner Entschuldigung. Es schien, als schwebte er in anderen Gefilden.

Vielleicht lag es an der so lange angespannten Konzentration, womöglich auch an dem merkwürdigen Gebaren Shivas' – auf jeden Fall schien mein Kopf wie leergefegt zu sein. Es ließen sich einfach keine Visionen mehr heraufbeschwören. Ich schlug auf, ohne nachzudenken, und der Ball, ein weißer Strich auf gelbem Grund, sauste wie ein Geschoß im flachen Bogen dahin, stieg auf in den Himmel und tropfte schließlich aufs Grün. Das gesamte Bild ist mir unauslöschlich in Erinnerung.

Shivas zwinkerte mir im Vorübergehen zu; er lächelte, doch sein Blick wirkte wilder und irritierender denn je. Ich steckte mein Eisen in den Golfsack und nahm mir vor, nunmehr immer den Schläger anzubeten, den ich einzusetzen gedachte. Die Runde begeisterte mich inzwischen. Ich drehte mich um, um Shivas beim Abschlag zu beobachten. Für einen flüchtigen Augenblick hatte ich den Eindruck, als verwischten seine Konturen. Bis heute weiß ich nicht, ob dieser Eindruck womöglich daher rührte, daß mir vom Wind Wasser in die Augen getrieben worden war. Shivas schien geschrumpft zu sein, und als er aufschlug, konnte ich dem Ball mit meinem Blick nicht folgen. Ich blinzelte zur Hügelkuppe empor, sah ihn aber nirgends liegen. Als wir aufs Grün zugingen, fragte ich MacIver, ob er den Ball gesehen habe. Er nickte kurz, konnte aber nicht verhehlen, daß auch ihm ein Rätsel Kopfzerbrechen machte. Erst später am Tag wurde mir das Sonderbare meines entstellten Eindrucks von Shivas vollauf bewußt. Bis dahin war ich einfach viel zu überschwenglich, um mich mit komplizierten Fragen zu beschäftigen. Ich ließ das Panorama, die Brise vom Meer auf mich wirken, als wir den Hügel emporstiegen, spürte das Gras unter den Füßen. Es war, als hätte sich ein Schleier von Augen und Ohren, von all meinen Sinnen gehoben. Ein Duftgemisch aus Tang, Gras, Leder und Schweiß schwebte in der Luft. Aus der Ferne tönten Freudenrufe und Beifall. In mir war irgendeine Veränderung vorgegangen, grundlegend und befreiend.

Wir fanden MacIvers Ball und beobachteten, wie er mit einem sanften Wedge-Schlag das Grün erreichte. Und erst jetzt sah ich Shivas' Ball, kaum einen Fuß neben meinem in kurzer Distanz vor der Fahne liegen. Schweigend lochten wir nacheinander zum Birdie ein, MacIver zum Bogey. Shivas ließ mit keiner Regung spüren, was in ihm vorging.

Von der Anhöhe bot sich eine großartige Aussicht; der Blick reichte meilenweit. Die Sonne versank hinter Erhebungen im Westen, während sich über Wasser und Dünen violette Schatten ausbreiteten. Der Anblick geschwungener Fairways, Heidekrautfelder und schaumgekrönter Wellen ging mir buchstäblich unter die Haut. All das war mir unmittelbar gegenwärtig und wirkte wie in eins vermischt.

Die verbleibenden Löcher spielte ich fast wie im Traum. Darin spukten zwar immer noch Erinnerungen an frühere Allüren, Verkrampfungen und Ausflüchte herum, all der unbewußte Ballast meiner Golfprobleme – doch der wurde nun auf Abstand gehalten und unschädlich gemacht von einem ruhenden Kraftfeld, das mich umgab. Nicht ich spielte die letzten Löcher; sie spielten mit mir – besser kann ich es nicht beschreiben.

Es gab Momente, in denen ich fürchtete, diesen erhabenen Zustand bald wieder verlieren zu müssen. Auch zweifelte ich bisweilen an der neugewonnenen Kraft. Doch dann dachte ich an Shivas' Rat, Geduld zu üben, und hielt mich daran.

Die letzten Bahnen, die zum Ausgangspunkt zurückführten, breiteten sich vor uns aus, mal mehr, mal weniger stark geschwungen. Kein Wunder, daß sie so beliebt und berühmt sind. Sie enthalten viel mehr, als sich auf den ersten Blick erschließen läßt, sind so wüst wie »Lucifer's Rug« und so heimelig wie die alte Stadt am Rand der Hügel. Das Meeresbrausen, die grauen Steinhäuser, die gepflasterten Straßen – auch das gehört zu Burningbush und ist unvergeßlich.

Uns gelang ein großartiges Finale. Okkulte Geister schienen uns mit ihren Zauberkräften beweisen zu wollen, daß Wohlverhalten belohnt wird. Am achtzehnten Loch schlug Shivas einen Drive, der dreihundertzwanzig Yards bis zum Grün zurücklegte. Er hatte den Rückenwind voll ausgenutzt, in Richtung auf das alte Clubhaus gezielt und mit einem Fade im rechten Bogen aufs Grün zugespielt. Ich näherte mich mit einem Wedge der Fahne und lochte zum Birdie ein, und folgte damit dem Beispiel von MacIver. Mit einem Eagle und zwei Birdies schlossen wir die Runde ab.

Shivas legte mir einen Arm um die Schulter. »Sie haben einen Drink verdient«, sagte er. »Gesellen Sie sich zu mir und meinen Freunden.« Gemeinsam gingen wir zur Clubbar. MacIver verabschiedete sich, nachdem er mit Shivas einen Termin für die nächste Unterrichtsstunde abgemacht und unsere Ergebnisse von der penibel gefüllten Score-Karte verlesen hatte: Für den Lehrer standen 67 Schläge zu Buche, für ihn selbst 84 und für mich 86. Und dann überraschte er mich mit der Anerkennung: »Murphy, Sie haben wie Mr. Irons für die Rückrunde nur 34 Schläge gebraucht.« Er hob nachdrücklich den Finger und fuhr fort: »Was beweist, daß auch Sie etwas von der wahren Gravitation gelernt haben.« Ich gab ihm die Hand zum Abschied und folgte Shivas ins berühmte Clubhaus von Burningbush.

Das Hohelied des Golfsports

Liston, der Barmann, machte gerade Feuer im Kamin, als wir eintraten. Wenig später saß ich mit einem Glas Whisky in der Hand vor hell auflodernden Scheiten und hörte Shivas und seinen Freunden beim Singen schottischer Golflieder zu. Das Feuer im Kamin und Shivas' glutvolle Ausstrahlung wärmten mich von außen wie von innen. Im breiten Akzent der Gegend um Fife schmetterten die Männer:

»... du mußt zwischen Heide und Felsenspalten
die Spielbahn ständig im Auge behalten,
sonst sind deine Bälle plötzlich futsch ...«

Sie lachten und alberten herum; vor der Eingangstür stampften Golfer das Gras von den Schuhen, und draußen, am achtzehnten Loch, wurde Jubel laut – all diese Geräusche sind mir in Erinnerung wie Kindheitsgefühle zu Weihnachten. Ich war überglücklich und sah mich mit feuchten Augen um. Nach wie vor wirkte sich die Stimmung aus, die während der Spielrunde über mich gekommen war, jenes Gefühl einer alles umschließenden Harmonie. Es war, als lockte mich das wilde, rätselhafte Gelände von Burningbush wieder nach draußen, doch der

Mittelpunkt meiner Empfindungen befand sich hier in der geselligen, singenden Runde vor flackerndem Kamin. Ich hatte den Eindruck, endlich nach Hause zurückgefunden zu haben.

Über eine Stunde saß ich da und sah, wie Clubmitglieder kamen und gingen, schaute versonnen ins Feuer und genoß jeden Augenblick. Shivas begrüßte Freunde am Tresen. Seine Stimme war deutlich herauszuhören; er verteilte Ratschläge oder gab freundlich ironische Kommentare von sich. Seine Anwesenheit schien nicht nur mir, sondern auch allen anderen Gästen sehr wichtig zu sein.

Während dieser Stunde war ich ohne Sorgen. Aber dann drängten sich mir Fragen auf, hartnäckig und unabweisbar. Das Glücksgefühl verblaßte, Ernüchterung machte sich breit.

Was hatte es mit diesem ungewöhnlich beeindruckenden Mann eigentlich auf sich? Wie war dieser mysteriöse Vorgang am dreizehnten Abschlag zu erklären? Was hatte Liston gemeint, als er Shivas den höhnischen Vorwurf machte, die alten Männer von Burningbush zu verunglimpfen? Manche dieser Fragen wurden im Verlauf des Abends beantwortet, auf die anderen versuchte ich mir selbst einen Reim zu machen.

Ich war tief in grübelnde Gedanken versunken, als Shivas mir vom Tresen plötzlich zurief: »Michael, alter Junge!« Er kam herbei und legte mir die Hand auf die Schulter. »Es wird Zeit, Sie in die wahren Geheimnisse des Spiels einzuweihen.« Dieselben Gedanken, die mich zu irritieren begannen, wurden, wie sich später herausstellen sollte, auch von anderen in aller Breite erörtert.

Shivas hatte mich zum Dinner eingeladen. Als wir den Club verließen, erfuhr ich, daß im Haus der McNaughtons aufgetischt wurde. Die spontane Einladung war überraschend und schmeichelhaft für mich, außerdem spürte ich, daß Shivas der Versammlung bei den McNaughtons ganz aufgeregt entgegensah. Er trug inzwischen einen weißen Rollkragenpullover; vielleicht lag es daran oder aber am Wechsel der Stimmung, daß er nun einen ganz anderen Eindruck auf mich machte. Er wirkte weniger wuchtig, weniger konzentriert und irgendwie kleiner. Der weiße Pullover brachte das braungebrannte Gesicht vorteilhaft zur Geltung. Unterwegs summte er eine Melodie vor sich hin, die vermutlich zu irgendeiner alten schottischen Ballade gehörte. Sie klang sehnsuchtsvoll, zugleich heiter und ein wenig orientalisch wie Dudelsackmusik schlechthin.

Sein Gesumme wurde leiser, als wir uns unserem Ziel näherten; Shivas wirkte abgelenkt. Vorm Eingang zum Haus der McNaughtons tippte er mir auf die Schulter und gab mir murmelnd zu verstehen, daß er für eine Weile allein sein wolle. »Gehen Sie schon rein, Michael«, flüsterte er und schlenderte weiter die Straße entlang. Verwundert und verlegen erklärte ich der hübschen Frau, die mir die Tür öffnete, daß Shivas Irons mich zum Abendessen eingeladen habe und später nachkommen werde. Sie bat mich einzutreten. In der Tür schaute ich mich noch einmal um und sah ihn auf einem Fenstersims hokken, den Blick in den Abendhimmel gerichtet. Er schien tief in Gedanken versunken zu sein.

»Haben Sie heute mit ihm Golf gespielt?« fragte die Frau und wies mir den Weg. »Daß er anschließend seine Spielpartner mitbringt, ist nicht selten.« Sie stellte sich mir als Agatha McNaughton vor. Ich folgte ihr über eine enge Treppe nach oben und kam nicht umhin, auf ihre auffallend gute Figur zu achten. Sie ging mit langsamen, anmutigen Schritten vor mir her.

Die anderen Gäste waren schon da und saßen mit ihren Drinks um einen gemauerten Kamin, in dem ein einladendes Feuer brannte. Über dem Kaminsims hingen zwei antike Schwerter gekreuzt an der Wand und schimmerten im Feuerschein. Die Männer standen auf, um mich zu begrüßen. Peter McNaughton, ein vitaler, rotgesichtiger Fünfziger und wohl zwanzig Jahre älter als seine Frau Agatha, schüttelte mir die Hand und zog mich mit kräftigem Nachdruck zu sich heran. »Willkommen in unserem Café«, sagte er gutgelaunt. »Wo haben Sie unseren unberechenbaren Freund gelassen?«

»Unten auf der Straße . . .«

»Wahrscheinlich wartet er auf den Mondaufgang«, fiel er mir lächelnd ins Wort, um mich nicht in Verlegenheit kommen zu lassen. »Wir werden uns wohl noch eine Weile gedulden müssen. Aber kommen Sie, ich will Ihnen . . .« Er stellte mich den anderen vor: einem knorrigen alten Schotten namens Julian Laing, dem Ehepaar Greene aus England und seinem sechzehnjährigen Sohn Kelly. Laing, so wurde mir erklärt, war der »erste Arzt am Platz« und Geburtshelfer der halben Gemeinde, die aus zehntausend Bürgern bestand. Wie ich selbst feststellen konnte, übte er sich außerdem als Seelendoktor und vertrat eine Reihe von bemerkenswerten, sehr exzentrischen Theorien. Als ich ihm die Hand gab, zwinkerte er mir auf rätselhafte Weise zu und fragte, ob Shivas mich »durchs Nadelöhr« geführt habe. Ich wußte nicht, was er meinte.

Die Greenes waren aus Cornwall zu Besuch; sie untersuchten die Ökologie des Firth of Forth und wollten Shivas ihre neuesten Erkenntnisse über Golfplätze vortragen. Die beiden waren lebhaft und kregel, kaum größer als einssechzig; sie erinnerten mich an ein Elfenpaar aus Tolkiens Trilogie. Er hieß Adam, ihr Name war Eve. Sie seien füreinander geschaffen, meinten beide und alle lachten, obwohl dieser Scherz bestimmt schon dutzende Male die Runde gemacht hatte. Adam Greene lehrte »Kosmische Ökologie« an der Freien Universität von London. Weiß der Himmel, wie er sein Geld verdiente. Ich vermute, daß er Ingenieur oder Erfinder gewesen war, bevor er sich auf das philosophische Fach verlegte.

Peter McNaughton führte sich auf wie ein Zeremonienmeister; es schien, als würde er dieser Versammlung besondere Bedeutung beimessen, und er ließ keinen Zweifel daran, daß er sehr stolz auf seine Freunde war. Sohn Kelly war über einsachtzig groß. Er hatte einen spöttischen Tonfall und errötete, sooft er schmunzeln mußte. Er schmunzelte auch, als ich ihm die Hand gab.

»Na, Sie haben wohl heute einiges erlebt, nicht wahr?« Seine Bemerkung enthielt eine Vielzahl von Anspielungen. Etwas verunsichert antwortete ich: »Ja, woher wissen Sie? Ich habe eine interessante Runde gespielt.« Alles lachte.

»Woher wir das wissen?« rief Agatha heiter und mit breitem Akzent. »Wir kennen doch Shivas. Der läßt nicht zu, daß jemand in Ruhe seine Runde macht.« Schon jetzt hatte ich den Eindruck, dem Clan anzugehören.

Wir saßen vorm Feuer, tranken Whisky und tauschten Komplimente aus. Ich mußte ständig an Shivas denken und fragte mich, was er da unten auf dem Fenstersims anstellte, doch außer mir schien sich keiner darum zu kümmern. Die freundliche Plauderei aber konnte nicht darüber hinwegtäuschen, daß ein jeder mit dieser Abendgesellschaft eine besondere Erwartung verband. »Womit verdienen Sie sich Ihre Brötchen, Mr. Murphy?« wollte Agatha von mir wissen. Sie trug eine hellbraune, wollene Bluse, die die Konturen ihrer Brüste hervorhob. Ich gab zur Auskunft, Student zu sein und angehender Schriftsteller. Danach gefragt, berichtete ich außerdem, welche Schule ich besuchte. Dann brachte der alte Laing einen ernsteren Ton in die Unterhaltung.

Mit schnarrender Stimme sagte er: »Nun, Murphy, als angehender Literat werden Sie mir doch sicherlich verraten können, ob Wörter überhaupt noch eine Zukunft haben. Ihre Vergangenheit sieht jedenfalls recht bescheiden aus.« Er knautschte die struppigen Brauen und plierte über den Rand des Glases. Dann blickte er in die Runde und führte seinen Gedanken aus: »Wer will bestreiten, daß alle Logik, alle menschliche Erfahrung nur den einen Schluß zuläßt, und der lautet: Nach göttlichem Willen zu handeln, ist das einzige im Leben, was wirklich zählt.« Mit einer solchen Bemerkung hatte ich nicht gerechnet. Ich fühlte mich an Eiferer der »First Church of God of Prophecy« aus meiner Heimatstadt Salinas erinnert.

Auf Laings Spruch schien niemand so recht eingehen zu wollen. Ein Kommentar hätte tief in die Metaphysik eindringen müssen. Schweigend nippten wir am Scotch und stierten ins Feuer.

Endlich antwortete Kelly mit ironischem Unterton: »Shivas würde Ihnen wohl recht geben.«

»Ja, ja, mit ihm diskutiere ich seit Jahren darüber«, erwiderte der alte Arzt. »Aber wir wissen, was von Shivas zu halten ist. Morgen wird er womöglich unserem Murphy hier weismachen wollen, daß der Glaube an Gott gefährlich ist. Tatsächlich sollte man sich lieber vor ihm, Shivas, in acht nehmen. Gefährlich ist vor allem er.« Dem Alten schien es ernst damit zu sein, und doch schwang in seiner Stimme unüberhörbar Zuneigung für Shivas mit.

»Anstatt über ihn zu reden – sollten wir Shivas nicht endlich herholen? Es ist Zeit zum Essen«, unterbrach Eve Greene. Fast unisono antworteten die McNaughtons, daß es nicht ratsam sei, ihn zu stören; er werde schon rechtzeitig kommen. »Sie kennen ihn doch«, sagten sie zu seiner Verteidigung und baten uns ins Speisezimmer, einen langen, von Kerzen beleuchteten Raum mit niedriger Balkendecke und Sprossenfenstern. Der Eßtisch war über sechs Meter lang und knapp anderthalb Meter breit, eine wahre Festtafel. Zwischen den Stühlen, auf denen wir Platz nahmen, blieb jede Menge Abstand.

Die Gastlichkeit der McNaughtons, die freudige Erwartung unter den Gästen, der Whisky und das Reizklima von Burningbush – all das tat seine Wirkung auf mich. Mir war wohlig und heiter zumute. Mein Blick wanderte von einem Gesicht zum anderen; dabei muß ich wohl idiotisch gegrinst haben, denn Agatha sagte: »Sie sehen glücklich aus, Michael. Kein Wunder nach der Golfrunde mit Shivas.«

»Ach, wo steckt er bloß?« Eve Greene hob die kesse Stupsnase und schaute sich im Zimmer um. Sie saß wie ihr Mann auf einem Kissen vor dem Tisch, dessen Kante ihr dennoch fast bis zur Brust reichte. »Seit Wochen schon freuen wir uns darauf, ihn endlich wiederzusehen. Wir haben so viel mit ihm zu bereden. Unsere Theorien über die Entwicklung des Golfspiels...«

»Ich weiß, meine lieben Freunde«, unterbrach Peter und hob sein Glas. »Eure Theorien haben's wirklich in sich. Laßt uns trinken auf alle freischwebenden Theorien; laßt uns ein Loblied auf den Golfsport anstimmen.« Sein ohnehin schon rötliches Gesicht leuchtete vor Vergnügen noch röter. »Auf den Golfsport!« rief er, und wir alle prosteten ihm zu – mit Milch oder Whisky, gleichwohl von Herzen.

Aus einer riesigen Terrine servierte Agatha eine Bouillon, in der jede Menge Klößchen schwammen. Wir aßen schweigend und genossen das Aroma dieser altschottischen Spezialität. Der würzige Duft erinnerte mich an das Heidekraut und die salzige Meeresbrise am dreizehnten Loch.

Plötzlich klopfte es an der Eingangstür, und Shivas meldete sich mit lauter Stimme: »Im Namen des Gesetzes – aufmachen!« Peter eilte die Treppe hinunter. Wir hörten einen kurzen Wortwechsel, und dann stand Shivas mit strahlender Miene in der Tür zum Eßzimmer.

»Hallo, Freunde! Ihr habt wohl schon ohne mich angefangen. Ist wenigstens noch was übriggeblieben?« Stürmisch umarmte er Agatha und ließ ihr für eine Weile keine Chance, sich aus seinem Klammergriff zu befreien. »Adam und Eve, verliebte Turteltauben wie eh und je.« Er schüttelte ihnen die Hände. »Na, was habt ihr für neue

Theorien auf Lager? Julian Laing, Gesundheitshüter von Burningbush und Retter meiner Seele!« Er ging um den Tisch herum, um jeden einzelnen zu begrüßen. »Und du...« Er zwirbelte Kellys Nackenhaare, worauf sich der Junge mit einem freundlichen Rippenstoß revanchierte. »Na, was halten Sie von dieser Truppe, Michael. Ein ziemlich bunter Haufen, nicht wahr?«

Daß er sich in Hochstimmung befand, war ihm deutlich anzusehen. Irgend etwas hatte sein Gemüt zum Aufschwung gebracht.

»Ich bin wohl noch gerade rechtzeitig gekommen. Tisch auf, Mrs. McNaughton!« tönte er laut. Agatha verwöhnte uns mit köstlichen Speisen. Was für eine Frau, dachte ich; Peter ist ein Glückspilz. Auch Shivas schien sie zu verehren. »Agatha, Agatha, du erinnerst mich an alles, was mir fehlt«, sagte er und machte sich über seine Portion Eintopf her.

Irgendwann zwischen Hauptgericht und Dessert brachte Peter die Unterhaltung in Schwung. »Ich würde jetzt gern einmal von jedem einzelnen wissen, wie er oder sie sich die seltsame Faszination des Golfspiels erklärt«, sagte er und wies auf die einmalige Gelegenheit für eine solche Gesprächsrunde hin, zumal von den Greenes neue Gedanken zu diesem Thema zu erwarten seien. Mittlerweile schien das kleine Ehepaar kaum mehr zu halten zu sein; sie standen förmlich auf ihren Stühlen, um ihre Erkenntnisse endlich mitteilen zu können. Auf diese Gelegenheit hatten sie seit Wochen gewartet. Auch Shivas war mit Eifer bei der Sache. »Ja, es wird Zeit, daß wir dieser Frage auf den Grund gehen«, sagte er. »Die Runde hier ist für diese Aufgabe bestens besetzt. Zuerst möchte ich eure Gedanken hören; ich plagiiere gern und melde mich dann zum Schluß. Michael, passen Sie genau auf; was hier zur Sprache kommt, muß für die Nachwelt festgehalten werden. So, und nun soll Peter den Anfang machen. Er ist der Gastgeber.«

»Nein«, widersprach der Hausherr. »Ich überlasse Agatha den Vortritt. Es ist ihre Party.«

»Einverstanden. Laß hören, was du zu sagen hast, Agatha«, tönte Shivas.

»Mir wär's aber lieber, wenn Peter anfängt. Er hat bestimmt mehr vorzutragen als ich«, sagte die hübsche Gastgeberin, und plötzlich plapperten alle auf einmal los.

Schließlich ergriff Peter das Wort. »Also gut, Freunde«, sagte er, beugte sich über die Tischplatte und schaute in die Runde. Auf seinen graumelierten Schläfen schimmerte Kerzenlicht. »Im Unterschied zu euch bin ich nicht gerade das, was man einen geistigen Höhenflieger nennt; erwartet also keine schlauen Antworten von mir. Im Gegenteil, ich werde mich ganz kurz fassen: Das Spiel ist mir viel zu nervenaufreibend, darum habe ich beschlossen, die Golfschuhe an den Nagel zu hängen.«

Mit diesem scheinbar ernstgemeinten Beitrag erntete Peter Buh-Rufe und lautes Gejohle. Offenbar hatte er schon des öfteren Ähnliches angekündigt. »Trinken wir auf Peters bevorstehenden Abschied vom Golf«, rief Shivas und erhob sein Glas. »Und auf seine baldige Rückkehr.« Lachend prosteten wir unserem Gastgeber zu.

Kelly stand vom Tisch auf und ging ins Wohnzimmer. Bald darauf erschien er mit einem alten Schläger, dessen Schaft aus Holz bestand und mit schwarzem Klebeband umwickelt war. »Hier«, sagte er und hielt seinem Vater den Schläger entgegen. »Brich ihn entzwei. Das bringt Glück.«

Grinsend nahm Peter den Schläger in beide Hände. Er wirkte leicht angetrunken und zudem verlegen; auf jeden Fall leuchtete sein Gesicht hellrot. »Tja, Freunde«, sagte er und hob den Schläger in die Höhe. »Für uns ist dieses Ding eine Art Wünschelrute. Ihr dürft euch jetzt alle was wünschen.« Dann richtete er sich auf und zerschlug den Schaft mit Wucht überm Knie. Mit belämmerter Miene stand er am Kopfende des Tischs und präsentierte den halbierten Schläger. »Das machen wir immer so, wenn ich beschließe, mit dem Golfspiel aufzuhören. Habt ihr euch was gewünscht?« Erneut fingen alle zu lachen an, und unser Gastgeber nahm wieder Platz.

Ich war von dieser Darbietung so überrascht gewesen, daß ich vergessen hatte, mir einen Wunsch auszudenken. Aber ich erinnere mich noch deutlich, daß mir spontan ein Golfpro aus Oklahoma in den Sinn kam, ein Mann mit aufbrausendem Temperament, den ich vom Golfplatz von Salinas her kannte. Nach einem wüsten Aufschwung war ihm der Schläger aus den Händen gerutscht, der wie ein Hubschrauberflügel durch die Luft wirbelte und, wie's der Zufall wollte, genau auf mich zuflog. Im letzten Moment konnte ich mich ducken, spürte aber noch, wie mir der Schaft über den Scheitel kratzte. Ich war buchstäblich um ein Haar mit dem Leben davongekommen, und daran dachte ich nun zurück, als Peter den zerbrochenen Schläger in die Höhe hielt.

»Was haben Sie sich gewünscht, Mr. Murphy?« lallte Kelly whiskyselig.

»Daß mir hoffentlich niemals ein Golfschläger vor den Kopf fliegt«, platzte es aus mir heraus. Alle fanden, daß dies ein durchaus verständlicher Wunsch sei.

»Sehen Sie, genau das ist der Grund, warum ich meinen Schläger zerbreche.« Peter grinste. »Damit niemandem von euch ein Unglück geschieht.«

»Ach was, McNaughton, du wirst es nicht lassen können.« Shivas' Stimme übertönte alle anderen. »Führ jetzt deine Rede fort.« Und auch die Greenes und der Arzt drängten Peter, fortzufahren.

»Na schön, ich will euch meine Meinung sagen; sie hat sich entwickelt aus Kummer und Leid an diesem Sport.« Er blickte traurig im Kreis umher und zwinkerte Julian zu. »Golf – das habe ich im Lauf der Zeit gelernt – bedeutet für jeden Spieler etwas anderes, und Burningbush hat eine Menge von Spielern erlebt: große, kleine, Anfänger und Stümper aus allen Teilen der Welt, Intellektuelle und Arbeiter, angenehme Charaktere und hundsgemeine, MacGillicudys und Balfours, Leviases, St. Clairs oder Van Blocks und nicht zu vergessen die Herren aus Pakistan – kurzum, ein schillernder Haufen, zusammengesetzt aus Menschen unterschiedlichster Herkunft, Temperamente und Auffassungen. Jeder hat seine eigenen Vorstellungen, seine spezielle Theorie, individuelle Weltanschauung und – weiß Gott – seinen ganz und gar eigentümlichen Aufschwung. Unmöglich, all diese Typen unter einen Hut zu bringen.« Er lächelte traurig und schüttelte den Kopf. »Golf stellt seine Spieler bloß. Ich behaupte, daß ein Mensch kaum nackter sein kann als vor den kritischen Augen eines Golfers. Du, Julian, bist ganz offen, was deine Körpersprache angeht, deine Art zu projizieren und zu rationalisieren, deine Ausflüchte, Lügen, Schummeleien, unglaublichen Geschichten und charakterlichen Schwächen; tja, der Golfplatz bringt es an den Tag. Denken wir nur an den alten Richter Hobbes; mein Gott, was hat der letzte Woche nach seinem Wettkampf vom Leder gezogen. Da kommen einem doch gehörige Zweifel an der Rechtsprechung. Ich frage euch also: Warum deckt das Spiel so viele Seiten einer Person auf? Wieso liefert es uns diese Röntgenbilder der Seele? Sprechen wir nun einmal über das, was wir Projektion nennen.« Peter richtete den Blick wieder auf Dr. Laing. »Die Golfanlage von Burningbush ist für den einen etwas Wunderschönes, für den anderen ein bedrohliches Monstrum. Für einen Dritten ist sie heute dies, morgen jenes. Ja, es kommt mitunter vor, daß sich ein und dasselbe Loch innerhalb weniger Minuten vor den Augen einer Person verwandelt. Julian, wie nennt man noch mal diesen psychologischen Tintenkleckstest?«

»Du meinst wohl den Rorschach-Test, Peter.«

»Ja, genau. Und so verhält es sich auch mit einem Golfplatz. Es gibt Tage, an denen ich unsere Links liebe, aber manchmal hasse ich sie auch. Allein ihr Anblick ist jedesmal anders und hängt ab von meiner jeweiligen Stimmung. Agatha meint, daß ich ganz ähnliche Probleme habe im Verhältnis zu ihr.« Er streckte ihr die Hand entgegen. »In der Tat, Golf läßt sich durchaus mit der Ehe vergleichen.« Es schien, als wäre ihm dieser Gedanke zum ersten Mal gekommen. Er und Agatha sahen sich eine Weile schweigend an, und während die beiden Geheimnisse austauschten, wurde es still am Tisch. Alle Augen waren auf das Paar gerichtet, das sich wortlos über die Gemeinsamkeiten von Golf und Ehe zu verständigen schien. Wir, die anderen, sahen andächtig zu und warteten geduldig.

»Ehegolf«, sagte Peter schließlich und wandte sich uns mit verschmitztem Lächeln zu. »Agatha hat auch viel mit einem Rorschach-Bild gemein.« In der Aussprache dieses Namens brachte er ein Dutzend Rs unter. Und mit Blick auf seine Frau fuhr er fort: »Die Ehe ist ein Test meiner Treue und der Hoffnung darauf, daß sich alles zum Guten wendet.«

Die Tischrunde spendete Beifall und gratulierte. Wir ließen die beiden hochleben. Mir fiel auf, daß Agatha für Peter Mutter und junge Geliebte zugleich war, und weiß der Himmel, was er sonst noch alles in diesem Rorschach-Bild sah. Umgekehrt schien ihr Verhältnis zu ihm nicht weniger komplex zu sein.

»Eine gute Ehe ist einzigartig, vielschichtig und empfindlich wie die Welt im ganzen«, sagte Shivas. »Und gerade so wie ein Golfspiel. Du hast völlig recht, Peter.« Ich wußte inzwischen, daß Shivas als Junggeselle lebte, und fragte mich, ob er jemals verheiratet gewesen war.

Unser Gastgeber hielt nun eine leidenschaftliche Rede über die Gemeinsamkeiten von Ehe und Golf. Die Analogie vermittelte ihm, wie es schien, neue Einsichten, und mit fast lyrischen Worten sprach er von Leid und Liebe. Wie Golf verlange auch die Ehe vielseitige Fähigkeiten, sagte er, »Beharrlichkeit und Phantasie, einen festen Willen und die Bereitschaft, sich zu ändern, Weitsicht und Fingerspitzengefühl, Entschlossenheit und Geschicklichkeit...« Er fand eine Unmenge von Parallelen. »Vorsicht und eine gewisse Verspieltheit, starke Nerven und den Mut, auch mal Risiken einzugehen. Und alles muß zusammenstimmen, sonst geht die Sache schief.« Er zeigte mit dem Daumen nach unten. »Ein kleiner Fehler nur, und das ganze Spiel kann verdorben sein. Du mußt alles miteinbringen, deine gesamten Fähigkeiten, Herz und Verstand. Du stehst vor dir und vor deinem Partner völlig nackt da, und es wäre zu dumm, wenn du mit deiner Person in all ihren Facetten nicht im reinen bist. Die hinduistische Vorstellung vom Karma kommt nirgends so deutlich zum Tragen wie in der Ehe und im Golf. Der Charakter, meine Freunde, ist unser Schicksal – sowohl auf der Spielbahn als auch im Verhältnis zur geliebten Frau.« Er langte nach Agathas Hand und tauschte erneut heimliche Gedanken mit ihr aus. »Schenk mir doch bitte noch ein Glas Whisky ein, Liebste«, sagte er. »Die tiefe Einsicht hat mich erschüttert.«

Ob nun die neu gewonnenen Erkenntnisse zum Thema Ehe oder seine vielen Whiskys ausschlaggebend waren, ist ungewiß – auf jeden Fall sah Peter nun das Spiel in anderem Licht. Wie ein Stimmungsbarometer war sein Gesicht hochrot angelaufen und strahlte vor Vergnügen.

»Um uns das überaus Zuträgliche und Friedfertige des Spiels vor Augen zu führen, sollten wir einen Blick in die Geschichte werfen«, fuhr er weitschweifig fort. »Im Jahre 1502, nach dem Vertrag von Glasgow, der den verheerenden Kriegen mit England ein Ende setzte, legte sich James IV. einen Satz Schläger und Bälle zu. In diesem Jahr wurde das Golfverbot außer Kraft gesetzt, das lange Zeit gegolten hatte, weil die Anlagen als Truppenübungsplätze genutzt wurden. Im darauffolgenden Jahr vermählte sich James mit Margaret Tudor. Das muß man sich vorstellen: Er kauft sich ein paar Golfschläger und heiratet die Tochter des englischen Königs! Da haben wir's wieder: Golf und Ehe. Interessant, nicht wahr, daß beides in unseren Geschichtsbüchern festgehalten ist.«

Ich zeigte mich verblüfft über so viel Wissen und bekam von Kelly zur Antwort: »Er liest alles, was über Golf geschrieben steht, in der Hoffnung, sein Geheimnis zu lüften.«

»Ich muß oft an James IV. denken«, sagte Peter unbeirrt. »Daran, daß er den Vertrag unterschrieben und sich anschließend Golfschläger gekauft hat. Er erinnert mich irgendwie an Präsident Eisenhower.« Dabei schaute er mich an. »Wer unseren Sport liebt, hat nicht viel mit Krieg im Sinn.« Ich fühlte mich genötigt einzuflechten, daß Ike heftige Kritik hatte einstecken müssen, weil er so viel Zeit auf dem Golfplatz verbrachte. »Zugegeben, ein Mann in seiner Stellung hat Besseres zu tun, aber solange er Golfschläger schwingt, zettelt er wenigstens keine Kriege an. Immerhin würde er damit seine Freizeit aufs Spiel setzen. Ich vermute, James IV. hat den Vertrag von Glasgow nur deshalb unterzeichnet, weil es ihm in erster Linie darum ging, das Golfverbot aufzuheben. Denn er konnte nicht spielen, ehe der Krieg vorüber und das Übungsschießen auf den Plätzen eingestellt war.« Julian Laing und Shivas fingen laut zu lachen an.

»Deine Geschichtsauffassung kommt ebenfalls der Deutung eines Rorschach-Bildes gleich«, dröhnte der alte Doktor schmunzelnd, wobei er mehrere Goldzähne entblößte. »Aber dagegen ist nichts einzuwenden.«

Dieser Kommentar brachte unseren Gastgeber noch mehr in Fahrt. Er stellte nun die Behauptung auf, daß Sportfreunde weniger Schindluder mit anderen treiben würden. Nach der Verbindung der schottischen und englischen Krone hatte James VI. beziehungsweise I. verfügt, daß auch in Schottland an Sonntagen Sport erlaubt war. Peter zitierte auswendig aus einem königlichen Dekret, in dem davon die Rede war, daß sich »am Sonntage unser gutes Volk nicht abschrecken lasse von sittsamen Vergnügungen wie das Tanzen, Springen und Purzelbäume-Schlagen.« Die braven Presbyterianer – so Peter – durften nun anch dem Gottesdienst in den Straßen herumtollen. »Und mehr noch: Im selben Jahr wurde der Federkernball erfunden!« rief er. Peter legte Wert darauf, beide Ereignisse – die Federkernball-Erfindung und die Lockerung der Feiertagsvorschriften – in zeitlichem wie kausalem Zusammenhang zu sehen, denn er meinte, daß sich jede Freizeitverbesserung mittelbar auswirken würde auf Rechtsprechung und Politik im allgemeinen. Das erste internationale Golfturnier zwischen dem Herzog von York (dem späteren James II. von Schottland und England) und dem Schuhmacher John Patersone gegen zwei englische Adelige – »jenes Match, das ganz im Geiste der Restauration ausgetragen wurde« – fand gegen Ende des sechzehnten Jahrhunderts auf den Leigh Links statt und war als öffentliches Ereignis deshalb von so großer Bedeutung, weil es ein ermutigendes Beispiel gab für den friedlichen Wettstreit unter Männern. Peter wußte zu berichten, daß John Patersones Haus, gebaut aus dem Gewinn dieser Meisterschaft, nach wie vor in Edinburgh zu besichtigen sei. Dann sprach er von den ersten Golfvereinigungen, vom Edinburgher Wettkampf um den silbernen Schläger und vom »Zusammenschluß der Brüderschaft«. Anstatt gegen England in den Krieg zu ziehen, konnten die Schotten nun gegen Naturgewalten und »die Dämonen in ihren Seelen« ankämpfen; zu diesen Feldzügen schlossen sie sich zusammen im Royal Aberdeen Club, im Royal and Ancient Club, in The Honourable Company of Edinburgh Golfers oder dem Musselburgh Club. All diese Brüderschaften stellten ihre eigenen Regeln auf, veranstalteten Wettbewerbe und legten sich Embleme und Uniformen zu. Schwarze, rote, karierte Jacken oder noch buntere Kostüme gehörten zur Kleiderordnung festlicher oder sportlicher Anlässe. »Wer seine Uniform nicht anhatte, wurde mit einer Geldstrafe belegt. Warum wohl?« fragte Peter. »Um die Brüderschaft zusammenzuhalten, deshalb. Nur so konnten die Männer in Frieden zusammenkommen und diese Absicht auch deutlich machen.« Zum Nachdruck des Gesagten schlug er mit der Faust auf den Tisch, daß das Geschirr klapperte. »Zeitgleich mit der Bildung der ersten Golfclubs vereinigten sich auch das schottische und englische Parlament, um zur Vollendung zu bringen, was mit dem Vertrag von Glasgow zweihundert Jahre zuvor in Gang gesetzt worden war. Ihr seht also, daß jedes bedeutende Bündnis zwischen Schottland und England direkt oder indirekt mit dem Golfspiel im Zusammenhang steht. Oder vorsichtiger ausgedrückt: Unsere Erinnerungen, Vorstellungen und Geschichtsbücher legen einen solchen Zusammenhang zwischen Golf und Politik nahe. Zugunsten des Spiels wurden unsere Schwerter in Golfschläger umgeschmiedet – und was hatten die Schotten für grausame Klingen! Anstatt auf den Nächsten schlagen wir nun auf die gute Erde ein.«

Ich nahm die Gelegenheit wahr, der Tafelrunde von meinem Freund Joe K. Adams zu berichten, der den Vorschlag gemacht hatte, ein Gymnasium zu gründen, worin dionysische Rituale zu heilenden Zwecken einstudiert werden sollten. Adams behauptete, daß die Chemie des menschlichen Körpers durch wilden Tanz und ekstatisch betriebenen Sport günstig beeinflußt, daß dem Organismus ganz allgemein dadurch geholfen und das Bewußtsein erweitert würde. Julian zeigte sich sofort interessiert. Er war seinerseits der festen Überzeugung, daß manche Gemütserkrankungen verursacht seien durch den Mangel an richtiger Bewegung.

»Gäbe es bessere Sport- und Spielmöglichkeiten, wären bald ganze Stationen unserer psychiatrischen Krankenanstalten leer«, sagte er mit kehligem Schottenakzent. Seine dünnen, silbrigen Haare schimmerten im Kerzenlicht und krönten seine Stirn wie mit einem Strahlenkranz. »Ich habe selbst schon vielen helfen können mit der simplen Verordnung, Sport zu treiben und zu tanzen. Um den Kopf freizukriegen, reicht es manchmal schon aus, der Musik von Dudelsäcken zuzuhören.« Daraufhin beschrieb der alte Doktor, wie er sich »die vollkommene Golfanlage« vorstellte. An einigen Löchern müßte seiner Meinung nach Musik gespielt werden. Mit Musik, vor allem Dudelsackmusik, würde jede Sportart besser auszuüben sein; am günstigsten wäre es jedoch, wenn die Musik im Geiste erklänge. Ekstase, so sagte der Arzt, würde sehr wichtige Körperfunktionen stimulieren.

»Unser Gehirn ist ein Destillierkolben, der eigentümliche Spirituosen ins Blut ausschüttet und für einen permanenten Rauschzustand sorgt. Man muß diesem Kolben die richtigen Zutaten zufügen, sonst kommt ein übler Fusel heraus.« Er gab Würgelaute von sich und spuckte demonstrativ auf seinen Teller. Eve Greene wendete sich angewidert ab, Adam, ihr Mann, tat so, als hätte er nichts gesehen.

»Aber was hat das mit Golf zu tun, Julian«, unterbrach Peter. »Golf beruhigt die Nerven; es kratzt sie nicht auf. Denk doch bloß daran, was dem armen Campbell widerfahren ist, als er über die Links hopste und dabei Tanzschritte aufführte, die du ihm beigebracht hast. Er wäre fast in die Klapsmühle eingewiesen worden.« Offenbar hatte Julian einem seiner Patienten einen Highland Fling über achtzehn Löcher verschrieben.

»Oh, oh, oh.« Julian beugte sich über den Tisch und hob die Stimme: »Und wie ist die Sache ausgegangen? Der Mann war doch geheilt, oder nicht?«

Peter und die anderen mußten dem alten Arzt recht geben. Dieser Campbell war, wie ich erfuhr, anschließend in die Südsee gereist, um dort ein Buch zu schreiben. Aber der Streit hatte sich noch nicht gelegt. Gemeinsam mit den Greenes ging Peter in Opposition zu Julian und blieb bei der Behauptung, daß die Schönheit des Golfspiels in Ruhe und Ausgewogenheit gründe, also apollinische Tugenden hochhalte. Der Doktor sprach sich dagegen entschieden und hitzig für die dionysische Seite des Spiels aus. Es sei im Grunde nichts als ein Tanz, sagte er.

»Du bist doch der schlagende Beweis dafür, Peter. Du spielst gegen deine Emotionen an, läßt dich mitunter davon beflügeln oder gibst dich ihnen sogar bisweilen hin. Wie ist das noch mal mit den einzelnen Namen, die du für deine jeweilige Einstellung gefunden hast?« In der Tat hatte Peter McNaughton – wie viele andere Golfspieler – den Tick, seine launischen Golfattitüden mit Namen zu benennen. »Old Red« hieß zum Beispiel seine cholerische Stimmung, in der er Golfschläger zerbrach und wütend auf seine Frau einschimpfte; mit »Divot« bezeichnete er seine ungelenke und für Zuschauer nicht ungefährliche Verkrampfung; »Palsy« war der Name für schleichende Angstzustände, für das Zittern der Hände und die große Nervosität vor dem ersten Abschlag. Mit der Benennung schien er auf Distanz zu diesen Anwandlungen gehen, ihnen den Status alter Bekannter zuschreiben zu wollen. Angeblich unterhielt er sich sogar mit ihnen. Agatha und Kelly behaupteten, daß Peters vier Gesichter allesamt mit am Tisch säßen.

»Für mich bist du das lebende Beispiel all dessen, was Golf in seinem Wesen ausmacht«, sagte Julian. »Ist es doch nichts anderes als das Zusammenkommen unserer separaten Teilaspekte. Du hast es selbst gesagt, eben noch, als vom Vergleich zwischen Golf und Ehe die Rede war. Auch die verschiedenen Seiten unserer Persönlichkeit wollen sich vermählen.«

Ich sah Agatha an. Sie nickte zustimmend wie so viele Frauen, die darauf hoffen, daß ihre Männer mit sich zurandekommen. Unwillkürlich faltete sie die Hände wie zum Gebet.

»Tja«, sagte Peter. »Im Augenblick spielt sich mein lieber ›Naught‹ in den Vordergrund.« Er spürte wohl, daß ihn die Runde aufs Korn genommen hatte. »Und wenn ›Naught‹ die Oberhand gewinnt, ist Schluß mit dem Golfspielen.« Julian wollte wissen, was von ihm, Peter, übrigbliebe, wenn er nur diesen einen Aspekt von sich gelten ließe. »Oh, meine Freunde, dann bleiben mir immer noch diese großartige Familie, ein gesunder Geist und innere Ruhe«, antwortete Peter heiter, aber ohne überzeugen zu können.

»Mein lieber Peter ›Naught‹, ich bin sicher, daß sich deine anderen Gesichter früher oder später wieder zu Wort melden, ob beim nächsten Spiel, bei einem Abendessen oder im Kreis der Familie. Sie zu leugnen hat keinen Zweck«, entgegnete Julian und grinste verschlagen.

Peter wurde wütend. Er stand vom Tisch auf. »Ach, ihr armen Golfverrückten«, sagte er. »Leert die Gläser und hütet euch vor eurer Besessenheit. Ich habe meinen Teil dazu gesagt. Ihr wißt, wie sehr mir Golf am Herzen liegt, und wie jeder von euch denke ich auch theoretisch darüber nach, versuche sogar, zu einem historischen Verständnis zu gelangen. Trotzdem, damit ist jetzt Schluß. ›Palsy‹, ›Divot‹ und wie sie alle heißen... sie sind gestorben.« Peter zeigte sich entschlossen und schien keinen Widerspruch zu dulden. Nun war ein anderer an der Reihe, seine Ansichten vorzutragen.

Agatha schlug vor, ins Wohnzimmer umzuziehen; vermutlich wollte sie für eine Verschnaufpause sorgen. Während wir Platz nahmen, schürte Peter das Feuer im Kamin. Für eine Weile sahen wir uns schweigend und ein wenig verlegen an. Dann meldete sich Shivas zu Wort. »Adam«, sagte er, »du hast was von neuen Theorien erwähnt; jetzt kannst du sie ausführen. Ich bin sicher, es wird sehr interessant werden.« Alle Blicke richteten sich auf den kleinen Mann, der im Schatten des Sofas fast verschwand. Ich erinnere mich daran, auf eine lange Rede gehofft zu haben, damit mir Zeit blieb, eigene Gedanken zum Thema zu entwickeln. Aber Adam wirkte plötzlich weit weniger begeistert und kregel als zu Anfang. Er blickte scheu drein und schien Angst vor einer Blamage zu haben. Wir alle spürten, wie unbehaglich ihm zumute war. Endlich fing er zu sprechen an, aber so leise, daß wir kaum ein Wort verstehen konnten. Julian beugte sich vor und hielt die Hand hinters Ohr. »Wie bitte? Was hast du gesagt? ›Supermind‹?«

Adam nickte. Seine Verlegenheit machte uns allen zu schaffen; dennoch waren wir neugierig zu erfahren, was er vorzutragen hatte. Die ganze Gruppe wandte sich Julian zu. »Was hat er gesagt?« fragte jemand.

»Wenn ich richtig verstanden habe, setzt er Golf mit dem *Supermind* gleich«, antwortete der Alte und kratzte sich am Hinterkopf. Alle blickten zurück auf Adam. Der verschämte kleine Mann murmelte einen zweiten Satz kaum hörbar vor sich hin. Wieder wandten wir uns Julian zu, den wir nun in der Rolle des Dolmetschers sahen. Kopfschüttelnd rückte der Alte näher an Adam heran. »Du mußt lauter sprechen«, sagte er. »Hast du ›Supermind‹ gesagt?«

Der kleine Mann hob den Kopf um zwei, drei Zoll und sagte im Flüsterton: »Golf ist das neue Yoga des Superminds.«

»Donnerwetter!« rief Shivas. »Das freut mich zu hören.« Offenbar war er der einzige, für den Adams Worte Sinn ergaben.

Alle anderen reagierten sichtlich irritiert. Dann versank Adam wieder im Schatten des Sofas. Er brauchte anscheinend noch mehr Zuspruch, um aus sich herauszukommen. Eve legte ihm Mut machend eine Hand auf den Arm.

»Nun, der Anfang ist vielversprechend«, sagte Julian,

und der Rest nickte zustimmend. Doch aus der Mulde im Sofa war kein Wort zu vernehmen.

»Das Yoga des Superminds«, meinte jemand in wissendem Ton. »Ja, ich weiß, was er damit sagen will.«

Auch ich nickte unwillkürlich mit dem Kopf. Ja, das Yoga des Superminds, natürlich, ist doch ganz klar...

Adam hatte sich inzwischen dazu durchgerungen, seinen Vortrag fortzusetzen. Deutlich zu hören waren allerdings nur die Worte: »...die nächste Manifestationsebene.« Ich schloß die Augen und grübelte über das bedeutungsschwangere Fragment nach. An diesen Worten muß doch was dran sein, dachte ich, denn immerhin war Shivas ganz hellhörig geworden. Den Begriff »Supermind« kannte ich von Aurobindo, aber daß Golf »das Yoga des Superminds« sein sollte, war für mich nicht nachzuvollziehen. Und was hatte es mit der »nächsten Manifestationsebene« auf sich? Während ich noch darüber nachdachte, rumorte es plötzlich. Ich öffnete die Augen, und – siehe da! – Adam stand, sanft auf- und abwippend, mit beiden Beinen auf dem Sofapolster. Dann fing er an zu reden. »Golf rekapituliert die Evolution«, sagte er in melodiösem Tonfall. »Es ist ein Mikrokosmos, eine Projektion all unserer Hoffnungen und Wünsche.« An vieles, was er sagte, kann ich mich nicht mehr erinnern, aber seine Worte kamen einer überschwenglichen Golfhymne gleich. Er huldigte jedoch weniger dem Sport, den ich kannte, sondern vielmehr einem Golfspiel, wie es sich in der platonischen Ideenwelt darstellen ließe als urbildliches Spiel der Spiele. Während er seine Gedanken darlegte, fragte ich mich, wie wohl seine Seminare über »Kosmische Ökologie« sein würden. Keiner meiner Professoren in Stanford hätte jemals vergleichbare Ansichten geäußert.

Adam sprach über die technische Entwicklung des Spiels und zeigte auf, wie sich dieser Wandel auf die Spielauffassung leidenschaftlicher Golfer ausgewirkt hatte. Nach Adams Meinung reflektierte das moderne Golf mit seinem technisch ausgereiften Material und den raffiniert angelegten Plätzen die ständig zunehmende Komplexität der Menschheit schlechthin. Golf biete sich an als Vehikel für die Ausbildung höherer Kapazitäten, und darum sei es eine Art Yoga des Superminds, die optimale Disziplin für Transzendenz.

Während dieser unglaublichen Rede drängte sich mir immer wieder die Frage auf, ob er tatsächlich aktiver Golfer sei. Da er kaum über einssechzig groß war, würde er bestimmt Probleme haben. Wie weit mochte er wohl abschlagen? fragte ich mich. Würde er das Grün überhaupt mit einem akzeptablen Handicap erreichen können?

»Golf wird auf verschiedenen Ebenen gespielt«, fuhr er fort, und sein Vortrag glich immer mehr einem Gesang. »Denkt nur einmal an den Flug des Balls, an das Hochgefühl, wenn es so scheint, als hinge der Ball in der Luft.« Im flackernden Feuerschein beschrieb er mit dem Arm eine vorgestellte Flugkurve. »Von diesem Nervenkitzel leben etliche Sportarten, das Bogenschießen zum Beispiel oder der Fußball. Wer würde nicht diese gespannte Erregung empfinden, wenn ein Ball aufs Ziel zufliegt? Diese Bewegung hat natürlich auch eine symbolische Qualität, und hier setzt meine Theorie an...« Er sprang vom Sofa und trat neben den Kamin. »Sie zielt ab auf die Simultanität von Vergangenheit und Zukunft als ursächliche Bezüge für alles, was ist. Beispiel: Unser Verlangen, Wurfgeschosse fliegen zu sehen, geht zurück bis in die Steinzeit, in die Zeit unserer Vorfahren, die mit Lanzen oder Steinen auf die Jagd gingen.« Adam stellte sich nun auf die Zehenspitzen und hob die Stimme. »Nun kommt das Moment der Antizipation hinzu. Der Flug des Balls antizipiert unser Verlangen nach Transzendenz. Wir lieben es, den Ball frei in der Luft schweben zu sehen. Darum schlagen wir doch unsere Drives so wuchtig wie möglich. Wenn wir den Ball fliegen sehen, dämmern uns

Erinnerungen aus der Vorzeit, und zugleich regen sich Ahnungen von der nächsten Manifestationsebene.«

Er schaukelte langsam vor und zurück und wiederholte die weit ausladende Armbewegung. Wir alle starrten ihn verwundert an. »In dem besagten Nervenkitzel liegt eine mystische Qualität. Wir *lieben* es, den Ball über Hindernisse hinwegfliegen und ins Ziel treffen zu sehen. Die Flugbahn beschreibt im Grunde nichts anderes als den Fluchtweg des Vereinzelten hin zum All-Einen.«

Er warf den Kopf in den Nacken und ließ die schwarzen Augen kreisen. Von seiner anfänglichen Schüchternheit war nichts mehr zu spüren. Statt dessen schien er, von Leidenschaft gepackt, in den Wahnsinn abzudrehen. Vor wenigen Minuten hatte ich ihn noch aus der Reserve lokken wollen; inzwischen hielt ich es eher für angebracht, ihn auf den Teppich zurückzuholen. Ich erlebte hier nicht das erste Mal, wie sich jemand beim Versuch, das Golfgeheimnis zu lüften, auf merkwürdige Weise verrannte.

»Die von Eve und mir entwickelte Theorie des Golfspiels ist die umfassendste und stichhaltigste, die je vorgetragen wurde. Ich glaube, sie erklärt *alles*.«

Mir fiel auf, daß Julian die Stirn runzelte und immer wieder mit Shivas Blickkontakt aufnahm. Ich fragte mich, wie der alte Arzt Adams Verhalten wohl bewertete. Er hatte sich im allgemeinen zugunsten einer gewissen Verrücktheit ausgesprochen, zeigte aber nun eine besorgte Miene. Obwohl mich die Rede des kleinen Krauskopfes faszinierte, war ich froh, einen Arzt in der Nähe zu wissen.

»Habt ihr euch jemals Gedanken über das Mysterium des Loches gemacht?« fragte die hin- und herwippende Gestalt vorm Kamin. »Wo liegen seine Bezüge zu Vergangenheit und Zukunft? Denkt einmal darüber nach. *Hole-in-one!* Das ist doch nun wirklich eine Überlegung wert.« Er blickte mit weit aufgerissenen Augen in die Runde. »Ein *hole-in-one*«, betonte er ehrfürchtig, als sei hier die Rede vom Allerheiligsten. »Der fliehende Flug des Vereinzelten hin zum All-Einen.«

Julian rutschte in seinem Sessel zur Seite, um Shivas anzusehen. »Du hast ihm diese Spinnereien eingeimpft. Jetzt siehst du, wohin das führt.« Shivas antwortete nicht; er musterte Julian mit ernstem, unergründlichem Blick. Der alte Mann wandte sich nun wieder Adam zu. »Was hat Golf mit Plotins Esoterik zu tun? Die Verwandtschaft ist doch sehr an den Haaren herbeigezogen.«

»Im Gegenteil. Sie ist sehr real«, entgegnete der kleine Mann mit leuchtenden Augen. Er stand auf dem Kaminvorsprung, um an Höhe zu gewinnen. »All unsere Erfahrung ist voll von Antizipation. Wir lieben das, was wir zu sein wünschen. Deshalb lieben wir es, mit Eisen 2 den Ball auf eine flache Flugbahn zu bringen oder dreihundert Yards weit aufzuschlagen.«

Ich zweifelte daran, daß ihm ein gelungener Schlag mit Eisen 2 überhaupt möglich war, geschweige denn ein Dreihundert-Yards-Drive. Offenbar sah er im Golf tatsächlich weniger ein praktisches als vielmehr ein »platonisches« Spiel. »Wir spüren in den Knochen, was unsere Bestimmung ist; darum fasziniert uns jeder noch so flüchtige Ausblick auf erhabenere Möglichkeiten. Jeder Golfer erlebt Momente höchstens Glücks, dann zum Beispiel, wenn ihm ein Schlag von promethischer Güte gelingt. Verstehen Sie, was ich meine?« fragte er mit Blick auf mich.

Ich dachte an meine Schläge auf der Rückrunde an diesem Nachmittag und nickte trotz meiner Befürchtungen um Adams geistigen Zustand. Ja, ich wußte, was er meinte. Wie hätte ich vergessen können, wie mir nach den geglückten Schlägen zumute gewesen war?

»Es gibt einige Spieler, die dieses Gefühl geradezu verkörpern«, fuhr er in melodischem Tonfall fort. »Ich nenne nur Bobby Jones. Dafür lieben wir ihn. Die Evolution...« er stockte mitten im Satz und war sich über den nächsten Gedanken offenbar selbst noch nicht im klaren, »... die Evolution ist permanent am Werke, und Golf funktioniert immer mehr als ihr Vehikel.«

Dem Alten schien nun endgültig der Kragen zu platzen. »Papperlapapp«, rief er. »Die Evolution verläuft doch nicht automatisch, ebensowenig Golf und alles andere. Aber du, Adam, du redest wie ein Automat daher.«

Der wütende Widerspruch des alten Arztes verblüffte mich. Ich hatte bloß schweigend zugehört und auf einen glimpflichen Ausgang gehofft. Aber Adam schien sich aus seinen philosophischen Verrenkungen von allein nicht mehr befreien zu können. Sogleich schwenkte er auf eine andere Argumentationslinie ein, sprach von der »unausweichlichen Seinsentfaltung« und behauptete, daß alle Aktivitäten, die von den Werten des Golfspiels profitierten, in zunehmender Deutlichkeit widerspiegelten, was den Menschen in seinen Wünschen, Befürchtungen, Konflikten und Hoffnungen auf Gott ausmachen würde. Darum sei im Spiel die aufstrebende Tendenz des Lebens ersichtlich. »Golf ist ein Mikrokosmos der Welt«, sagte er. »Gibt man uns neue Schläger in die Hand, werden wir neue Einstellungen entwickeln. Die Regel, losgeschlagene Rasenstücke in den Boden zurückzupflanzen, gilt erst seit der Zeit, da nicht mehr auf natürlichem Gelände, sondern auf ausgebauten Anlagen gespielt wurde. Die Einführung dieser Regel markiert also einen Bewußtseinswandel.«

»Mein lieber Adam«, unterbrach Julian. »Willst du mir etwa weismachen, daß zurückgelegte Divots ein Beweis sind für den Aufschwung der Vernunft? Ich sehe darin bloß einen Hinweis darauf, daß die Masse der Golfspieler kapiert hat, daß sie auf dem Platz nicht alles kurz und klein trampeln darf.« Der Arzt und Peter, der ihm nickend zustimmte, hatten saure Mienen aufgesetzt. Doch davon ließ sich Adam Greene nicht beirren.

Überschwenglich fuhr er fort: »Wie in allen anderen Dingen suche ich auch im Golf nach Zeichen der Transzendenz.« Er grinste triumphierend. »Prüft einmal eure eigenen Erfahrungen. Ihr werdet mir recht geben müssen, auch du, Julian, wenn du ehrlich bist.«

»Ich will ganz ehrlich sein, Adam Greene«, erwiderte Julian. »Wer darauf erpicht ist, irgendwelche Zeichen zu finden, der entdeckt sie überall – und seien es auch solche, die das Gegenteil von deinen Behauptungen beweisen.«

»Tja, Julian, hättest du Augen zu sehen…« Adam warf die Arme in die Höhe.

»Da wäre noch etwas zu bedenken«, unterbrach Eve Greene, um ihrem Mann Hilfestellung zu leisten. Die beiden waren aufeinander bestens eingespielt. »Es kommt nicht zuletzt auf Situation und Umgebung an«, sagte sie, und ihre Augen leuchteten so hell wie die ihres Mannes. »Der Spielpartner, die Anlage, unsere jeweilige Stimmung, ja, unser Leben im ganzen – all das wirkt sich direkt auf unser Spiel aus. In Burningbush erleben wir, Adam und ich, etwas ganz Besonderes, wovon Shivas und Seamus immer wieder sprechen. Auch wir sind überzeugt davon, daß Loch dreizehn verwunschen ist.«

Verwunschen? Ich dachte daran, was mir dort widerfahren war. »Wer ist Seamus?« fragte ich.

»Verschont mich mit Seamus MacDuff«, schnaufte Peter. »Ich kann den Kerl nicht ausstehen.«

»Ich bitte dich, Peter«, sagte Shivas. »Seamus ist doch unser lieber, guter Freund.« Er schmunzelte dem Gastgeber zu und knuffte dessen Arm.

»Wer ist Seamus MacDuff?« fragte ich erneut, diesmal etwas lauter.

»Seamus MacDuff ist der hiesige Dorfdepp«, antwortete Eve Greene. »Oder auch der Weise; kommt ganz auf den Blickwinkel an. Er und Shivas sind die dicksten Freunde.«

»Erzählen Sie mir mehr über ihn«, hakte ich nach. In diesem so unauffälligen Ort schien es von merkwürdigen Gestalten nur so zu wimmeln.

»Das will ich gerne tun«, sagte Shivas. »Aber Sie müssen versprechen, Stillschweigen zu bewahren. Ich vertraue Ihnen nämlich jetzt ein Geheimnis an.« Shivas fixierte mich mit bedeutungsvoller Miene. »Seamus MacDuff ist der Erfinder des Spiels, und man könnte sagen, daß er nach wie vor an dessen Perfektionierung arbeitet. Er segnet diesen Ort hier, indem er die Links von Burningbush als sein Versuchsfeld auserkoren hat.« Shivas beugte sich mir zu und flüsterte: »Seamus ist außerdem derjenige, der mir fast all das beigebracht hat, was ich über das Spiel weiß.«

Es wurde mit einem Male mucksmäuschenstill. Der Geist von Seamus war unter uns. Hatte ich ihn am Nachmittag womöglich selber auf dem Platz gesehen? Ich glaubte mich an eine schäbige Gestalt zu erinnern, die beim dreizehnten Loch am Rand des tückischen Grabens hin und her gegangen war. Dann – verrückte Empfindung – war ich tatsächlich überzeugt davon, ihn gesehen zu haben. Ich hatte dieser flüchtigen Wahrnehmung keine besondere Bedeutung beigemessen, weil ich so sehr mit meinem Spiel beschäftigt war. Doch nun stand mir das Bild deutlich vor Augen. Ich hätte schwören können, daß dieser merkwürdige Mensch einen zerlumpten schwarzen Frack mit Rockschößen getragen hatte. »Haben wir ihn am dreizehnten Loch gesehen?« fragte ich kleinlaut.

»Ach nein. Sie haben ihn also dort gesehen«, rief Shivas verwundert aus. »Hat er was gesagt?«

»Nun, mir schien, als wollte er etwas sagen«, antwortete ich. Zu meinem Erstaunen erinnerte ich mich plötzlich, daß er tatsächlich gesprochen hatte, und irritiert fügte ich hinzu: »Ich weiß nicht mehr, was er sagte.«

Hatte er mit uns gesprochen? Wie war das möglich, daß ich mich an dieses so ungewöhnliche Erlebnis nicht genauer erinnern konnte? Aber nach Shivas' seltsamer Aufführung und meinem überraschend guten Schlag war ich anscheinend nicht mehr Herr meiner Sinne gewesen. Trotzdem, wie konnte ich den Anblick von Seamus MacDuff verdrängen... An dieser Stelle bat ich Agatha um ein weiteres Glas Whisky. Lange Zeit herrschte tiefes Schweigen. Schließlich meldete sich Shivas wieder zu Wort.

An die Greenes gerichtet, sagte er: »Eure Theorien gefallen mir. Seit langem hege ich den Wunsch, einmal auf der Anlage des Tuctu-Golfclubs in Peru zu spielen. Sie ist die am höchsten gelegene auf der ganzen Welt. Es heißt, daß man dort von einem Berggipfel zum nächsten schlägt. Der Umgebungseffekt, von dem ihr gesprochen habt, käme da doch bestimmt besonders gut zur Geltung, oder? Der Ball würde eine Meile weit fliegen.«

»Ich dachte, du wolltest in Tibet spielen«, meinte Kelly.

»Tja, das wäre auch nicht schlecht. Aber daraus wird wohl vorläufig nichts.« Tibet war in diesem Jahr (1956) von China annektiert worden, worüber Shivas, wie ich später erfuhr, tief betroffen war. »Kein Zweifel, auch da wird Golf gespielt«, sagte er.

»Ich war schon immer der Meinung, daß du mal im Golfverein von Sodom und Gomorrha am Toten Meer hättest spielen sollen«, brummte Julian aus den Tiefen seines Ohrensessels. »Weit wärst du da nicht mit deinen Schlägen gekommen, ganz bestimmt nicht. Der Platz lag vierhundert Meter unterm Meeresspiegel. Ich hab selber dort gespielt, noch vor dem Krieg. Man kommt sich vor wie in der Hölle. Es kann nur ein Engländer gewesen sein, der auf die Idee gekommen ist, in der Gegend Golf zu spielen.«

»Der Golfverein von Sodom und Gomorrha?« rief Eve. »Hat es den wirklich gegeben?«

»Allerdings, und zwar in der Stadt Kallia am Toten Meer«, antwortete Julian.

»Na bitte. Auch du, Julian, wirst zugeben müssen, daß

sich eine solche Umgebung auf dein Spiel auswirkt«, sagte die inzwischen leicht beschwipste Frau, um ihrem Mann den Rücken zu stärken.

»Hör zu, Eve«, entgegnete er. »Ich war in der Tat schwer beeindruckt, aber vor allem davon, daß es Engländer in dieser Hölle aushalten und sich gar nichts draus machen.«

Der Whisky tat nun seine Wirkung. Die Unterhaltung plätscherte dahin. Adam und Eve setzten uns ihre bahnbrechende Theorie auseinander. Sie zählten diverse Bewußtseinsstufen auf, stellten Methoden zur Freisetzung supramentaler Kräfte vor und kamen dann irgendwie auf Gärten zu sprechen. »Die Geschichte des Golfsports und die des Gartenbaus sind miteinander verflochten«, sagten sie. »Die Links hier in Burningbush lassen sich als einen Garten besonderer Art bezeichnen.« Sie erklärten nun den Zusammenhang zwischen Gartenanlagen und bestimmten Bewußtseinsformen, wiesen darauf hin, daß die englische Gartenkunst im Unterschied zur französischen weniger formal und streng, sondern vielmehr an der Natur orientiert sei. Ich lobte die unvergleichliche Grandeur von Pebble Beach, jenem berühmten Golfplatz in Kalifornien, wo sich das Bewußtsein gewiß in vorzüglicher Weise entwickeln könne, obwohl es dafür keinen konkreten Beleg gab. Dann kam die Runde wieder auf Seamus MacDuff zu sprechen.

»Er bringt die ganze Ortschaft in Verlegenheit und ist schlimmer als Bauchschmerzen«, sagte Peter unvermittelt. »Mir will nicht in den Kopf, warum man ihn da draußen im Graben wohnen läßt.«

»Wohnt er da wirklich?« fragte ich.

»Nun, zumindest verbringt er dort einen Großteil seiner kostbaren Zeit«, antwortete Shivas. »Er forscht unablässig und feilt an seinen Theorien über Gott und die Welt.«

Mir wurde ganz mulmig in Erinnerung an diese Vogelscheuche, die ich gesehen hatte. Ich glaubte, mich entsinnen zu können, wie er, uns zuwinkend, am Grabenrand entlanglief.

»Es heißt, er schreibt an einem Buch, das nach seinem Tod verlegt werden soll«, sagte Eve. »Aber keiner weiß Genaueres.«

»Ach, er ist ein Idiot. Warum bloß tun alle so, als würden sie ihn für voll nehmen?« sagte Peter. »Tatsächlich macht sich doch nur jeder über ihn lustig. Jawohl, auch ihr macht euch über ihn lustig.«

»Ganz und gar nicht«, entgegnete Shivas. »Und ich kann bestätigen, daß er an einem Buch schreibt. Es wird ein großes Werk und trägt den Titel *Die Logarithmen der Gerechten*. Darin geht's erstmalig um eine Physik des Geistes. Ich habe bereits einen Blick reingeworfen. Erzähl mir also nicht, daß ich mich über ihn lustig mache, Peter. Er ist mein Lehrer.«

»Was für Theorien hat er denn so auf Lager?« wollte ich wissen, denn meine Neugier wuchs mit jedem neuen Hinweis auf diesen Mann.

»Angeblich studiert er die Schwerkraft«, sagte jemand. »Er will beweisen, daß sich das menschliche Bewußtsein ausrichtet an den physikalischen Kräften des Universums.«

»Ist er Mathematiker?« fragte ich.

»In pythagoräischer Tradition«, antwortete Shivas. »Sie müssen folgendes wissen, Michael: Um die Schwerkraft zu studieren, hat er seinen Verstand ein wenig aus dem Gleichgewicht bringen müssen. Er befindet sich sozusagen in der Schwebe, um einen neuen Zugang zum Verständnis unserer Welt zu eröffnen.« Shivas' eigene Gedanken über die Wirkung der Gravitation auf die sublimen Kräfte der menschlichen Seele sollten mir wenige Stunden später zu Gehör kommen.

»Seamus MacDuff ist der einzig Gescheite unter uns«, sagte Julian und schlug mit der Hand auf die Sessellehne.

»Der einzig Gescheite. In einer Welt, die völlig aus dem Lot geraten ist, hat er sich darangemacht, seinen Verstand neu zu ordnen. Mag sein, daß er noch lange dafür braucht, aber immerhin ist er uns ein gutes Stück voraus.« Er blickte kämpferisch in die Runde. »Jawohl, die Welt ist aus dem Lot geraten. Jetzt will ich euch was von meinen Gedanken übers Golfspielen verraten.« Er räusperte sich und spuckte ins Feuer. Dann hielt er in seinem rhythmischen, gutturalen Akzent einen Vortrag und zeichnete ein düsteres Bild von der Hölle auf Erden. Seinen Monolog nachzuerzählen ist kaum möglich. Der Versuch, dies zu tun, bestätigt mir wieder einmal, daß sich eine Vision nur durch denjenigen vermitteln läßt, der sie hat. Seine Worte lauteten in etwa folgendermaßen:

»Unsere Umwelt hält uns in Bann. Wir stehen von morgens bis abends unter hypnotischen Einflüssen; alles mögliche drängt sich unseren Sinnen auf. Adam, du sprichst von der großartigen Evolution, verzweifelst aber an unserer Zeit. Gegen jede deiner Thesen zur Weiterentwicklung des Golfspiels führe ich Belege ins Feld, die beweisen, daß das Spiel seinen alten Charme verliert und vor die Hunde geht. Warum? Weil viele und vor allem die Amerikaner dieser Vervollkommnungsidee auf den Leim gehen und zur Mechanisierung des Spiels beitragen. Sieh dir bloß die überfüllten Plätze an, die Hektik, den Verfall der alten Clubs. Mit Muße hat das nichts mehr zu tun. Ich frage dich, wohin soll das führen? Mein Blickwinkel ist der eines Arztes, der seit fünfzig Jahren mit kranken Leuten zu tun hat. Und ich weiß die Sprache des Körpers zu deuten, der ständig ›Hilfe, Hilfe‹ schreit. Ich sehe nirgends Fortschritte im Hinblick auf Gesundheit, Glück oder eine verbesserte Verdauung. Zugegeben, die Leute leben länger, wir haben viele Seuchen im Griff, und die Kindersterblichkeit ist erfreulich gering. Aber wie steht's um die höheren Werte? Wir sind alle total verbohrt, und wenn du was anderes behauptest, rate ich dir, genauer hinzusehen. Golf ist ein Spiegelbild dieser Verhältnisse; darin gebe ich dir recht, Adam. Es zeigt uns allerdings ein verdammt übles Abbild«, und kopfschüttelnd wiederholte er, »ein verdammt übles Abbild. Ich sehe verhunzte Schwünge, überhastete Runden und seit neustem elektrische Karren, die den Rasen kaputtmachen und uns um einen erholsamen Spaziergang bringen. Die Krankheiten, mit denen ich es zu tun habe, sprechen Bände über unseren Lebenswandel. Die Evolution bringt uns keinen Schritt weiter; im Gegenteil, sie produziert immer mehr Verrücktheiten. Wir tappen im Dunkeln, rennen auf falsche Ziele zu, vergessen, worauf es wirklich ankommt, und lassen uns von Idioten an der Nase rumführen. Wenn es keine Typen wie Shivas oder Seamus MacDuff mehr gäbe, würde ich alle Hoffnung aufgeben.« Der Reihe nach benannte er die persönlichen Schwächen jedes einzelnen in der Runde. Den Greenes haute er um die Ohren, daß ihre hochtrabenden Theorien nichts wert seien, solange sie ihre hypochondrischen Klagen fortsetzen würden (Adam hatte Rückenbeschwerden; Eve litt unter Migräne). Peter McNaughton mußte sich vorhalten lassen, schrecklich miesepetrig, viel zu nervös und unduldsam zu sein – bei der Arbeit, zu Hause und im Spiel. Selbst Shivas bekam sein Fett weg. Wieso, fragte der Doktor, müsse er in frühen Morgenstunden durch die Straßen ziehen und sich dadurch dem Verdacht aussetzen, irgendein Sittenstrolch zu sein? Ich war das letzte Opfer dieser wütenden Attacken. Julian sah in mir einen durch und durch oberflächlichen Menschen, ein »typisch amerikanisches Wohlstandsbaby, dem alles in den Rachen geworfen wird«. Zum Schluß gab er jedem von uns den Rat, die gegenwärtigen Sorgen und Klagen zu vergleichen mit unseren Nöten vor zehn Jahren. »Es ist doch interessant zu beobachten, wie wenig sich in der Hinsicht verändert«, sagte er. »Wie dem auch sei, wir sitzen hier, kippen Whisky in uns rein und hängen irgendwelchen Hirngespinsten nach, während die Welt um uns herum immer düsterer wird.«

Mir war aufgefallen, wie Agatha McNaughton auf die wortreichen Tiraden des Arztes reagierte. Sie lächelte jedem zu, der von Julian aufs Korn genommen wurde. Vermutlich hatte sie schon des öfteren Szenen dieser Art miterlebt und den gescholtenen Freunden Beistand geleistet. Shivas' Tadel milderte sie mit warmherzigem Blick. Mir zwinkerte sie mit den Augen zu, und als Julian zum Ende gefunden hatte, stand sie leise auf und servierte Tee. Die Worte des Alten hatten nicht selten ins Schwarze getroffen und jeden von uns zum Nachdenken gebracht, so daß es für eine Weile still wurde. Ich glaube, Eve Greene war stocksauer und konnte nur mit Mühe ihre Fassung bewahren. Adam stierte auf die Flammen im Kamin. Agatha war voller Nachsicht und Mitgefühl; ohne sich aufzudrängen, sorgte sie für Behaglichkeit. Dr. Laing spuckte erneut ins Feuer und knurrte unverständliche Flüche vor sich hin.

Dann endlich ergriff Shivas das Wort. »Julian«, sagte er feierlich. »Nach deiner Rede fällt's mir schwer, das Loblied auf den Golfsport fortzusetzen. Ich glaube, wir brauchen Agathas Segen, um weitermachen zu können.« Er langte mit der Hand nach ihr. »Komm, Agatha, sag uns, was du denkst. Du bist unsere gute Fee; nur dir wird es gelingen, Julians Bannstrahl zu brechen.« Der Rest der Gruppe unterstützte Shivas' Antrag. Nach den heftigen Rundumschlägen des Alten sehnten wir uns alle nach milderen Worten. Also sprach Agatha über Golf und Männerfreundschaft.

»Sie ist der einzige Grund, weshalb ihr spielt«, sagte sie. »Golf macht es möglich, daß ihr zusammenfindet und doch gleichzeitig einen angemessenen Abstand voneinander bewahrt. Ich kenne euch Männer und weiß, daß ihr um freundschaftliche Gefühle keinen großen Wirbel macht. Damit tut ihr euch schwer. Aber wenn ihr im Club zusammenhockt, seid ihr unzertrennlich. Im Laufe der Jahre habe ich gelernt, daß Freundschaft unter Männern was ganz Besonderes ist. Die vornehmen Gentleman-Allüren, das Nachkarten der Scores, die Prahlerei über hervorragende Golftaten – all das ist bloß Getue, hinter dem sich tiefe Zuneigung füreinander verbirgt. Liebe unter Männern: das ist Golf.« Der Schein vom Kamin wirkte auf ihrem scharf geschnittenen Gesicht wie ein Weichzeichner. »Ich glaube, Julians Kummer ist der Verlust dieser Liebe. Darüber kann all sein Philosophieren nicht hinwegtäuschen. Er vermißt die zeitvergessene Muße beim Spiel, in der so viel von Zuneigung zu spüren ist. Hab ich nicht recht, Julian? Uns Frauen geht es nicht anders. Wir hetzen uns nur den ganzen Tag lang ab.« Sie sah Peter an und ergriff seine Hand. Dann legte sie den Kopf in den Nacken und sagte: »Golf, das ist der Duft von Heide und gemähter Wiese, das ist Lustwandeln in frischer Luft, Freude über den eigenen Erfolg und den der Freunde. Golf, das ist Liebe und tiefes Empfinden für die Schönheit unserer Welt.« Ihre Worte klangen wie Musik und zeugten von großer Sympathie für uns alle. Wie unterschiedlich doch unsere jeweiligen Loblieder aufs Golfspiel waren.

»Oh, Agatha, Agatha«, sagte Shivas. »Deine Worte sind unübertrefflich und machen mich stumm. Nach dir nun meine Gedanken vorzutragen, wäre mir allzu peinlich. Deshalb bitte ich, Freunde, spart mich aus. Ich werde mich statt dessen um das Feuer kümmern und über das bislang Gesagte nachdenken.«

Aber die Freunde wollten ihn nicht aussparen und drängten ihn zum Vortrag, so sehr er auch dagegen protestierte. »Papperlapapp«, sagte Julian. »Die Masche zieht bei uns nicht. Fang endlich an!« Anscheinend war Shivas für seine Ausreden in diesem Kreis bekannt.

»Was soll man davon halten?« entgegnete Shivas.

»Daß ihr meine bescheidenen Ansichten zu diesem Thema so hochschätzt, bringt mich fast zum Weinen.« Sein Grinsen strafte ihn Lügen.

Und dann fing er zu reden an. Zuerst stellte er Agatha ein paar Fragen, die ihre Ausführungen betrafen, und entlockte ihr das Zugeständnis, daß dem Spiel nicht nur noble und schöne Seiten, sondern – wie Julian treffend herausgestrichen hatte – auch häßliche und tragische eigen seien, daß es »Hamartien«, also Irrtümer hervorrufe und Menschen hypnotisiere. »Aber wir dürfen nicht vergessen, daß Hypnose eng verwandt ist mit Faszination«, sagte er. »Und aller Kunst und Liebe liegt Faszination zugrunde. Wer sich einer Beethoven-Symphonie aufmerksam widmet, wird ein berauschendes Musikerlebnis haben. Umgekehrt läßt sich sagen, daß ohne Faszination ein nachhaltiges Erlebnis unmöglich ist. Ähnliches gilt für die Ausübung von Golf. Es macht keinen Sinn, Golf zu spielen, wenn sich keine Begeisterung einstellt.« Nach einer kurzen Pause fuhr er fort: »Da der Name Seamus MacDuff gefallen ist, sollt ihr nun wissen, was ich von ihm als meinem Golflehrer gelernt habe. Seiner Ansicht nach ist das Leben eine Aufeinanderfolge von Faszinationen, eine Odyssee von einer Welt zur nächsten. So auch das Golfspiel. Es ist eine Odyssee von Loch zu Loch, von Abenteuer zu Abenteuer, mal komisch, mal tragisch beschreibt es das menschliche Drama im kleinen. Faszination hält uns fest und mißt dem Spiel Bedeutung zu. Und jetzt erwähne ich den Punkt, der mir an Seamus' Lehre besonders gut gefällt: Er sagt, daß Faszination eine eigene Schwerkraft hat. Sie vermag es, Kraftfelder, neue Welten um uns herum aufzubauen.« Bei diesen Worten blickte mich Shivas gezielt an. Von seinem Gesicht ging plötzlich ein Leuchten aus, und wie auf dem Golfplatz stand ich wieder im Bann seiner starken Ausstrahlung. »Welten subtiler Energien entstehen, sobald uns die Faszination überkommt. Das passiert immerzu, tagtäglich. Wir bewegen uns wie Odysseus von einer Welt zur anderen, ohne zu wissen, worauf wir eigentlich zusteuern. Aber – und nun komme ich zum zweiten Punkt der Lehre von Seamus – wenn wir uns in diesen Welten umschauen, finden wir uns sofort zurecht, denn sie entsprechen den himmlischen und höllischen Regionen unseres Alltags. ›Der Mensch ist ein Amphibienwesen‹«, zitierte Shivas aus der *Religio Medici* von Sir Thomas Browne. »›Er bewohnt im Unterschied zu anderen Lebewesen viele verschiedene Welten.‹ Und seine Odyssee kennt kein Ende.« Wieder legte er eine Pause ein und schaute sich um wie in Erwartung neuer Inspiration. »Ja, wir kennen diese Welten schon, sehen sie nun aber mit klareren Augen, lernen, uns freier darin zu bewegen, und blicken über ihre Grenzen hinaus.« Er legte den ausgestreckten Zeigefinger an die Nasenspitze. »Welt auf Welt, direkt vor unserer Nase. Wann habt ihr euch das letzte Mal voll auf einen Gegenstand konzentriert? Könnt ihr bezeugen, daß sich vor solchermaßen konzentrierten Blicken der Eindruck eines Gegenstands verändert? Stimmt doch, oder? Ein schönes Gesicht wird noch schöner, in alten Melodien schwingen neue Klänge mit, bekannte Gedichte entfalten neuen Sinn. Wenn wir in gewohnter Manier den Ball aufschlagen, spüren wir plötzlich neue Kräfte am Werk. Ja, Welt auf Welt tut sich auf, neue Formen nehmen Gestalt an, neue Energien wirken. Wer schon einmal versucht hat, den Flug eines Balls mit der Kraft des Willens zu lenken, weiß, wovon ich spreche. Nun, meine Freunde, dies ist der erste Punkt meiner Rede. Ich behaupte also, daß die Faszination befreit auf unserer Reise durch die Welten, daß sie Türen aufstößt, die uns zuvor verschlossen waren. Ich glaube, daß wir in dieser Hinsicht dem großen Gott ähnlich sind, der sich im dunklen Universum des Unbewußten verlor und zurückfand ans Licht und zur Allwissenheit. Vergessen und erinnern, Identität verlieren und wiederentdecken – in diesem göttlichen Spiel sind wir alle mit von der Partie.« Bis auf das Knacken der brennenden Scheite im Feuer war es absolut still im Raum. Auf Shivas' Gesicht zeigte sich ein Lächeln, aus dem allmählich ein breites Grinsen wurde, bis er schließlich laut zu lachen anfing. »Tja, so geht's von Tag zu Tag: Wir vergessen und erinnern unsere Bestimmung. Und darum, meine Freunde, legen wir Wert auf Disziplin, auf die schönen Regeln des Golfspiels. Faszination ist die Mutter der Disziplin. Und wo ließe sich diese Faszination besser erleben als beim Golf? Es ist langsam genug, um alle Sinne konzentrieren zu können, und komplex genug, um all unsere Fähigkeiten in Anspruch zu nehmen. Darum spreche ich von einem Mikrokosmos: Golf ist eine Miniatur der großen Weltdisziplin. Unsere Empfindungen, Phantasien, Gedanken, Muskeln – alles muß zusammenspielen. Golf ist die Essenz jener Ansprüche, die die Welt an uns stellt: Koordination unserer Fähigkeiten und Glieder, Orientierung im Gelände und Verständigung mit dem Spielpartner. Das Spiel verlangt, daß wir uns auf wechselnde Wetterverhältnisse einstellen, auf Schwankungen unserer körperlichen Kondition und auf die unterschiedlichen Befindlichkeiten derer, die um uns herum sind. Wenn es uns gelingt, Körper und Geist, Empfindungen und Phantasien miteinander in Einklang zu bringen, werden wir mit Erfolg belohnt. Das Spiel ist ein strenger Lehrmeister, der keinen Regelverstoß zuläßt und zur Vervollkommnung antreibt. Um es noch einmal zu sagen: Golf ist ein Mikrokosmos der Welt, eine Bühne, auf der das Drama unserer Selbsterfahrung optimal in Szene gesetzt wird. Und glaubt mir, meine lieben Freunde: Die Lehren, die ihr aus dem Golfspiel zieht, kommen euch auch in allen anderen Bereichen zugute. Was diese Disziplin an Anmut, Fingerspitzengefühl, Kraft und Wissen vermittelt, wirkt sich auf euer ganzes Leben aus.«

Ich dachte an unsere nachmittägliche Runde, an den

Abschlag am ersten Loch, als der Ball jener Bahn gefolgt war, die ich zuvor im Geiste festgelegt hatte, an den kristallklaren Ausblick vom dreizehnten Loch – ja, ich wußte, wovon er sprach.

»Meine Freunde«, sagte er. »Disziplin und Anmut werden euch überall weiterhelfen, bei jeder sich lohnenden Aufgabe und nicht zuletzt in der Liebe. Wenn ihr Golf aus ganzem Herzen spielt, werdet ihr – das verspreche ich euch – einen neuen Zugriff auf euer Leben gewinnen.«

So lückenhaft wie mein Gedächtnis ist auch der hier aufgezeichnete Bericht von Shivas' Rede. Lebhaft in Erinnerung sind mir aber noch der stürmische Beifall, den sie auslöste, und die magische Atmosphäre, die Shivas hatte entstehen lassen.

Allzu kontemplativ und beschaulich sollte das Freundestreffen allerdings nicht werden. Lebhaft diskutierten wir wenig später über mißratene Schläge und das Problem des Bösen. Peter war inzwischen merklich alkoholisiert und behauptete, daß »Shanking« – also das völlige Versagen beim Abschlag – der klarste Beweis für die diabolische Natur des Spiels sei. Plötzlich wurden ein heftiges Pochen an der Haustür und heisere Rufe von der Straße laut, mit denen jemand Eintritt begehrte. Bald darauf stürmte ein stabil gebauter Mann Ende Zwanzig mit überschwenglichen Gebärden ins Wohnzimmer. Er trug einen orangefarbenen Pullover und eine riesige rote Schottenmütze. Stürmisch lud er uns zu einer Party ein. »Kommt mit, ihr leeren Flaschen«, krakeelte er und packte Peter bei den Schultern. »Kommt mit, wir feiern bei Clancy's meinen Sieg.« Er schleifte Peter nach draußen und warf dabei einen Sessel um. Ich nahm mich in acht; der Kerl war über zwei Meter groß und ungeheuer kräftig.

Er klemmte sich Agatha unter den Arm und nahm

gleichzeitig Kelly in den Schwitzkasten. Dann sah er Shivas in der Ecke sitzen. »Prost Mahlzeit, wen haben wir denn da?« rief er. »Wie kommt er hier rein, dieser Teufelsbraten, der mich bis in die Träume hinein verfolgt?« Er nahm die Mütze vom Kopf und schleuderte sie durch den Raum auf Shivas' Schoß. »*Hole-in-one!*« brüllte er.

Shivas setzte die Mütze auf und drohte dem Eindringling mit ausgestrecktem Zeigefinger. »Verzieh dich, Evan Tyree! Wir haben Besseres zu tun, als profane Siege zu feiern. Wir bewegen uns in geistigen Sphären.«

Evan Tyree war der regionale Champion und einer der besten Amateurgolfer in der britischen Geschichte, wie man mir versicherte. Den zählbaren Leistungen nach war er der tüchtigste und berühmteste Schüler Shivas'. Er hatte gerade ein großes Turnier gewonnen.

»Freunde, die ganze Stadt feiert, da dürft ihr doch nicht fehlen, ihr, die Hohenpriester des Golf. Und du, Shivas Irons, versuch mich nicht aufzuhalten ...«

»Nein, nein, Evan, du kannst unsere Runde nicht sprengen«, sagte Peter. »Wir singen Hymnen auf das Golfspiel. Der Reihe nach erzählt jeder, was er über das Geheimnis und die Anziehungskraft des Spiels zu sagen weiß. Jetzt bist du mit deinem Verslein dran. Berichte uns, großer Champion, was Golf für dich bedeutet.«

Wir alle unterstützten Peters Antrag. »Laßt uns ein wahres Wort von einem wahren Meister hören«, sagte Shivas. »Erfahren wir der Weisheit letzten Schluß. Evan wird mit seinen Ausführungen unsere erbärmlichen Versuche gewiß in den Schatten stellen.«

Evan Tyree stapfte durch den Raum, riß seine Mütze vom Kopf des Lehrers und setzte sie wieder auf. »Ich muß doch meine Meisterkrone tragen, wenn ich denn sprechen soll«, sagte er, baute sich in voller Länge auf und schaute zur Decke empor. »Aber ich spreche nicht über das Spiel als solches, o nein. Ich erzähle euch was von meinem Lehrer, dem ich soviel zu verdanken habe.« Er lüftete die Mütze und verbeugte sich tief vor Shivas. »Er hat mir die Schönheit des Golfs vermittelt, mein Temperament gezügelt und mir mit Inbrunst zu spielen beigebracht.«

Er schlug die Hand vor die Brust. »Er war schon eine Legende, als ich in jungen Jahren mit ihm spielen durfte. Damals geriet ich noch leicht in Rage, so daß ich meinen Schläger von mir warf, dem Himmel mit der Faust drohte und mich wie ein Berserker aufführte.

Von ihm habe ich Selbstbeherrschung gelernt. Wie? Er schlug – wie ich im nachhinein erfuhr – absichtlich daneben und blieb ganz gelassen, um mich zu beschämen. Eines Tages spielte er schlechter als ich, lachte und machte mir ständig Komplimente. Mißratene Schläge juckten ihn nicht, im Gegenteil, er hatte auch daran seine Freude. Und das nenne ich einen ganzen Kerl, einen Heiligen. Er kann ins Hintertreffen geraten und behält doch immer die Nerven. Nie werde ich diese Runde vergessen, und sooft mir ein Mißgeschick passiert, denke ich daran zurück.

Und noch etwas: Er hat mir die Golfreligion nahegebracht. Ich weiß noch genau, wie er einmal am verflixten dreizehnten Loch oben auf dem Hügel stand und stundenlang meditierte, ohne sich zu rühren. Ich war noch ein dummer Junge und beobachtete ihn von Sonnenuntergang bis in die kleinen Stunden hinein, wie er unablässig aufs Meer hinausschaute.

Später habe ich ihn nicht selten zu verführen versucht, ihn zum Wetten, Saufen und Huren angestiftet; aber er blieb standfest wie der Felsen von Gibraltar, betete, meditierte und ließ sich nicht irritieren. O ja, manchmal haben wir nachts auch einen Zug durch die Gemeinde gemacht, den Mond angeheult und bis zum frühen Morgen gelacht, aber auf Abwege hat er sich niemals locken lassen. Als wir einmal zusammen in London waren, wollte ich's genau wissen. Also führte ich ihn in ein Etablissement in Mayfair, wo die schönsten Mädchen Englands auf uns warteten. Ich war mir sicher, ihn endlich weich werden zu sehen.

Und was, glaubt ihr, passierte? Er war die Sensation des Abends, ein Satyr wie aus dem Bilderbuch, umringt von vier, fünf Mädchen, die sich lächelnd seine Geschichten anhörten. Schließlich zog er sich mit ihnen auf ein Zimmer zurück, will mir aber bis auf den heutigen Tag keine näheren Auskünfte geben. Tja, ihn zu verführen, ist alles andere als leicht. Abdriften tut er nur in vertikaler Richtung.«

»Es reicht, Evan«, unterbrach Shivas. »Du willst doch bloß meinen Ruf bei den Frauen ruinieren und mich als keuschen Chorknaben vorführen. Aber das kauft dir keiner ab. Im Gegenteil, als Schüler, der von mir geprägt wurde, gibst du doch den besten Beweis dafür ab, wie wild und verwegen ich bin.« Ich erfuhr, daß Evan Tyree sowohl im Wettkampf als auch im Privatleben äußerst unzuverlässig war. Mit Kontemplation hatte er gewiß nichts im Sinn. Er nahm Agatha in den Arm, grinste ihr betrunken zu und sagte: »Komm, Liebste, laß dich entführen.«

Agatha stieß ihn von sich. »Wenn ich jemals mit einem anderen weglaufe, dann mit Shivas«, sagte sie, ohne mit der Wimper zu zucken.

»Holla, Peter«, bellte Evan, »hast du das gehört? Der Kerl ist gemeingefährlich. Schlägt uns auf dem Golfplatz, schnappt uns die Frauen weg und stellt uns mit seinen Weisheiten in den Schatten.«

Und so ging die Party munter weiter, ein Wort gab das andere. Evan und Shivas führten ein Tänzchen auf, während die anderen »Munlochy Bridge« und »Devil in the Kitchen« sangen. Die beiden hüpften, wenngleich schwer betrunken, so doch behende umher und sprangen Arm in Arm über die gekreuzten Schwerter, die Agatha vom Kaminsims heruntergeholt hatte. Schließlich tauchte Peter mit seinem Dudelsack auf und blies mit ohrenbetäubender Kraft »Scotland the Brave«, worauf wir – Julian vornweg – in einer Polonaise durch den Raum marschierten, bis Peter die Luft ausging.

Seamus MacDuffs Dreschkelle

Gegen Mitternacht wurde es ruhiger in unserem Kreis. Julian hing schlaff in seinem Armsessel und bedachte uns mit matten Augen, umflort von den düsteren Ansichten, die er vorgetragen hatte. Agatha riet ihm ein ums andere Mal, nach Hause zu gehen, denn normalerweise schlief er längst um diese Zeit. Aber nein, er wolle noch eine Runde durchs Zimmer ziehen, sagte der alte Arzt, obwohl sich Peter am Dudelsack völlig verausgabt hatte. Allmählich löste sich die Party auf. Wir fielen uns zum Abschied in die Arme und wankten in die Nacht hinaus. Nur im Haus der McNaughtons brannte noch Licht; ansonsten war es dunkel in der Straße. Unsere Stimmen – vor allem die von Evan – hallten von den Mauern wider, bis ein Fenster aufgerissen wurde und jemand »Ruhe« brüllte. Der ausgelassenste Störenfried aus unserer Runde preßte seine Schottenmütze vor den Mund, winkte uns noch einmal zu und torkelte in Richtung *Clancy's* die Straße hinunter. Kelly bugsierte Julian ins Auto der McNaughtons und kutschierte ihn nach Hause. Shivas und ich blieben allein zurück. »Ich bring dich in deine Pension«, sagte er, und wir machten uns auf den gepflasterten Weg.

Schweigend und whiskyselig gingen wir nebeneinander her. Neue Freunde gefunden zu haben, machte mich glücklich. Ich dachte an Peter und Agatha, die mir zum Abschied empfohlen hatten, doch recht bald den Besuch zu wiederholen, an Julians Händedruck und seine Bitte, nicht alles, was er gesagt hatte, ernst zu nehmen, und ich dachte an die Greenes, die mir ihre Adresse in Cornwall fast aufgenötigt hatten. Diesen Abend würde ich nie vergessen.

Doch dann drängte sich in meine rosige Stimmung ein irritierender Gedanke, eine noch offenstehende Frage. Wieso hatte ich die flüchtige Begegnung mit Seamus MacDuff verdrängt? Ich versuchte mich zu erinnern, ob er etwas gesagt, ob er tatsächlich diesen zerlumpten schwarzen Frack getragen hatte. Daß mein Gedächtnis und meine Wahrnehmung so unzuverlässig zu sein schienen, verunsicherte mich sehr. Da war etwas ganz und gar Merkwürdiges passiert, und ich hatte es völlig vergessen.

Shivas, den ich ins Vertrauen zog, sagte: »Tja, ich kann dir nachfühlen. Ist schon ziemlich irritierend, wenn einem der Verstand solche Schnippchen schlägt.« Je gründlicher ich mein Gedächtnis durchforschte, desto gewisser wurde mir, am dreizehnten Abschlag tatsächlich eine sonderbare Erscheinung gehabt zu haben. Der Whisky machte mir Mut, und so fragte ich Shivas, warum er diesen markerschütternden Schrei von sich gegeben hatte.

»Ach«, antwortete er schmunzelnd und zuckte mit den Schultern. »Am dreizehnten Loch mach ich mir immer wieder Luft, um den Teufel zu vertreiben. Hab ich dir angst gemacht?« fragte er unschuldig.

Ich verneinte mit dem Hinweis, daß mir immerhin ein guter Annäherungsschlag gelungen sei. Aber er schien zu spüren, daß ich mit seiner Erklärung noch nicht zufrieden war. Shivas warf mir einen kurzen, aber intensiven Blick zu, so daß ich mich wieder wie von Röntgenstrahlen durchleuchtet fühlte. Dann wandte er sich ab und ging weiter. Als wir in die Straße einbogen, die zum *Druid's Inn*, meiner Pension, führte, blieb er plötzlich stehen und legte seine Hand auf meinen Arm.

»Michael, hast du noch eine Flasche auf dem Zimmer oder eine Tasse Tee?« fragte er. »Ich würde gern ein paar Worte mit dir reden.«

Wir gingen auf das kleine Zimmer, das ich für die Nacht bezogen hatte. Meine Erregung und Spannung in diesem Moment ist mir bis heute unvergeßlich, glaubte ich doch, daß er mir ein Geheimnis anvertrauen würde. Um so erstaunter war ich, als er sich auf meinem Bett ausstreckte und an die Decke starrte. Ich öffnete eine der Flaschen Perrier Water, die ich im Reisegepäck hatte, und fühlte mich plötzlich verlegen und beklommen, mit Shivas allein zu sein. Nach langem, peinlichem Schweigen meldete er sich endlich zu Wort.

»Erzähl mir, was dich auf deiner Reise hierher verschlagen hat«, sagte er zerstreut, und ich spürte, daß auch er in Verlegenheit war. Schlagartig und auf unerklärliche Weise verzerrte sich nun wieder meine Wahrnehmung. Es war, als schrumpfte Shivas' Gestalt vor meinen Augen. Sein Gesicht wirkte grünlich und verhutzelt im funzeligen Lampenlicht. Ich antwortete auf seine Frage fast mechanisch und ohne bei der Sache zu sein, sagte, daß ich mich für östliche Philosophie und kontemplative Übungen interessierte, und erzählte von Sri Aurobindo und dem Ashram in Pondicherry. Es schien, als hörte er mir nur mit einem Ohr zu.

»Willst du für längere Zeit im Ashram bleiben?« unterbrach er mich. Ich antwortete, daß mein Entschluß noch nicht feststünde und davon abhängen würde, was mich dort erwartete. Während ich dies sagte, musterte er mich mit prüfendem Blick.

»Aurobindo glaubt an die Erde, stimmt's?« Seine Frage verblüffte mich. Anscheinend hatte Shivas von dem indischen Seher schon gehört, der im Westen – wenn überhaupt – nur unter Spezialisten bekannt ist. »Stimmt's?« fragte er ungeduldig und deutete nachdrücklich mit dem Finger auf den Boden.

»Ja«, antwortete ich, obwohl mir seine Zusammenfassung von Aurobindos Lehren reichlich oberflächlich und grob vorkam.

»Würde es dir gefallen, Seamus MacDuff kennenzulernen?« fragte er. Der abrupte Themenwechsel machte mich perplex, was mir wohl deutlich anzusehen war. Shivas stand auf und war nun auch für mich wieder in voller Größe wahrzunehmen.

»Komm, wir statten Seamus einen mitternächtlichen Besuch ab«, sagte er. »Und nimm was zu trinken mit.« Hastig klemmte ich je eine Flasche Mineralwasser unter beide Arme und eilte ihm voller Erwartung auf ein neues Abenteuer nach.

Vor seiner Wohnung, die nur wenige Schritte vom Inn entfernt war, stand ein kleiner Morris Minor, Shivas' Auto. Hinterm Steuer sitzend, stieß er mit dem Kopf fast unters Wagendach. Keuchend und stotternd sprang der Motor an und beschleunigte uns durch die leeren Straßen. Burningbush klappte wie die meisten schottischen Städte schon früh die Bürgersteige hoch.

»Der Lärm, den meine Schrottmühle macht, ist hier bestens bekannt«, sagte er und bog schnittig in die nächste Kurve. »Daß wir jetzt noch unterwegs sind, wird sich rumsprechen.« Er machte einen aufgeregten Eindruck. »Gib mir mal einen Schluck Wasser«, sagte er und ließ auf gerader Strecke den Motor aufheulen.

Die Altstadt von Burningbush grenzt an die erste und letzte Spielbahn des Golfplatzes. Eine der kopfsteingepflasterten Straßen dieses Bezirks endet vor einem schmalen, mit Gras überwachsenen Weg, der über den Platz zum Meer hinausführt. Shivas bog in diesen Weg ein und schaltete den Gang herunter. »Hier leben Tiere«, sagte er. »Viele verschiedene Arten.« Und tatsächlich, im

Scheinwerferlicht leuchteten uns zwei Augen entgegen, die aber sofort wieder im Dickicht verschwanden.

»Was war das?« wollte ich wissen.

»Eine Fee«, antwortete er wie selbstverständlich.

Langsam fuhren wir bis ans dreizehnte Loch vor. Der Wagen holperte so schwungvoll auf und ab, daß wir immer wieder mit dem Kopf unters Dach prallten. »Kommst du öfters in der Nacht hierher?« fragte ich. Er antwortete nicht und spähte konzentriert auf die Schlaglöcher und Spurrinnen. Schließlich bog er vom Weg ab und hielt unter einem großen Baum an.

»Komm, wir gehen ein Stück zu Fuß«, sagte er und stellte ratschend die Handbremse fest. Es wehte ein heftiger Wind. Ich schlug den Kragen meiner Regenjacke hoch und zog die Schultern ein, als wir aus dem Wagen stiegen. Shivas breitete die Arme aus und trommelte dann mit den Fäusten vor die Brust. »Ha, was für eine gute Idee«, frohlockte er. »Was für eine gute Idee.« Er trug nach wie vor den weißen Pullover; die Kälte konnte ihm offenbar nichts anhaben. Trabend machte er sich auf den Weg zu Seamus' Graben, der ihm bestens bekannt zu sein schien.

Ich erkannte den Golfplatz nicht wieder. Im Dunkeln wirkte er mit seinen Klippen und Kanten viel wilder und gefährlicher als am Tag. Wieder tauchte ein Augenpaar auf und verschwand sogleich. Der Wind rauschte gespenstisch im Gebüsch, pfiff über die Felsen und flaute unter dumpfem Raunen ab. In der Ferne war die Brandung zu hören.

Als wir in eine Senke hinabstiegen, löste sich eine kleine Steinplatte unter meinem Fuß. Ich rief Shivas zu, er möge doch langsamer gehen; doch er lief davon, ohne zu antworten. Plötzlich – ich kraxelte gerade eine Böschung hoch – legte sich mir eine Hand auf die Schulter. Ich schwöre bis heute Stein und Bein, daß ich eine Hand spürte. Doch als ich mich umdrehte, sah ich nichts als einen riesigen Felsblock, der über meinem Kopf hinausragte. Ich hockte mich aufs Geröll, schnappte nach Luft und starrte auf den Felsen, bis sich mein Puls beruhigt hatte. Dann hörte ich Shivas' Stimme.

»Michael, wo zum Teufel steckst du?« donnerte seine Stimme durch den heulenden Wind.

Ich rief zurück, hob den Kopf und sah ihn über mir am Rand der Senke stehen. »Irgendwas hat von hinten nach mir gegriffen«, sagte ich, als ich zu ihm hinaufgestiegen war. »Ungelogen.«

»Michael, trink einen Schluck Wasser«, sagte er und zeigte auf die Flasche in meiner Tasche. Dann tätschelte er mir aufmunternd die Schulter. Entsetzt zuckte ich zusammen. »Genauso hat es sich angefühlt«, japste ich.

Er lachte über meinen Schrecken. »Es war wohl eine Fee«, sagte er mit breitem Schuljungengrinsen. »Keine Angst, die sind völlig harmlos.« Wieder tätschelte er mir die Schulter und eilte weiter in Richtung Schlucht. Nach wenigen Schritten blieb er stehen und stieß – wie schon am Nachmittag – einen derart schaurigen Schrei aus, daß mir das Blut fast in den Adern stockte. Und gleich darauf ein zweites Mal – ein gespenstisch kollernder Klagelaut.

»Verdammt, was soll das?« stöhnte ich.

»Ich durchlüfte meine Lungen. Da ist zuviel abgestandener Mief drin«, rief er mir zu.

Sein Tempo und das Unheimliche der Situation brachten mich zunehmend außer Atem. »Können wir nicht ein bißchen langsamer gehen«, flehte ich keuchend.

Er blieb stehen, stierte nach vorn und legte dabei die Hand an die Stirn, als versuchte er, ein unsichtbares Licht abzuschirmen. Ich stand ein paar Schritte abseits und stemmte die Hände in die Hüfte, um besser Luft holen zu können. Der Wind sauste und schlug mir den Kragen um die Ohren. Langsam ließ er den Blick durchs Dunkel schweifen und drehte sich um.

»Wonach suchst du?« rief ich.

»Rate doch mal!« brüllte er, ohne mich anzusehen.

Kaum hatte er zu Ende gesprochen, als ein höllisches Schrillen an der Stelle laut wurde, wo ich die Schlucht vermutete. Es quietschte wie aus einer Orgelpfeife im höchsten Register, wurde immer lauter, bis die Luft erzitterte. Dann schwoll ein gewaltiger, tiefer Akkord an, der von allen Seiten herbeizutönen schien und das grelle Pfeifen schluckte. Ich stürzte auf Shivas zu und klammerte mich an dessen Arm fest.

»Um Himmels willen!« rief ich verstört.

Er schüttelte mich ab. »Was ist denn nun schon wieder?« fragte er erstaunt und leicht verärgert.

»Das Geräusch!« schrie ich. »Das Geräusch!«

»Ach so, wenn's weiter nichts ist«, antwortete er. »Der Wind pfeift durch die Schlucht. So kündigt sich das Nordlicht an.«

Aus dem tiefen Fauchen, das nun abnahm, schrillte wieder der hohe Anfangston und hallte ringsum wider wie von den Wänden einer riesigen Kathedrale.

Shivas warf mir einen Blick zu, stellte fest, daß ich mich halbwegs beruhigt hatte, und hastete dann wieder der Schlucht entgegen. Obwohl ich immer noch außer Atem war und mein Herz wie wild pochte, mühte ich mich, Schritt zu halten, aus Angst vor einer weiteren Überraschung. Der Blick reichte kaum weiter als zehn Meter. Daß wir gerade den Abschlag von Loch dreizehn überquerten, erkannte ich an der Bank und dem Unterstand, die ich am Nachmittag dort gesehen hatte. Shivas bremste nun ein wenig ab und orientierte sich nach links auf die Schlucht zu. Ich schlich ihm vorsichtig nach.

Endlich fand ich mich wieder zurecht und suchte nach der Stelle, wo mir der seltsame alte Mann aufgefallen war. Wo hatte ich gestanden? Auf der Anhöhe beim Grün oder beim Abschlag? Daß ich mich nicht genau entsinnen konnte, machte mich nervös. Plötzlich stieß ich mit dem Schienbein vor einen Felsen und fluchte laut auf. Zu fluchen erleichterte mich ungemein.

Shivas schrie ein drittes Mal und stieg dann über eine steile Geröllhalde in die Schlucht hinab. Es war stockdunkel da unten und wie ausgestorben.

Wir tasteten uns an steilem Felsgesims entlang, rutschten über losen Steinschutt. Der Grund des Grabens lag schätzungsweise fünfzehn Meter tiefer. Es vergingen mehrere Minuten, ehe wir ihn erreichten. Je weiter wir vordrangen, desto stiller wurde es. Die Senke war vom Wind völlig abgeschirmt. Unten angekommen, schaute ich über die steile Wand hinauf und fürchtete, nicht wieder hinaufgelangen zu können.

»Möglich, daß Seamus gar nicht hier ist«, sagte Shivas. »Er hätte uns bestimmt schon geantwortet.« Der Boden unter unseren Füßen war leicht ansteigend. Vorsichtig tappten wir in der Dunkelheit vorwärts. Ich hielt mich ganz dicht an Shivas aus Angst, ein zweites Mal von unsichtbarer Hand berührt zu werden. Das Unternehmen behagte mir ganz und gar nicht; ich fluchte leise vor mich hin. Aber immerhin ging es nun einfacher voran. Wir betraten sandigen Grund, das Geröll lag hinter uns. Shivas setzte sich auf einen Fels und sagte: »Laß uns eine Weile haltmachen. Wenn Seamus in der Nähe ist, wird er sich bald bemerkbar machen.«

Schweigend warteten wir mehrere Minuten lang. Die Angst ließ nach; ich atmete wieder ruhig durch. Meine Augen hatten sich an die Dunkelheit gewöhnt. Ich sah den freien Platz ringsum, die Felskante hoch oben und fragte mich, ob jemals ein Golfer in die Verlegenheit geraten war, aus diesem tiefen Bunker heraus das vierzehnte Loch anzuspielen. Was würde wohl Seamus davon halten, wenn sich ein Ball in sein Versteck verirrte? Ich stellte ihn mir vor als ein verhuschtes, scheues Wesen von der Art des verdreckten alten Ben Gunn aus der *Schatzinsel*.

»Schläft er tatsächlich hier draußen?« fragte ich.

»Ja, in seiner Höhle da drüben«, antwortete Shivas und nickte in Richtung auf die Schluchtwand gegenüber.

Ich plierte durch die Dunkelheit, konnte aber weder eine Höhle noch irgendeinen Unterschlupf ausmachen. »Ich sehe nichts«, sagte ich.

»Direkt vor deiner Nase.« Wieder zeigte er mir kopfnickend die Richtung an, doch ich sah immer noch nichts. Wie winzig mochte das Loch wohl sein, durch das Seamus in seine Höhle schlüpfte?

Die hoch aufragenden Schluchtwände vermittelten mir ein Gefühl von Geborgenheit, von atmosphärischer Dichte. Wir hockten da und genossen die Stille. Shivas wirkte wie weggetreten. Gedankenversunken starrte er gen Himmel so wie vor wenigen Stunden, als er vor McNaughtons Haus auf dem Fenstersims gesessen hatte. Bei seinem Anblick erinnerte ich mich an Evan Tyrees Geschichte über die in Trance verbrachte Nacht vor vielen Jahren.

Shivas betrachtete den Sternenhimmel. Dann, nach etlichen Minuten, zeigte er nach oben und machte mich auf eine bestimmte Konstellation aufmerksam. Doch ich konnte nur die Milchstraße erkennen, den Polarstern und den Großen Bären.

»Schade«, sagte er. »Ich hätte dir gern gezeigt, was du bestimmt noch nie gesehen hast, nämlich einen echten Zodiakus. Dort drüben ist das Sternbild Hogan.« Er hatte eine Konstellation nach dem berühmten Golfspieler benannt. Ein anderes Sternbild hieß bei ihm »Swilcan Burn«. Er zeichnete dessen Umrisse am funkelnden Himmel nach. Doch ich sah nur eine amorphe Masse von Sternen. »Wirklich schade, daß du nichts erkennst«, sagte er kopfschüttelnd. »Aber vielleicht kommst du noch drauf, wenn du lange genug hinsiehst.«

Offenbar hatte er ein neues Tierkreiszeichen entdeckt. Er blickte zu ihm auf und summte eine schwermütige irische Melodie. Nach einer Weile glaubte auch ich, das indianische Profil von Ben Hogan zwischen anderen Sternhaufen ausmachen zu können. Aber mehr als diese Konstellation und den Großen Bären erkannte ich nicht.

Shivas verstummte wieder für eine Weile; dann sagte er: »Er ist nicht hier. Aber wir sollten noch etwas warten; vielleicht kommt er zurück.« Er stöberte in den umliegenden Steinen herum und sammelte Zweige und Äste. Schließlich holte er Streichhölzer aus der Hosentasche und zündete das Holz an. Sofort schlugen Flammen auf. »Ich war schon immer gut im Feuermachen.« Er grinste stolz. »Schaff mal ein paar dickere Holzstücke her.«

Bald prasselte ein munteres Lagerfeuer auf. Wir saßen davor und warteten auf Seamus. Die Klippen ringsum flackerten im rötlichen Schein. »Gib mir 'nen Schluck von deinem Wasser«, sagte er.

Er lehnte sich an einen Felsblock zurück und schaute nachdenklich in die Flammen. Es schien, als wollte er auf diese Weise ewig lange warten. »Könnte es sein, daß er schläft?« fragte ich. »Warum sehen wir nicht mal nach?«

»O nein«, erwiderte er und hob warnend die Hand. »Bloß nicht. Ihn zu stören, wäre schrecklich schlimm. Ich kenne ihn und bin sicher, daß er nicht hier ist.«

Ich fragte, wohin Seamus denn um diese Uhrzeit gegangen sein könnte.

»Es gibt da noch einen Ort, wo er sich manchmal aufhält. Aber meistens arbeitet er nachtsüber; dann kann er das, was er studiert, besser fühlen.«

»Fühlen?«

»Fühlen, ja; das hab ich gesagt.« Er reckte den Hals und musterte mich genau. »Der Alte interessiert dich, stimmt's? Würdest du gern mal seine Waffe sehen?« Ohne auf meine Antwort zu warten, stand er auf und ging auf die Felsen zu, hinter denen angeblich Seamus' Höhle lag. Bald darauf kehrte er mit einem langen, knorrigen Stock zurück, der aussah wie ein übergroßer irischer Shillelagh. »Das hier ist der Schläger von Seamus«, sagte er stolz und drosch damit auf einen imaginären Golfball ein. »Schau ihn dir an.«

Feierlich präsentierte er mir den Knüppel auf beiden Händen, als läge er auf einem samtenen Kissen. Einen häßlicheren Schläger hatte ich nie gesehen. Schwarz, knorzig verwachsen und steinhart, war er etwa so lang wie ein Driver. Am unteren Ende wucherte seitlich ein wulstiger Knoten mit abgeflachter Schlagfläche hervor. Ein wahrhaft steinzeitlicher Golfschläger. Shivas' Beispiel folgend ließ ich das Ding schwingen, vorsichtig darauf bedacht, den Boden nicht zu berühren. Der Schläger lag gut in der Hand. Noch einmal zog ich einen Schlag durch. Das Holz sauste durch die Luft und schien perfekt austariert zu sein. Drei-, viermal wiederholte ich die Aufschlagbewegung, und es kam mir so vor, als schwänge der Knüppel von allein.

»Es reicht«, sagte er, nahm mir das Holz wieder ab und fing seinerseits wieder zu schlagen an, wohl ein dutzendmal; er schien gar nicht mehr damit aufhören zu können. »Wir müssen aufpassen«, sagte er und schwang erneut auf. »Wenn er kaputt geht, macht uns Seamus die Hölle heiß. Warte einen Augenblick; ich muß dir noch was zeigen.« Er legte den Schläger ab, ging hinüber zu Seamus' Versteck und kam mit zwei weißen Kugeln zurück, die die Größe von Golfbällen hatten. Er trug sie wie den Schläger auf ausgestreckten Händen und wie auf Samtkissen gebettet. »Das sind seine Bälle«, erklärte er schmunzelnd. »Schau sie dir an.«

Die Kugeln waren mit festem Leder bezogen und wogen leichter als normale Golfbälle. Das sind ›Featheries‹«, sagte er. »Echte Federkernbälle von früher.«

Ich erfuhr, daß bis ins neunzehnte Jahrhundert hinein, als Golfbälle aus Guttapercha ins Spiel kamen, diese mit Federn gefüllten, lederbespannten und in einer Salzlake gebeizten Kugeln verwendet worden waren. »Seamus benutzt sie für seine Forschungen«, sagte Shivas. »Er behauptet, sie hier in der Schlucht gefunden zu haben.«

Er ging zu einer freien Stelle hin und legte die Bälle auf den sandigen Grund. Dann zeigte er mit Seamus' Knüppel durch die Schlucht und sagte: »Siehst du das Ziel dahinten?« Ich blickte in die angedeutete Richtung und sah, rund fünfzehn Schritt entfernt, einen Kreis von circa einem Meter Durchmesser mit weißer Farbe an die Felswand gemalt, nur vage erkennbar im flackernden Feuerschein. Das Zeichen erinnerte mich an ein Foto aus der *National Geographic*, worauf ein Höhlensymbol abgebildet war, das zur Steinzeit magische Bedeutung bei Jagdriten gehabt hatte. »Jetzt paß mal auf«, sagte Shivas.

Er rückte einen Ball zurecht, stellte sich wie zum Abschlag davor und ließ die Keule vorsichtig hin und her wackeln. Ich spürte förmlich, wie er sich beim Ansprechen des Balls Kraft sammelnd konzentrierte. Dann zog er den Schlag durch. Der Ball schien zu explodieren, sauste durch den Schatten und klatschte mit lautem Aufprall auf die markierte Stelle am Fels. Shivas legte nun den zweiten Ball in Position, schwang erneut und traf wiederum mitten in den Kreis.

»Na, gesehen?« sagte er und drehte sich nach mir um. »Man kann mit jedem Knüppel schlagen; es kommt allein auf die Konzentration an.« Er stockte und betrachtete nachdenklich den knorrigen Stock. »Aber natürlich ist das hier kein gewöhnlicher Knüppel.«

Er sammelte die Bälle ein und schlug sie erneut ins Ziel. Ich saß am Feuer und schaute ihm zu. Wie unter Zwang wiederholte er diese Übung ein ums andere Mal; es kam mir fast so vor, als hielte nicht er den Knüppel, sondern der Knüppel ihn gepackt. Auf diese Weise verging mehr als eine Viertelstunde, in der er, wie ein Schamane tanzend, an die zwanzig oder dreißig Schläge absolvierte.

Einmal wandte er sich mir zu, hob die Keule in die Luft

und rief: »Seamus nennt das Ding seine Dreschkelle. Er behauptet, daß man zum Golfspielen im Grunde nur einen einzigen Schläger braucht.«

Die Füße dicht am Feuer, lehnte ich mich zurück und blickte zur Felswand empor, über die im flackernden Schein groteske Schattengebilde sprangen. Ich sah zwei gehörnte Vögel aufflattern, Menschenköpfe im Profil, und der gezackte Grat kam mir vor wie eine mit Zinnen bewehrte Burgmauer. Ich ließ meinen Assoziationen freien Lauf. Ganz oben, zwischen den Zinnen meiner Burg, glaubte ich ein Gesicht zu erkennen, das auf mich herabstarrte. Es war das Gesicht eines alten Mannes mit langem, zerzaustem Bart. Bei näherem Hinsehen entdeckte ich Einzelheiten: neugierig blinzelnde, kleine Augen, dazu ein Grinsen, als würde ihnen gefallen, was sie da vor sich sahen. Ich neigte den Kopf zur Schulter hin, um einen anderen Blickwinkel einzunehmen, und zuckte plötzlich vor Schreck zusammen.

Da war tatsächlich ein Gesicht, und zwar das von Seamus MacDuff! Ich sprang auf. »Er ist hier!« brüllte ich erregt. »Er ist hier!«

Shivas sammelte gerade die beiden Bälle am Ziel auf. »Michael«, rief er mir zu. »Beruhige dich. Wenn du dich so aufführst, wird Seamus sich gewiß nicht blicken lassen.« Er kam zu mir ans Feuer, schaute auf die Wand und fragte: »Wo soll er denn sein?« Ich zeigte nach oben zum Felsgrat. Das Gesicht war immer noch zu sehen. »Siehst du?« Mit hektischer Armbewegung wies ich ihm die Richtung.

»Ich sehe überhaupt nichts«, antwortete er ungeduldig. Sein Blick irrte an der Felswand hin und her. »Da ist auch nichts. Du bildest dir bloß was ein.«

Es war mir unbegreiflich, daß er das Gesicht nicht entdeckte; es starrte stur auf uns herab. »Mach doch die Augen auf!« rief ich und legte ihm zur besseren Peilung den ausgestreckten Arm von hinten über die Schulter.

»Ich sehe absolut nichts«, sagte er. »Nicht die Bohne.« Dann trat er zur Seite und massierte sich die Hände über dem wärmenden Feuer. »Michael, komm her!« sagte er im Befehlston. »Schau in die Flammen; das wird dich beruhigen.« Zitternd hielt auch ich die Hände über die Flammen. Für mich stand außer Frage, den Alten tatsächlich gesehen zu haben.

»Willst du nicht auch mal Seamus' Schläger ausprobieren?« fragte Shivas. Er ging zurück an die Stelle, von wo er geschlagen hatte, und hielt den Knüppel in die Höhe. »Komm her«, sagte er und winkte mich mit fordernder Geste zu sich. Ich blickte noch einmal hinauf zur Felskante, schaute angestrengt hin und wanderte mit den Augen den gesamten Grat entlang, doch das Gesicht war verschwunden.

»Es ist nicht mehr zu sehen«, sagte ich.

»Na bitte«, antwortete er. »Du bist einer optischen Täuschung aufgesessen. Komm und laß den Knüppel schwingen.«

Ich war erleichtert – und enttäuscht. Mittlerweile wollte ich auf Teufel komm raus die geheimnisvolle Gestalt von Seamus MacDuff zu Gesicht bekommen.

Shivas überreichte mir den verknoteten Stock wie ein Zepter auf unsichtbarem Kissen. Vorsichtig hantierte ich damit herum, ließ ihn hin und her schwingen und holte immer weiter dabei aus, bis die volle Abschlagbewegung erreicht war. Erstaunlich, wie gut der Knüppel in der Hand lag.

»Läßt sich prima schwingen«, sagte ich. »Hat er ihn selbst gemacht?«

»Es ist ein alter Shillelagh; das behauptet er jedenfalls.« Shivas sah mich schmunzelnd an. »Willst du's hiermit mal versuchen?« Ohne meine Antwort abzuwarten, legte er einen der Federkernbälle zum Abschlag auf eine kleine Sandkuppe, die er vorher geformt hatte. »Schlag zu, Michael, aber paß auf, daß du vor keinen Stein haust. Wie gesagt, Seamus macht mich zur Schnecke, wenn wir seinen Knüppel lädieren.«

Ich fixierte die Zielmarke an der Felswand und zog wuchtig meinen Schwung durch. Der Ball flog auf, aber wo er landete, sah ich nicht. Es war zu dunkel.

»Daneben«, sagte Shivas mit breitem Grinsen. »Aber den Ball hast du gut erwischt. Seamus wäre stolz auf dich. Hier, versuch's noch mal.«

Wieder schlug ich zu und traf den Ball optimal. »Wo ist er diesmal hingegangen?« fragte ich und blickte angestrengt ins Dunkle.

»Einen halben Meter neben den Kreis. Der Schwung war nicht schlecht.« Er grinste immer noch. »Du siehst vielleicht komisch aus mit dem Knüppel. Übrigens bist du nach Seamus und mir der Dritte, der damit schlägt.«

Ich hielt das Ungetüm ans Licht. »Fühlt sich auch komisch an in der Hand. Man hat tatsächlich den Eindruck, als würde er von selbst schwingen.«

»Komm, wir sammeln die Bälle ein«, sagte er. Ich folgte ihm zum Ziel. Der Kreis war anscheinend mit Tünche aufgetragen und mehrmals nachgeweißelt worden.

»Hat er das aufgemalt?« fragte ich und zeigte auf die krustige Markierung.

»Er benutzt das Ziel seit Jahren. In jedem Winter wird die Farbe vom Regen abgewaschen.« Er hob die Bälle vom Boden auf und kehrte zum Abschlag zurück. »Michael, komm her.« Er legte den Ball auf das Sandhäufchen und forderte mich auf, nach gewohnter Art davor in Position zu gehen. »Ich möchte dich bitten, mal was Neues auszuprobieren.« Er sah mich erwartungsvoll an und neigte den Kopf zur Seite. In seinen großen blauen Augen leuchtete der flackernde Widerschein des Feuers. So dicht standen wir beieinander, daß ich mich in seinen Augen gespiegelt sah: zwei verzerrte Abbilder meiner selbst inmitten züngelnder Flammen. »Bist du bereit?« fragte er und musterte mich mit seinem Silberblick. Ich nickte.

»Also gut«, sagte er und hob den ausgestreckten Zeigefinger. »Wenn du jetzt schwingst, konzentriere bitte alle Aufmerksamkeit auf dein Innerstes, auf *deinen Innenleib.*« Die beiden letzten Wörter flüsterte er, als vertraute er mir ein Geheimnis an.

Ich starrte auf die zuckenden Reflektionen in seinen Augen. An das, was nun in mir vorging, erinnere ich mich lebhaft. Mein Bewußtsein war plötzlich wie von einem Keil gespalten. Ein Teil von mir wußte unmittelbar, was seine Worte bedeuten sollten. Der andere Teil war irritiert und voller Zweifel. Ich sah ihn verstört an und spürte, wie beide Reaktionen im Widerstreit miteinander lagen.

Er langte mit den Händen nach meinen Armen und sagte ruhig: »Mach die Augen zu.« Dann hob er meine Arme mitsamt dem Schläger an und führte sie im Bogen hin und her, wie es ein Golflehrer tut, der einen Anfänger unterrichtet. Dabei flüsterte er mir immer wieder ins Ohr: »Spüre dein Innerstes.« Meine Zweifel und Irritationen lösten sich auf. Ich fühlte mich ein in seine Bewegungen, in den langsamen Schwung und ahnte, was er meinte. Wie schon während unserer ersten Golfrunde am Nachmittag zuvor entwickelte ich wieder ein Gespür für den Zuwachs an Kraft, für Rhythmus und Eleganz. Gleichzeitig stellte sich, scheinbar ohne jeden Grund, ein Gefühl tiefer Zufriedenheit ein. Ja, vielleicht hatte er recht, vielleicht war im Körper tatsächlich ein innerer Leib eingeschlossen, der aus eigener Kraft wirkte und darauf wartete, in Anspruch genommen zu werden.

»Du verstehst mich, nicht wahr?« flüsterte er und bewegte meine Arme vor und zurück. Ich nickte. Daraufhin trat er zurück und sagte: »Und nun schlag den Ball.«

Ich nahm Haltung an, schlenkerte das Holz hin und her und richtete meine Empfindung auf den Innenleib. Als ich aufschwang und den Schläger durchzog, sprang der Ball hoch auf in die Luft.

Shivas nickte beifällig. »Gut so, gut«, sagte er laut, »bleib, wo du bist, und versuch's gleich noch mal.«

Der zweite Ball flog zwar aufs Ziel zu, erreichte es aber nicht. »Das klappt ja prima«, lobte Shivas. »Laß dieses Gefühl nicht mehr los.« Wir sammelten die Bälle ein und wiederholten die Übung. Daß ich das Ziel verfehlte, schien ihn nicht zu interessieren; er beobachtete ausschließlich meine Haltung und »Energie«. Er behauptete, daß mein Bewußtseinszustand als Aureole für ihn erkennbar sei. »Deine *Energie* war diesmal gut.« Ein anderes Mal sagte er: »Jetzt schwankte sie ein wenig.« Seine Kommentare klangen so überzeugt, als würden sie sich auf dingliche Zustände beziehen.

Der Unterricht dauerte über eine halbe Stunde. Ich schlug zwanzig- bis dreißigmal auf und übte mich ein in der Wahrnehmung meines »Innenleibs«.

Ich lernte in Etappen. Zu Anfang entwickelte ich ein vages Gespür für jenen Leib, der mir näher war als die äußere Hülle, der Eigengewicht und Gestalt besaß. Er schien elastisch zu sein, beweglich und in seiner Form auf subtile Art zu variieren. Einmal – ich erinnere mich noch ganz genau – verformte er sich zu einem Stundenglas: Kopf und Füße wucherten auseinander, während sich die Taille zur Größe einer Faust zusammenschnürte. Diese Empfindung dauerte an, bis die Bälle eingesammelt und zum Abschlag zurückgebracht waren. Dann veränderte sich der Leib erneut. Ich hatte plötzlich den Eindruck, weit über mich hinauszuwachsen. Shivas, dem ich mein Gefühl schilderte, sagte: »Komm wieder runter... komm runter.« Er legte einen Finger auf mein Brustbein. Auf Normalmaß geschrumpft, setzte ich die Übung fort.

Unterschwellig zweifelte ich wohl noch, aber mein Verstand war wie abgeschaltet, und es fühlte sich herrlich an, auf diese Weise zu schwingen. Was für eine Erleichterung, nicht so sehr auf zählbaren Erfolg fixiert zu sein! Ich hätte stundenlang weiterspielen können.

Aber Shivas beendete den Unterricht ganz unvermittelt. »Genug für heute«, sagte er und legte mir wieder den Finger auf die Brust. »Merk dir dieses Gefühl. Der Innenleib verlangt deine Aufmerksamkeit.« Wir warfen Zweige aufs Feuer, das inzwischen fast niedergebrannt war, und lehnten uns zurück. Ich schaute zur Felskante empor, sah aber kein Gesicht, sondern nur zuckende Schatten. Ich fühlte mich quicklebendig, wie von einem Kraftfeld umgeben, doch die zurückgestellten Fragen und Zweifel schlichen sich nun ein wie Nebelschleier. Ich fürchtete, daß ohne Shivas' eindringlichen Zuspruch mein Glücksgefühl nicht mehr lange vorhalten würde. In seiner Nähe, unter seiner Anleitung mochte sich jeder wohl fühlen und abenteuerliche Erlebnisse haben. Aber alleingelassen ...? Düstere Aussichten schlugen auf meine Stimmung.

Er schien zu spüren, was mir durch den Kopf ging. »Woran denkst du?« fragte er in väterlichem Ton. »Raus damit!« Ich berichtete von meinen Zweifeln und fragte dann gezielt, ob das Gerede um Innenleiber und sublime Energien womöglich bloß ein Hilfsmittel sei, um die Konzentration zu schärfen. Ich erzählte ihm von dem Hawthorne-Experiment, mit dem festgestellt werden konnte, daß sich die Leistung von Farbrikarbeitern steigerte, sooft die Routine im Produktionsablauf unterbrochen wurde, durch welche Veränderungen auch immer. Ich fragte, ob auch er ein solches Hawthorne-Experiment mit mir durchführte.

Er grinste auf seine unnachahmliche Art und schüttelte den Kopf. »Ich sehe zwei Personen vor mir: Michael, den Spieler, und Michael, den Zweifler«, sagte er tadelnd. »Ist doch eine Schande, daß du nicht mal fünf Minuten lang abschalten kannst. Ständig meldet sich bei dir die Skepsis.« Neckend drohte er mir mit dem Zeigefinger. »Immer schön auf der Hut sein, argwöhnisch bleiben, gell?«

Ich versuchte Einspruch zu erheben und schlug die alte Rechtfertigungsleier an, obwohl mich die großartige Erfahrung Lügen strafte, die ich soeben erst gemacht hatte. Ich fragte, ob Seamus MacDuff nicht ganz bei Trost sei, daß er hier unten in dieser gottverlassenen Schlucht hause.

Shivas blickte mit melancholischem Lächeln ins Feuer und schüttelte den Kopf. »Deine Frage beweist wieder einmal, daß die Welt noch nicht reif ist für Seamus. Es ist kaum zu glauben: Du schwingst seine Dreschkelle und zweifelst dennoch am Geisteszustand dieses Mannes...« Ich schämte mich. Immerhin war mir die seltene Ehre erwiesen worden, Seamus' Holz schwingen zu dürfen, und daß ich dieses Privileg nicht angemessen würdigte, nahm mir Shivas krumm.

Beklommenheit machte sich breit. Ich war zu eingeschüchtert, um mich bei ihm zu entschuldigen, und er schien die Nase voll zu haben von meinen Zweifeln und Fragen. Kleinlaut sagte ich schließlich, wie gut es sich angefühlt habe, aus dem Innenleib heraus zu schwingen, und daß mir dieses Gefühl letztlich wichtiger sei als alles andere. Doch damit kam ich bei Shivas nicht an. Also versuchte ich einen neuen Ansatz und sagte, daß Erfahrung allen Ideen überlegen sei und daß ich Seamus, ob verrückt oder nicht, sehr bewundern würde.

Shivas wandte mir das Gesicht zu und bedachte mich mit finsterem Blick. »Was soll das heißen: ›ob verrückt oder nicht‹?« knurrte er. Mir wurde ganz heiß. »Nicht er ist verrückt, sondern die Welt, in der du lebst, mein Junge.« Er spuckte die Worte verächtlich aus und stand auf. »Laß uns gehen. Es war ein Fehler von mir, dich hierher zu führen. Das sehe ich jetzt ein.« Daß er so empfindlich reagierte, überraschte und verunsicherte mich. Ich gestand meine Ignoranz und Unerfahrenheit ein, bettelte ihn an, zu bleiben und auf Seamus zu warten. Ich erinnere mich, auf die Knie gefallen zu sein und wie ein verschmähter Liebhaber bettelnd zu ihm aufgeschaut zu haben. Mein Gehabe verblüffte ihn so sehr wie mich selbst. Stirnrunzelnd blickte er auf mich herab, studierte schweigend mein Gesicht und fing plötzlich zu schmunzeln an. »Steh auf«, sagte er kopfschüttelnd. »Du siehst aus, als würdest du um meine Hand anhalten.« Erneut bat ich ihn zu bleiben, und nach kurzem Nachdenken setzte er sich wieder hin. Eilig warf ich noch ein paar Zweige ins Feuer. Ich wollte MacDuff unbedingt sehen und war wild entschlossen, wenn nötig die ganze Nacht hindurch auszuharren. Nach weiteren Eingeständnissen meiner völligen Unwissenheit in mystischen und okkulten Dingen gelang es mir, Shivas zur Auskunft über seinen Lehrmeister zu bewegen.

»Tja, die Welt ist wirklich noch nicht reif für einen Mann wie ihn; das machen deine Reaktionen klar. Für Pythagoras war seinerzeit die Welt auch noch nicht reif.« Er sprach den Namen des griechischen Philosophen völlig falsch aus, ließ aber in seiner Betonung anklingen, daß er ihn für einen der größten Köpfe der Geistesgeschichte hielt. »Er hatte den Einfall schlechthin«, sagte er und setzte eine bedeutungsvolle Miene auf. Die Gewißheit, mit der er als Autodidakt diese Behauptung vortrug, rührte und amüsierte mich zugleich. Ich hatte zufällig im Frühjahr an der Stanford-Universität die Vorsokratiker studiert, wußte also einiges über Pythagoras und fragte mich, an welchen Einfall Shivas wohl dachte.

»Wenn du mich ernst nehmen würdest, wäre ich bereit, dir einiges zu erzählen.« Er beäugte mich argwöhnisch, doch ich drängte ihn fortzufahren und versprach, alle Zweifel beiseite zu legen. »Na schön, dann hör gut zu...« Er musterte mich so aufmerksam, daß er ins Stocken geriet. »Wie Pythagoras richtig erkannt hat, kommt es darauf an, die Welt aus ihrem inneren Wesen heraus zu begreifen.« Seine Stimme war kaum lauter als ein Flüstern. »Genauso muß auch Golf verstanden werden, das habe ich dir da vorne zu vermitteln versucht.« Er deutete auf den sandigen Übungsplatz. »Pythagoras hat der Sphärenmusik gelauscht. Damit nahm die Wissenschaft ihren Anfang.« In Gedanken überflog ich die Texte, die ich über den bedeutenden Philosophen gelesen hatte, und erinnerte mich, daß er das Wort »Philosophie« geprägt, das Verhältnis der Tonintervalle zueinander bestimmt und eine Schule in Kroton gegründet haben soll, in der praktische Philosophie und Mathematik gelehrt worden war.

»Nach Pythagoras ist die Wissenschaft zu einem oberflächlichen Unfug verkommen«, fuhr er fort. »Anstatt auf uns selbst, verlassen wir uns nur noch auf Meßinstrumente. Seamus hat recht, wenn er sagt, daß wir beim Golf mit einem einzigen primitiven Schläger auskommen könnten – vorausgesetzt, wir begreifen die Welt von innen heraus.« Shivas stand auf und schürte das Feuer. Dann hob er Seamus' »Dreschkelle« vom Boden auf und fuhr streichelnd mit der Hand darüber. »Willst du wissen, was Seamus hier in Wirklichkeit treibt? Er ist dabei, sich in ein lebendiges Labor zu verwandeln, um unsere Wissenschaft wieder ins Lot zu bringen, um uns die wahre Gravitation zu zeigen.«

Minutenlang starrten wir schweigend ins Feuer. Dann griff er den Faden wieder auf. »Wahre Gravitation, so nennt Seamus die tiefere Struktur des Universums. Mit den herkömmlichen Methoden unserer Forschung, dem albernen Geplänkel an der Oberfläche läßt sich diese Struktur nie und nimmer aufdecken. Wer dahintersteigen will, muß durch den eigenen Körper hindurch, durch die Sinne und alle Erfahrung. Nur so stößt er zum Wesen der Sache vor. Du siehst, Michael, einfach nur auf Par zu spielen, ist die Anstrengung nicht wert. Ausschließlich nach zählbaren Erfolgen zu streben, geht am eigentlichen Ziel vorbei. Aber wenn du von innen heraus spielst, springen nicht nur gute Scores für dich heraus, sondern auch noch alle anderen Dinge, auf die es wirklich ankommt. Du wirst von mir keine Tips hören, die in gängigen Golf-Handbüchern zu lesen stehen. Nein, damit kann ich nicht dienen. Statt dessen habe ich dir gezeigt, wie man das Spiel von innen heraus aufzäumt. Und genau da setzt auch Seamus an.« Traurig schüttelte Shivas den Kopf. »Aber leider will niemand auf ihn hören.«

Wieder wurde er still. Obwohl meine Erinnerung an dieser Stelle Lücken hat, weiß ich noch, gefragt zu haben, ob der alte Hexer Seamus womöglich in diesem Holzknüppel auf irgendeine Weise gegenwärtig sei.

»Das Ding läßt sich prima schwingen, ich weiß«, antwortete er mit spöttischem Grinsen. »Aber dahinter steckt auch bloß Zauberei, die so billig ist wie die sogenannten Wunder der Technik mit ihren raffinierten Stahlschaftschlägern. Solche Dinge lenken ab vom Wesentlichen. Darum läßt Seamus nicht zu, daß ich mit seinem Knüppel spiele. Natürlich hätte auch der Club was dagegen.«

Ganz unvermittelt rief er plötzlich aus: »Unsere westliche Wissenschaft wird über kurz oder lang in einer Sackgasse enden, und dann ...«, er ballte die Faust, um seinen Worten Nachdruck zu verleihen, »... dann werden wir endlich zur Besinnung kommen und unsere Welt von innen heraus begreifen lernen.«

Das Feuer ging langsam aus. Von der Felswand am Rand der Spielbahn löste sich ein Stein und polterte herab. Wir schauten hinauf zur Kante, konnten aber in der Dunkelheit nichts erkennen. »Ganz im Vertrauen, Michael, ich hab mich schon des öfteren gefragt, wie es wohl sein würde, eine Runde mit dem Holzknüppel zu spielen«, sagte Shivas und knüpfte wieder an das alte Thema an. »Die Versuchung ist besonders groß, wenn Seamus nicht in der Nähe ist.« Er stocherte mit einem Stock in der Glut herum. »Sollen wir's mal wagen? Jetzt gleich?« fragte er und sah mich mit leuchtenden Augen an.

»Jetzt? Im Dunkeln?« Ich traute meinen Ohren nicht.

»Ja, mit einem der Federkernbälle.« Er war schon aufgestanden und nahm den Schläger zur Hand. Ich fragte, was wohl geschähe, wenn wir den Ball verschlagen und nicht wiederfinden würden.

»Ja, das wäre unverzeihlich.« Die drohenden Konsequenzen eines solchen Verlusts schienen ihn in seinem Vorhaben zu bremsen. Ich stellte mir vor, daß, würden die Bälle auf »Lucifer's Rug« verlorengehen, eine eingehende Erforschung der Tiefenstrukturen des Universums vonnöten wäre. Zu meiner Überraschung nahm Shivas aber dann doch Bälle und Schläger zur Hand und forderte mich winkend auf, ihm zu folgen. Er stieg die Böschung hinauf und machte sich daran, die Steilwand am Rand der Spielbahn zu erklimmen. Den Anstieg ermöglichten steinerne Stufen, die im Abstand von einem halben Meter rund zehn Zentimeter tief in den Fels geschlagen waren.

Shivas hing in der Wand wie ein Seemann in der Takelage; in der einen Hand hielt er Schläger und Bälle, mit der anderen tastete er sich vor. Ich folgte mit weichen Knien und der Furcht im Nacken, abstürzen zu müssen.

Der Anstieg war in der Tat beängstigend. Kurz bevor ich den Grat erreichte, blickte ich kurz nach unten, besann mich aber sofort wieder eines Besseren und preßte die Nase an den Fels. Nach fünfminütiger Kletterei hatte ich endlich die Wand überwunden. Shivas streckte mir die Hand entgegen und hievte mich über die Abbruchkante hinaus in die stürmische Nacht. Wir befanden uns am Abschlag der dreizehnten Bahn.

»Sollen wir's wirklich wagen?« fragte er skeptisch. »Ist vielleicht doch keine so gute Idee.«

Ich sagte, daß er mich auf keinen Fall dazu bringen werde, denn mein Ball würde mit Sicherheit in die Binsen gehen, zumal ich nach der anstrengenden Kletterei völlig erschöpft sei. »Ich glaube, du hast recht«, sagte er. Auch ihm schienen Bedenken gekommen zu sein.

Er ging zum Abschlag und legte die Bälle auf den Boden. Es war stockdunkel; der Wind hatte ein wenig nachgelassen, wehte aber immer noch heftig. Auf dem Hügel zeichneten sich schemenhaft die Silhouetten der Zypressen ab. Die Fahne mußte irgendwo dazwischen stehen, war aber nicht auszumachen. »Na, was hältst du von der Sache?« fragte er wieder.

Der Wind blies uns um die Ohren, als wir hinaufstarrten auf den kritischen Hügel. »Was würde Seamus tun, wenn wir seine Bälle verlören?« wollte ich wissen.

»Keine Ahnung«, antwortete er. »Es wäre aber alles andere als angenehm.« Ich fragte mich, was ihn dennoch an dem Wagnis so sehr reizte. »Na, was denkst du?« Shivas' Zaghaftigkeit war fast anrührend.

»Wie willst du bei dem Wind das Grün erreichen?« fragte ich angesichts einer der weltweit heikelsten Golfbahnen. Ich konnte nicht glauben, daß er sich eine realistische Chance ausrechnete, einen Federkernball in stürmischer Nacht mit einem Holzknüppel 200 Yards weit zu schlagen.

»Ach, die Entfernung ist nicht das Problem«, antwortete er leise. »Aber daß der Wind von vorn bläst, macht die Sache vertrackt.«

»Ich werde es gar nicht erst versuchen«, sagte ich mit Nachdruck. Doch er schien mir nicht zuzuhören. »Hier«, sagte er. »Du legst vor. Dein Versuch wird mir zeigen, wie ich zu schlagen habe.«

»O nein, kommt gar nicht in Frage.« Ich wich vor dem Knüppel, den er mir anbot, wie vor einer Giftschlange zurück.

»Michael, mein guter Junge«, erwiderte er aufmunternd und ohne eine Spur von Zaghaftigkeit. »So eine Gelegenheit bietet sich nicht noch einmal. Versuch's. Nur einen Schlag.«

Seine Hartnäckigkeit machte mich sprachlos. Ich fragte mich, was wohl in ihn gefahren sein mochte. Daß ich nicht zu überreden war, mußte er doch kapiert haben. Abrupt wandte er sich von mir ab, legte einen der Bälle zurecht, plazierte die Füße in Ausrichtung auf die unsichtbare Fahne und ließ die alte Keule locker baumeln. Dann zog er seinen Schwung durch, und der Ball zischte davon. Ich sah ihn erst hoch über dem Hügel, leuchtend weiß wie ein winziger Mond, der langsam auf das Grün heruntertropfte.

»Aha, aha«, schrie er. »Der alte Knüppel hat's geschafft, aha!« Ausgelassen tanzte er um den Abschlag herum. So überschwenglich hatte ich ihn noch nicht erlebt. »Der alte Knüppel hat's geschafft!« johlte er, sprang auf und schlug die Hacken in der Luft zusammen.

Dann eilte der den Hang hinauf. Offenbar rechnete er nicht mehr damit, daß ich noch schlagen würde. Ich lief ihm hinterher, und gemeinsam näherten wir uns der Hügelkuppe, voller Sorge, den Ball zu finden. Am Nachmittag hatte ich MacIver einen Schlag in die Büsche setzen sehen, und rings um das Grün herum lagen felsige Roughs.

Wir erreichten die Anhöhe und konnten den Rasen auf voller Fläche gut überblicken; doch – o Graus – der Ball war nicht zu sehen, und was außerdem sofort auffiel: Die Fahne steckte nicht im Loch.

»Wo ist die Fahne?« fragte ich aus Angst, den Ball zu erwähnen.

»Weiß der Himmel«, antwortete er kleinlaut. Er ging an den Rand des Grüns und starrte in die Dunkelheit. Ich suchte in der anderen Richtung. Der Ball war verschwunden.

»Vielleicht ist er im Stechginster gelandet.« Ich machte mich auf den Weg nach unten und streifte mit den Füßen durch das hohe Gras zwischen Grün und »Lucifer's Rug«.

»Nein, da ist er nicht«, rief mir Shivas ungehalten nach. »Er ist wahrscheinlich übers Grün hinausgeflogen... Verdammt noch mal«, fluchte er und holte zwischen zusammengebissenen Zähnen zischend Luft. Der bevorstehende Ärger mit Seamus MacDuff machte ihm merklich zu schaffen.

»Tja, was sollen wir tun?« fragte ich.

»Keine Ahnung.« Mehr sagte er nicht.

Ich überquerte die Kuppe in Richtung der rückseitigen Abbruchkante und näherte mich gerade der Mitte des Grüns, als mir plötzlich ein Gedanke kam. Ahnungsvoll senkte ich den Blick, und da, in dunkler Kuhle, im unbeflaggten Loch, lag Seamus' Ball. Er schimmerte weiß aus seiner schwarzen Falle und lugte mir wie ein Auge entgegen.

»Shivas, hier ist er!« rief ich und langte nach dem Ball. »Er ist im Loch!«

»Donnerwetter!« sagte er, und seine Augen schielten stärker denn je. »Das erste Mal, daß mir auf der Dreizehn ein *hole-in-one* gelungen ist.« Liebevoll betrachtete er den Holzknüppel und küßte den wulstigen Knauf. »Du hast mir das Leben gerettet, alter Prügel«, sagte er und war sichtlich erleichtert. »Ich danke dir.«

Wie Drachen im Wind

Wir kraxelten über die Felsenstiege wieder hinunter in die Schlucht, glücklich über den glimpflichen Ausgang unserer Unternehmung. Gott weiß, was passiert wäre, wenn wir den Ball verloren hätten.

Unten angekommen, warfen wir die letzten Zweige ins Feuer und setzten unsere Unterhaltung fort. Ich glaube, wir redeten hauptsächlich über englischen Fußball im Vergleich zum amerikanischen Football. Vermutlich suchten wir nach riskantem Abenteuer beruhigende Ablenkung.

Der Himmel über der Schlucht wurde grau. Im schottischen Sommer setzt früh die Dämmerung ein; es muß zwischen halb drei und drei gewesen sein. Alles Holz war verbrannt, und ich rechnete nun nicht mehr mit Seamus' Erscheinen. Wir standen auf und reckten uns. In den Klippen über uns fingen Vögel in Erwartung des Tages zu singen an. Die Felskante nahm immer deutlichere Konturen an. Der tiefe Graben war, wie ich fand, in der Tat ein vortrefflich geschützter Ort, um subversive Forschungen zu betreiben. Shivas legte Schläger und Bälle zurück in ihr Versteck. Auf meine letzte Bitte, mir doch die Höhle von Seamus zu zeigen, antwortete er mit einem entschiedenen Nein. »Sie ist für Fremde tabu und wie die Grabkammer von Tut-ench-Amun mit einem Fluch behaftet«, sagte er. »Wer sich unbefugt Zutritt verschafft, kommt darin um.« Wie schon mehrfach in dieser Nacht forderte er mich mit gebieterischer Geste auf, ihm zu folgen. Wir gingen der Länge nach durch die Schlucht und näherten uns der Geröllschütte, über die wir vor Stunden hinabgestiegen waren. Plötzlich drehte er sich um und sah mir direkt in die Augen. »Michael«, sagte er. »Ich habe dir so manches Geheimnis anvertraut und will, daß du mir zum Abschluß folgendes nachmachst...« Er holte tief Luft und stieß den Schrei aus, der mir auch diesmal wieder das Blut in den Adern stocken ließ.

»Versuch es, ein einziges Mal.« Ich sah mich in der Schlucht um, wie um festzustellen, daß kein Zeuge in der Nähe war. Dann räusperte ich mich und ließ ein heiseres Blöken verlauten, das im Kontrast zu Shivas' Kriegsgebrüll um so kümmerlicher wirkte. »Versuch's noch mal«, drängte er. Mein zweiter Schrei kam schon besser, erreichte aber nicht annähernd die von Shivas vorgegebene Lautstärke. Grinsend schüttelte er den Kopf, und gemeinsam machten wir uns an den Anstieg aus der Schlucht.

In zunehmendem Licht und begleitet von Vogelgezwitscher, wanderten wir über den verlassenen Golfplatz. Das Gras war naß von Tau. Ich setzte meine Schritte in Shivas' Fußspuren und ließ die merkwürdigen Ereignisse der Nacht im Geiste Revue passieren. Schließlich erreichten wir sein Auto und fuhren zurück in die Stadt. Ans Schlafengehen dachte weder er noch ich. »Komm mit zu mir; da gibt's wenigstens was Anständiges zu trinken.« Ich nahm seine Einladung dankend an und war neugierig zu sehen, wie er lebte. Ein warmes oder wärmendes Getränk lockte mich natürlich auch.

Er parkte den Wagen da, wo er am Vorabend gestanden hatte – also nahe dem *Druid's Inn* –, und führte mich auf das graue Steinhaus zu, in dem er sein Appartement hatte. Über eine enge Außentreppe erreichten wir den Eingang, der so klein war, daß wir den Kopf einziehen mußten. Ich hatte mir die Wohnung ganz anders vorgestellt, aber es war sofort zu erkennen, daß er darin lebte. Die Holzdecke hing tief herab; die Unterkante der Sprossenfenster war auf Kniehöhe. Regale voller Bücher beanspruchten zwei Wände des Wohnzimmers; die vierte Wand war mit langen Bahnen braunen Packpapiers zugedeckt, das von einem Holzgesims unter der Decke herabhing; Notizen und seltsame Zeichnungen waren daraufgemalt. In einer Ecke stand ein Kanonenöfchen, daneben ein Rollpult. Ein anderer Winkel war zugestellt mit alten Golfschlägern. Auf dem Boden lag ein ausgetretener Teppich, in den ein blaßblauer Faden eingestickt war; anscheinend versuchte er hier, sein Putten zu perfektionieren. Für einen so großen Geist wirkte die Wohnung reichlich klein. Doch darin hielt er sich nur selten auf. Meist war er in der Stadt unterwegs oder in Gedankenwelten.

Er machte Feuer im Ofen und setzte einen Kessel mit Wasser auf. »Nimm Platz«, sagte er und deutete auf eine vergammelte Ledercouch mit aufgeplatzten Polsternähten. Er braute einen starken Tee nach dem Rezept eines Offiziers aus dem Hochländerregiment, der sein Golfschüler gewesen war und angeblich in Afghanistan Tee zu kochen gelernt hatte. Das bittersüße Aroma war gewöhnungsbedürftig. Shivas setzte sich in einen dick gepolsterten Ohrensessel (sein »Meditations-Fauteuil«, wie er sagte) und schaltete eine spillrige Leselampe an. Schweigend schlürften wir den wärmenden Tee. Wie schon in der Pension machte sich wieder Verlegenheit breit. Vielleicht war die Enge daran schuld; auf jeden Fall fiel mir auf, daß Shivas in geschlossenen Räumen weniger frei wirkte. Er lehnte sich zurück und starrte unter die Decke. Ich wärmte meine Hände am Becher und richtete den Blick auf das ausgerollte Packpapier an der Wand hinter mir. Ich las die Namen von Philosophen, die in sorgfältig gezeichneten Blockbuchstaben untereinander aufgelistet waren. Über Verbindungslinien waren manchen Namen bestimmte Erfindungen oder Entdeckungen zugeordnet, die ihrerseits eine lange Spalte füllten. An einer Stelle sah ich den fettgedruckten Hinweis markiert: GEFÄHRLICHE VERBINDUNGEN. Bei genauerem Hinsehen fiel mir auf, daß einige Verbindungslinien grün, andere rot gefärbt waren.

Der Ofen bullerte und verbreitete wohlige Wärme. Ich zog meine Jacke aus. Shivas hatte die Augen zugemacht; er schien zu dösen oder auszuruhen. Ich stand auf und schlich auf Zehenspitzen zu den Büchern hin. Eine beeindruckende Sammlung. Etliche hundert Exemplare füllten die Regale. Mein erster Blick fiel auf eine mehrbändige, ledergebundene und mit Goldschnitt versehene Ausgabe von Thomas Carlyles *Sartor Resartus*. Max Müllers *Sacred Books of the East* waren komplett vorhanden wie auch die Gesammelten Werke von Coleridge. Daß sich ein Golfpro für diese Schriften interessierte, wunderte mich sehr. Zwischen den *Enneaden* von Plotin und einer alten, muffigen Koranausgabe fand ich einen Fotoband, in dem Sam Sneads Golfschwünge in allen Einzelphasen abgebildet waren.

Wie gern hätte ich diese Bibliothek selbst besessen, die so viele interessante Titel enthielt. Ich griff mir ein vertrautes Buch aus dem Regal heraus – *Das Evangelium von Sri Ramakrishna* – und setzte mich zurück aufs Ledersofa. Shivas lehnte in dem bequemen Ohrensessel, während ich durch den großen, prächtigen Band blätterte, der die Worte des größten indischen Mystikers aus dem neunzehnten Jahrhundert enthielt, Worte, die zusammengetragen waren von dessen Schüler »M«. Darin fand ich Abbildungen des berühmten Tempels von Dakshineswar. Dort, wo Ramakrishna seine erstaunliche Gottessuche vollzogen hatte, wollte auch ich auf meiner

Reise Station machen. Beim Betrachten der Bilder fiel mir vor Müdigkeit der Kopf auf die Brust. Ich schreckte auf und langte nach dem Teebecher, um daraus zu trinken. Shivas saß nun aufrecht in seinem Sessel. Obwohl er sein Gesicht von mir abgewendet hatte, sah ich, daß seine Augen geöffnet waren. Er starrte geradeaus und schien auf einen Gegenstand an der gegenüberliegenden Wand fixiert zu sein. Ich setzte den Becher auf dem Boden ab und blätterte weiter durch das Buch, betrachtete die Bilder und las aus den großartigen Sprüchen des Weisen. Als ich wieder nach dem Becher langte, fiel mir auf, daß Shivas immer noch quer durchs Zimmer starrte. Er war völlig reglos. Ich räusperte mich, um ihn auf mich aufmerksam zu machen, doch er reagierte nicht. Seine starre Haltung war mir unheimlich. Ich stand auf und näherte mich ihm auf Zehenspitzen. Was ich sah, versetzte mir einen schweren Schock. Er schien bewußtlos zu sein und hatte die Augen so weit nach oben verdreht, daß von der Iris nichts mehr zu erkennen war. Mit zitternder Hand tastete ich nach seinem Puls, beugte mich vor, um seinen Atem zu spüren. Er lebte noch. Epilepsie? Herzinfarkt? Gehirnschlag? Verstört und keines klaren Gedankens fähig, sah ich mich im Zimmer um. Ich geriet in Panik, rannte über die Außentreppe nach unten und hämmerte wie wild an die Haustür. Doch keiner öffnete. Die Straße war menschenleer um diese Uhrzeit – es mochte kurz nach vier gewesen sein. Sämtliche Fensterläden waren geschlossen. Ich rannte wieder nach oben und suchte verzweifelt nach einem Telefonbuch – unterm Schreibtisch, auf den Regalen. Shivas schien keins zu besitzen. Ich riß den Hörer vom Apparat, wählte die Null, hörte das Freizeichen und erinnerte mich, daß 999 der Notruf war. Sofort meldete sich eine männliche Stimme. Ich sagte, daß jemand im Sterben liege, und warf einen Blick auf Shivas. »Mal sehen, ob ich Hilfe auftreiben kann. Augenblick...«, antwortete die Stimme gelassen, und dann hörte ich ein Klicken, ausgelöst durch das Stecken von Verbindungen. Ich hielt den Hörer ans Ohr gepreßt. Shivas saß mit verdrehten Augen starr wie eine Leiche, aufrecht, ohne nach vorn oder hinten wegzukippen. Betrunken kann er nicht sein, dachte ich; das wäre mir doch aufgefallen. Endlich meldete sich die Stimme wieder: »Wir haben ein kleines Problem. Bleiben Sie dran.« Nach kurzer Pause vernahm ich schließlich eine alte Stimme im Hörer. Die krächzte gereizt: »Was ist denn los?« Ich sagte, daß mein Freund zu sterben drohe. »Woran stirbt er denn?« wollte die alte Stimme wissen und schlug dabei einen Tonfall an, der dem Ernst der Sache absolut nicht angemessen war. Ich wußte keine Antwort. Er forderte mich auf, Symptome zu beschreiben, zu berichten, was passiert sei. Ich suchte nach Worten, stotterte herum, als sich Shivas plötzlich mit leiser Stimme zu Wort meldete. »Mit mir ist alles in Ordnung, Michael.« Er saß da und fixierte mich mit seinen kristallblauen Augen.

»O Mann, du hast mir einen Schrecken eingejagt«, sagte ich, entschuldigte mich bei dem Alten am anderen Ende der Leitung und legte den Hörer auf. In diesem Moment glaubte ich und hätte beschwören können, einen Lichtkranz um Shivas' Kopf zu sehen – eine türkisblaue Aureole, nur eine Sekunde lang. Dann war sie verschwunden, wie durch einen Schalter in meinem Gehirn ausgeknipst. »Wie lange bin ich weg gewesen?« fragte er ruhig, sah sich um und verschränkte dehnend seine Finger.

»Eine Viertelstunde vielleicht.«

»Ich wäre fast davongeflogen«, sagte er.

»Verdammt, ich hatte eine Heidenangst.«

Er fing zu schmunzeln an, wobei sich die Mundwinkel so allmählich auseinanderzogen, als hinderte sie eine ausgeprägte Gesichtsstarre. Er sah mir direkt in die Augen und schielte nicht im geringsten. »Weißt du denn nicht, daß wir wie Windvögel nur von einer dünnen Schnur am

Boden gehalten werden?« Er hob die kräftigen Hände und zerriß eine imaginäre Schnur. »Wir sind wie Drachen im Wind«, sagte er und geriet erneut in Trance.

Über eine halbe Stunde saß er wieder aufrecht im Sessel und schwebte in Gefilden, von denen ich nichts wußte. Ich hatte Angst, war verärgert und fasziniert zugleich. In dem Ramakrishna-Buch ist ein Bild zu sehen, das den Heiligen darstellt, wie er in ekstatischer Trance aufrecht vor seinen staunenden Schülern steht. Wie diese Schüler muß ich wohl mit weit aufgerissenen Augen die leichenhaft starre Gestalt vor mir betrachtet haben.

Eine Fensterlade klapperte. Ich machte sie zu, setzte mich auf die Couch und zog die Knie an. Nach einer Weile stand ich auf, schürte das Feuer, setzte eine zweite Kanne Tee auf und schlich scheu um den Entrückten herum. Welche Himmelsregionen mochte er wohl jetzt durchforschen? Würde auch ich mich darin zurechtfinden? Immerhin war ich unterwegs nach Indien, um dort ähnliche Exkursionen zu wagen. Würde ich den Turbulenzen gewachsen sein, die an dem Faden zerrten, der mich am Boden hielt?

Furcht und Staunen wichen tiefer Müdigkeit, und trotz der ungewöhnlichen Szene vor meinen Augen, des ersten Beispiels ekstatischer Trance, das ich miterlebte, nickte ich ein. Ich weiß nicht mehr, wie lange ich vor mich hindöste, denn im Dämmerzustand gelten andere Zeitbegriffe. Eine behagliche Schlaffheit lähmte meinen Körper, während ein bunter Bilderbogen im Geiste vorbeizog. Szenen aus meiner Kindheit, seltsame Traumgesichter. Wie durch magische Osmose in Gang gesetzt, entrückte auch ich in Shivas' Gegenwart. In wohliger Schwebe vermittelten sich mir Ahnungen neuer Welten, Anklänge einer Musik, die ich vielleicht deutlicher vernommen hätte, wäre mein Bewußtsein offener und darauf eingestimmt gewesen: ein Echo von Hörnern und ekstatischen Gesängen, nur einen Wimpernschlag entfernt. Alles in mir strebte diesen nahen und doch so fernen Welten zu, aber schläfrige Schwere hielt mich zurück.

Schwer zu sagen, wie lange dieser Zustand währte. Shivas brach das Schweigen. Seine Stimme war so matt, daß ich zunächst glaubte, sie nur in meiner Vorstellung zu hören. Dann räusperte er sich. Ich schlug die Augen auf, sah mich im Zimmer um und genoß den vertrauten Anblick des Alltäglichen, das sich mit Ruhe und Behaglichkeit vermischte. »Erstaunlich, wie Formen, Gestalten und Ideen in dieser Leere schweben... sonderbare Schwerkraft«, hauchte er heiser. Wir sahen einander an. »Wie Drachen im Wind«, sagte er. Langsam erhob er sich vom Sessel und entblößte grinsend seinen Überbiß.

Er verschwand nebenan. Der Morgen klarte auf und warf helles Licht ins Zimmer. Mir war wohl und frisch wie nach langem Schlaf zumute. Neugierig und mit anderen Augen nahm ich nun Shivas' Einrichtung wahr.

Jede der ausgerollten Packpapierbahnen an der Wand trug eine Überschrift: zum Beispiel GEFÄHRLICHE VERBINDUNGEN und GOTT ERWACHT; außerdem erinnere ich mich an den Titel GESCHICHTE DES KÖRPERS, darunter Listen von historischen Ereignissen mit roten und grünen Verbindungslinien zu Namen von Politikern, Philosophen und Künstlern; des weiteren Verbindungen zu Körperorganen wie Herz, Leber, Nieren, Lungen und zu tantrischen Chakrasymbolen als Stufen der Erleuchtung. Ich vermute, daß Shivas mit diesem Diagramm die Geistesgeschichte in ein Verhältnis zur historischen Entwicklung eines allgemeinen Körperbewußtseins zu setzen versuchte. Er sah mich grübelnd vor der Wand, als er ins Zimmer zurückkehrte.

»Na, was hältst du davon?« fragte er beiläufig.

»So was habe ich noch nie gesehen. Ich versteh's nicht ganz.«

»Das haben überhaupt erst wenige gesehen, und keiner hat's verstanden, bis auf Seamus.« Er hatte damit begonnen, ein Frühstück vorzubereiten, schlug Eier in die Pfanne, schnitt Brot und deckte den Tisch, während ich die Diagramme studierte. Das Essen schmeckte köstlich; ich fühlte mich pudelwohl. Meine Bewunderung für ihn wuchs von Stunde zu Stunde. Ich fragte, ob er jemals seine Gedanken schriftlich ausformuliert habe.

»Ach, Michael, davon halte ich nichts. Bücher gibt es schon genug, und außerdem kommt es viel mehr auf praktisches Erleben an.« Nach einer Pause fügte er hinzu: »Geschrieben habe ich trotzdem was; willst du's sehen?« Er wirkte leicht verschämt. »Es sind komische Sachen.«

Ich war Feuer und Flamme. Wir aßen zu Ende, und als der Tisch abgeräumt war, sah mich Shivas mit ernster Miene an. »Michael«, sagte er, »ich zeige dir jetzt, was ich geschrieben habe. Du bist nach Seamus und Julian der dritte, der meine Versuche zu lesen bekommt. Komm mit.« Er führte mich ins Nebenzimmer. In dem kleinen, engen Raum standen ein Bett und eine Kommode. Vor einer Tapetentür blieb er zögernd stehen. Schließlich öffnete er sie und winkte mich herbei. Ich trat in einen circa drei Meter tiefen Wandschrank, der auf der einen Seite mit Wäsche, auf der anderen mit Büchern bepackt war. »Behalte für dich, was du hier siehst.« Seine Geheimbibliothek, diese kleine Extrasammlung, schien fast ausschließlich aus okkulten Schriften zu bestehen. Darunter befanden sich Madame Blavatskys *Geheimdoktrin* und *Die entschleierte Isis*, Chakra-Bücher von Bischof Leadbeater, Aurobindos *The Life Divine* sowie eine Ausgabe von Ben Hogans *Power Golf*. Ich entdeckte zwei oder drei weitere Golfbücher, deren Autoren mir aber unbekannt waren. An der Stirnseite des Wandschrankes hing wiederum eine dieser braunen Karten. Sie war überschrieben mit: DIE GRUNDSTRUKTUR DES UNIVERSUMS. Darauf abgebildet sah ich die Skizze eines menschlichen Körpers, vergleichbar mit einer anatomischen Darstellung; doch statt der einzelnen Körperorgane waren hier verschiedene

Zentren und Stufen des Bewußtseins eingetragen. Ein Netz aus Strichen markierte eine Einteilung nach psychischen Längen- und Breitengraden. Anscheinend sollte diese Skizze den Idealtyp der menschlichen Bewußtseinsstruktur verdeutlichen. Hinter der Karte verbarg sich eine weitere Tür. Womöglich führte sie in eine Art Umkleidekammer, doch ich vermutete dahinter eine noch geheimere Bibliothek.

Shivas ging in die Knie und zog aus dem untersten Regalfach einen kleinen Stapel von Notizheften. »Hier sind sie«, sagte er und sah mich schüchtern an. »Na, was hältst du davon?« Ich antwortete, daß ich erst einen Blick hineinwerfen müsse, um mir ein Urteil erlauben zu können. Er stand auf und hob warnend den Zeigefinger. »Aber denk daran, kein Wort darüber an andere zu verlieren.«

Er führte mich zurück ins Wohnzimmer und legte die Notizhefte auf den Tisch. Einige Hefte sahen ziemlich zerfleddert aus und datierten um über zwanzig Jahre zurück. Eine der jüngeren Schriften füllte ein ganzes Kontorbuch mit engen Schreiblinien. Seine Handschrift aus früherer Zeit war deutlich verschieden und voller Schnörkel, wovon die Eintragungen in einem Ringbuch mit gelbem Aufkleber zeugten. Wie ich später feststellen sollte, hatten sich auch Shivas' Gedanken und Ausdrucksformen im Laufe der Zeit erheblich gewandelt, und zwar von einem eher extravaganten, überbordenden Stil à la Thomas Carlyle hin zu knappen Formulierungen, die eher an Heraklit oder die *Upanischaden* erinnerten. Er musterte mich mit argwöhnischen Blicken, als ich durch die Seiten blätterte und las, was mir auf Anhieb auffiel. Ich erinnere mich noch genau an einen Satz, über den ich gleich zu Anfang stolperte: »*Shiva* ohne *Shakti* ist *Shava*.« Später erfuhr ich, daß diese Formel auf eine alte hinduistische Weisheit zurückgeht.*

* Dr. Haridas Chaudhuri vom California Institute für asiatische Stu-

»Vieles von dem, was hier steht, wird für dich keinen Sinn ergeben; es bezieht sich auf meine grafischen Darstellungen«, sagte Shivas wie zur Entschuldigung. Er wirkte sehr verlegen.

»Bevor du dir den Kopf zerbrichst, will ich dir was anderes zeigen.« Daß ich in seinen Heften las, schien ihm nicht zu gefallen.

Er ging zu einer großen Truhe, die vor den schematischen Skizzen an der Wand stand. Als er den Deckel öffnete, fielen die ersten Sonnenstrahlen durch die Sprossenfenster. Ich schaute nach draußen. Die Umrisse der Häuser glänzten golden.

»Michael«, sagte er, »Hand aufs Herz, hast du von unserer Unterhaltung nicht schon das meiste vergessen?« Die Frage überraschte mich. Stammelnd und ausweichend gab ich zur Antwort, daß mir manches noch deutlich in Erinnerung sei. »Ach was«, entgegnete er. »Ich wette, du weißt nicht, wie beschränkt dein Gedächtnis in Wirklichkeit ist.« Der plötzliche Umschwung in seinem Verhalten machte mich sprachlos, und ich dachte, daß es ihm wohl leid tat, mir seine Karten und Notizen gezeigt zu haben.

»Tja, Michael, ich fürchte, du wirst all das hier vergessen«, fuhr er fort. »Ich habe die Erfahrung gemacht, daß selbst meine besten Schüler und Freunde kaum etwas behalten, oder schlimmer noch: in ihrer Erinnerung alles durcheinanderwerfen. Manchmal denke ich, daß es wohl besser wäre, eine Klosterschule zu gründen. Und darum will ich dich auf folgendes aufmerksam machen ...« Er zeigte in die Truhe. »Aber vorher noch eine Frage: Weißt du, wer unserem Gedächtnis besonders gut auf die Sprünge zu helfen versteht?« Er zog die Stirn kraus und

dien, eine Kapazität in Sanskrit und indischer Philosophie, erklärte mir, daß *Shava* soviel wie Leiche bedeutet. *Shakti* ist die Personifikation der schöpferischen weiblichen Ur-Energie und Gattin des Hochgotts *Shiva*, dem obersten Prinzip der Zerstörung und Erneuerung.

sah mich erwartungsvoll an. »Ich will's dir verraten. Es sind die Werbefritzen.«

Der Gesprächsverlauf machte mich perplex. »Wie kommst du jetzt darauf?« fragte ich.

»Die Werbefritzen sind Meister, wenn es darum geht, etwas in Erinnerung zu bringen, und dabei verwenden sie die raffiniertesten Tricks und Hilfsmittel. Ich schaue mir einiges von ihnen ab.«

»Was soll das heißen?«

»Manche von ihnen sind mehr oder weniger zufällig auf die ersten Prinzipien des Okkultismus gestoßen«, führte er hochtrabend aus. »Pflanze jemandem ein Symbol in den Kopf, und es wird ein Eigenleben beginnen.« Ich dachte an den musikalischen Ohrwurm der Werbung für die Biermarke Hamms und an den Bären, der schwanzwedelnd auf einem Tambourine den Takt dazu schlägt. Schon oft hatte ich mich gefragt, warum dieses Bild so einprägsam war.

»Ein suggestives Bild ist wie Saatkorn in unserer Seele«, fuhr Shivas fort. »Es geht auf und gedeiht und trägt schließlich Früchte. Propagandisten wissen dies zu nutzen.« Ich fragte mich, welche »Propagandisten« er im Sinn hatte.

Mit Emphase kam er nun auf den Punkt: »Und dieses Prinzip kannst du für dich selbst nutzbringend anwenden. Du brauchst nur die Augen aufzumachen und findest allenthalben lauter Bilder und Symbole, auf die deine Seele anspricht. Nehmen wir als Beispiel die tiefere Bedeutung des Golfspiels – davon ist eine Menge in diesen Aufzeichnungen enthalten. Sie dienen dem Zweck, meine Erinnerung wachzuhalten.« Er drehte sich um und langte in die Truhe. Neugierig rückte ich näher. Er kramte einen Stoß gerahmter Bilder hervor, legte sie auf den Boden und klappte den Truhendeckel zu. Dann stellte er Rahmen für Rahmen vorsichtig vor Truhe und Wand. »Schau her«, sagte er.

Ich erinnere mich an die einzelnen Bilder, als hätte ich sie gestern erst zu Gesicht bekommen. Es waren Fotografien, farbige und schwarzweiße, allesamt extrem feinkörnig und von großer Tiefenschärfe, mit Golfplatz-Motiven aus ungewöhnlicher Perspektive. Eins der Fotos zeigte ein Putting-Grün von oben; wahrscheinlich war es aus einer Baumkrone heraus aufgenommen worden. Zuerst wußte ich mit dem kleinen Fleck in der Mitte nichts anzufangen. Allmählich erkannte ich, daß es sich um Fahne und Loch handelte. Ein anderes Foto bot in Farbtönen von grün bis türkis die Ansicht desselben Motivs aus der Froschperspektive; im extremen Hintergrund war auf gleicher Höhe der Abschlag zu sehen, wo ein Spieler gerade zum Schwung ausholte. Er wirkte, obwohl an die hundert Meter entfernt, verblüffend groß und schien bereits auf dem Grün zu stehen.

Auf einem dritten Foto sah ich einen Ball im Flug; er kam im Gegenlicht der untergehenden Sonne pechschwarz direkt auf die Kamera zugeflogen. In Erinnerung daran sehe ich den Ball lichtsprühend in meinem Gesicht explodieren. Manchmal, wenn mir das Bild im Traum erscheint, wache ich mit Schrecken auf.

Das vierte Bild war ein farbiges Frontalporträt von Shivas. Die brillante Schärfe hob jede Pore, jede Unebenheit im Gesicht hervor. Es wirkte flächig wie ein Feld, zumal die Übergänge zur bräunlich-grünen Spielbahn im Hintergrund verwischt waren. Erst bei näherem Hinsehen erkannte ich, daß es sich bei diesem Foto um eine Doppelbelichtung handelte: Im linken Auge des Porträts war Shivas' volle Gestalt auszumachen, die zu einem Putt ansetzte. Die Trickaufnahme verlieh seinem Gesicht somit einen zusätzlichen Aspekt: Es entsprach dem Grün, das er gerade bespielte.

Ein weiteres Bild, das brillanteste von allen, war die extrem kurzbelichtete Aufnahme eines Golfschwungs, vergleichbar mit den Fotostudien von Palmer oder Snead.

Ins Auge fielen besonders Leuchtkraft und Farbigkeit. Shivas behauptete, daß dieser Effekt zurückzuführen sei auf das »im Prisma des Schwunges gebrochene Sonnenlicht«. Seine Aufzeichnungen enthalten eine rätselhafte Stelle, die, wie mir scheint, auf dieses Foto Bezug nimmt. Darin ist die Rede von »... einem rotierenden Strahlenkörper, einem Propeller aus Monden, einem Symbol der ursprünglichen Emanation«.

In der Ecke stand, scheinbar diskret versteckt, ein Rahmen, der kein Foto, sondern eine Zeichnung enthielt, die der schematischen Körperdarstellung im Wandschrank glich und wie diese mit jenen mir unerklärlichen psychischen Längen- und Breitengraden überzogen war. Im Unterschied zur Wandschrankskizze hielt der hier abgebildete Idealtyp jedoch einen Golfschläger in der Hand.

Während wir die Bilder betrachteten, sagte keiner von uns ein Wort. Shivas machte den Eindruck, als sähe er sie zum ersten Mal, so sehr zeigte er sich gebannt von dieser ungewöhnlichen Ausstellung. Auch ich war ganz hingerissen, vor allem von einem Foto, das unmittelbar vor mir an der Truhe lehnte. Es schien aus einem Loch heraus aufgenommen worden zu sein. In dem kreisrunden, schwarzen Ausschnitt war Shivas' Gesicht zu erkennen; er schaute nach unten ins Objektiv, während am Rand ein Golfball auftauchte, um ins Loch zu fallen.

Vielleicht lag es an meiner Übermüdung oder aber an all den verwirrenden Eindrücken dieser Nacht, die mir schwer zu schaffen machten – auf jeden Fall fingen die Bilder vor meinen Augen zu schlingern an. Mir wurde so schlecht, daß ich mich hinlegen mußte. Um meine Nerven zu beruhigen, fixierte ich einen Punkt an der Decke. Nach einigen Minuten fühlte ich mich wieder entspannter und richtete mich langsam auf. Shivas starrte immer noch auf die Fotos, die nun von hellem Sonnenlicht, das durch die Fenster fiel, bestrahlt wurden.

»Na, Michael, was siehst du?« fragte er plötzlich mit

volltönender Stimme, ohne den Blick abzuwenden von dem Bild, das er auf die Truhe gestellt hatte. Die Sonnenstrahlen reflektierten so grell, daß ich zuerst nichts sah. Aber blinzelnd erkannte ich dann ein Porträt von Ben Hogan, wirklichkeitsgetreu, ohne Doppelbelichtung und aus ganz normaler Perspektive. Er schaute direkt in die Kamera.

»Was hältst du davon?« fragte Shivas. Ich murmelte irgend etwas Belangloses vor mich hin; zu einer vernünftigen Antwort war ich nicht imstande.

Im weiteren Verlauf des Morgens zeigte mir Shivas noch etliche Dinge, die er sonst vor der Welt geheimhielt. Dabei zierte er sich und war befangen wie ein junger Autor, der sein Erstlingswerk vorlegt. Doch nach und nach fand er zur Selbstsicherheit zurück; ich gab ihm durch mein respektvolles Staunen allen Grund dazu. Ja, ich war überwältigt, fasziniert und am Ende ganz benommen von den Eindrücken, die ich in meinem Kopf kaum unterbringen konnte. Die kleine Fotogalerie, die Skizzen und Notizen waren für mich verwirrender als der *Koran* oder *Finnegans Wake*.

Mit der Zeit wurden seine Andeutungen und Hinweise immer expliziter. Im nachhinein ist mir klar, daß er von dem Augenblick an, da er mich zu sich nach Hause eingeladen hatte, behutsam und zielstrebig ein besonderes Anliegen verfolgte. Er hoffte, in mir einen Gewährsmann, einen Dolmetscher, einen Agenten zu finden, der seine Gedanken nach außen trug.

Er drängte mich regelrecht, seine Arbeiten durchzusehen. »Warum schaust du dir das hier nicht einmal gründlicher an?« sagte er und ordnete seine Notizhefte in chronologischer Folge. »Ich werde in der Zwischenzeit was zu essen besorgen. Anschließend können wir ja noch 'ne Runde Golf spielen.«

Sein Vorschlag war ganz nach meinem Geschmack. Obwohl hundemüde, nahm ich mir voller Eifer und Neugier seine Schriften vor, die mich bis in den Nachmittag hinein beanspruchen sollten. Zwischenzeitlich ließ er mich allein.

Nach einer Stunde kehrte er in bester Laune zurück, räumte die Lebensmittel ein, die er gekauft hatte, tanzte im Zimmer herum und sang dabei ein irisches Lied, das von den Abenteuern eines gewissen »Peter Potter« handelte. »Ich freue mich, daß du hier bist«, sagte er herzlich. »Wenn du auch noch die Nacht über bleibst, loten wir gemeinsam die Tiefen der wahren Gravitation aus. Wer weiß, vielleicht läuft uns am Ende doch noch der alte Seamus über den Weg.« Er zwinkerte mir zu, zuckte mit den Achseln und machte sich dann daran, ein Essen vorzubereiten. Er schien in der Tat über meinen Besuch sehr glücklich zu sein, was mich dazu ermutigte, ihn über seine Vergangenheit zu befragen. Vor allem interessierten mich bestimmte Ereignisse, die in seinen Aufzeichnungen erwähnt waren. Dann kam mir der gute Einfall, meinen Fotoapparat aus der Pension zu holen und einen Brief abzulichten, den Shivas vor kurzem geschrieben hatte. Ich konnte ihn sogar überreden, mir in seinem Meditationssessel Modell für ein Porträt zu sitzen. Die Augen verdrehte er diesmal nicht, sondern schaute mit würdevoller Pose in die Kamera. Daß mir dieses Foto abhanden kam, ist ein schrecklicher Verlust.

Shivas war, wie ich erfuhr, halb Ire, halb Schotte und entstammte einem wohlhabenden Elternhaus. Seine Mutter, eine geborene O'Faolin, »sang immer mit verklärtem Blick katholische Choräle und zotige Lieder«; der Vater dagegen sei mürrisch und streng gewesen. Seine Eltern, so sagte er, hätten sich verschworen, »ein Tollhaus aus gegensätzlichen Impulsen« aus ihm zu machen. Als er in *Religio Medici* von der Definition des Menschen als »großes und wahres Amphibienwesen« gelesen habe, sei ihm sofort ein Licht aufgegangen, denn auch er habe in sich die unterschiedlichsten Neigungen verspürt. Seine Jugendjahre seien die reinste Qual gewesen, bis dann im Sommer seines neunzehnten Geburtstages turbulente Ereignisse sein Leben veränderten.

Schon als Teenager war er ein talentierter Spieler gewesen, und die Mitglieder des Golfclubs von Burningbush hatten ihn zu einem Turnier nach Amerika schicken wollen, um der Welt in Erinnerung zu bringen, daß Schottland immer noch Meister hervorbringt. Aber das Schicksal habe anderes mit ihm vorgehabt, sagte er. In jener Zeit spielte er oft bis tief in die hellen Sommernächte des Nordens hinein, wohl zweieinhalb bis drei Runden hintereinander, bis er nicht mehr wußte, wo ihm der Kopf stand; und während er auf dem Golfplatz Meile um Meile zurücklegte, geriet er in seltsame Zustände. Eines Tages, so Shivas, habe sich ihm die Vorstellung der ewigen Wiedergeburt offenbart, worauf er von einem Gefühl mystischer Verklärung ergriffen worden sei, das ihn bis heute begleiten würde und allem Alltäglichen den Grund entziehe. (Er sagte, die Vorstellungen, mit jeder Golfrunde eine neue Inkarnation zu beginnen, würden unterstrichen durch den Umstand, daß das achtzehnte Loch von Burningbush auf einem ehemaligen Friedhof gelegen sei.) Diese Erfahrungen hatten ihn dazu geführt, Philosophie und östliche Weisheit zu studieren mit dem Ziel, Priester zu werden und eine Revolution des Bewußtseins zu initiieren. Doch von diesem Vorhaben ließ er ab aus Liebe zum Golf, und so beschloß er, Golfpro zu werden.

Zu dieser Zeit hatte sich ein zweiter Komplex entwikkelt; in Gesellschaft war er mal »der Schüchterne«, mal »der Beherzte«. Hinter steinerner Maske habe sich oft »ein ängstliches Häschen« verborgen gehalten, sagte er, was wohl auf die konträren Einflüsse von Vater und Mutter zurückzuführen sei. Er habe penibel auf Anstandsregeln und gutes Benehmen geachtet, aber »im stillen jede Menge Schlechtes über einzelne Personen und die Menschen im allgemeinen gedacht, Gedanken, die ich mir nicht erklären konnte«. Diese Konflikte hatten sich im Sommer seines neunzehnten Geburtsjahrs dramatisch zugespitzt und zu einer Reihe von Nervenzusammenbrüchen geführt.

»Ich wurde damals von seltsamen Ängsten heimgesucht – nachts, wenn ich einschlief, draußen auf dem Golfplatz oder auch in Gesellschaft. Ich glaubte schon, an Epilepsie zu leiden, und fürchtete, von Krämpfen geschüttelt zu werden. Weil ich an nichts anderes mehr denken konnte, versuchte ich mich durch Bastelei abzulenken; ich lief in der Gegend umher, pfiff Liedchen vor mich hin und suchte Zerstreuung. In jenem Sommer ging's mir wirklich dreckig. Die Ängste stiegen mir zu Kopf und wollten sich nicht mehr abschütteln lassen. Dann las ich ein paar von diesen Büchern«, sagte er und zeigte auf die Regale an der Wand. »Ich erfuhr von Plotin und von Ramakrishna, der aus lauter Liebe zu Gott den Geist aufgab. Das muß mir wohl irgendwie Mut gemacht haben. Als ich eines Tages meine zwei, drei Runden gespielt hatte und auf dem Nachhauseweg plötzlich wieder ins Schleudern geriet, fing ich zu fluchen an und raffte mich auf zu dem Entschluß, gegen meine Ängste anzukämpfen. Ich erinnerte mich an die alten Mystiker und dachte: ›Geh in dich, geh in dich.‹ Und das tat ich dann. Ich stellte mir vor, von einem echten Anfall geschüttelt zu werden, und fing zu krampfen an. Verrückte Bilder schwebten mir vor; ich sah meinen Körper in Stücke zerfetzen und so weiter...« Shivas fing in Erinnerung an diese schrecklichen Erfahrungen zu zittern an. »Und dann nahm ich die Sterne über mir wahr und empfand mit einem Male höchstes Glück. Oh, das werde ich nie vergessen – es war meine erste Reise *zum Absoluten.*« Er sagte die letzten Worte so leise, daß ich ihn kaum verstehen konnte. »Ich weiß nicht mehr, wie lange dieser Zustand anhielt, an die zehn oder fünfzehn Minuten vielleicht, keine Ahnung.

Aber wie dem auch sei, mein Leben nahm von Stund an einen anderen Verlauf. Der erste Schritt war getan.«

Diese überwältigende Erfahrung hatte ihn zum Austritt aus Kirche und Schule bewegt. Er verließ das College, verdiente seinen Unterhalt als Caddie und gab gelegentlich Golfstunden. Der Umgang mit Menschen blieb ihm aber weiterhin eine Qual. Seine Psyche glich einem kuriosen Baum; sie trieb feste Wurzeln in die Tiefen der Innenwelt, aber nach außen hin tasteten sich nur dünne Zweige vor. Als Caddie sprach er kaum ein Wort. Wo viele Leute zusammenkamen, hielt er es nicht aus. Er war zu scheu, Bar oder Umkleideräume des Clubs zu betreten. Dann bot sich ihm die Gelegenheit, bei den britischen Amateurmeisterschaften mitzuspielen.

Die älteren Clubmitglieder versprachen, Geld zu sammeln, um seine Reisekosten zu bezuschussen. Manche wollten ihn sogar nach Amerika schicken, damit er dort die Ehre des alten Clubs verteidigte. Shivas hätte ihnen gern den Gefallen getan, wurde aber durch seine Angst vor Menschen daran gehindert. An ein erfolgreiches Golfspielen war für ihn nicht zu denken in Anbetracht der Empfänge, Dinnerpartys und Siegerehrungen. Im Verlauf des Sommers zog er sich immer mehr von den anderen zurück. Die Welt kam ihm zunehmend vor wie eine große Täuschung, »ein Schattenspiel vor unendlichem Hintergrund«. Er verstand nun, was die indischen Mystiker unter *Maya*, der puren Illusion, begriffen. Wieso sollte man in diesem Jammertal verharren, wenn in anderen Welten so viel mehr Glück und Zufriedenheit zu finden war? Er dachte daran, sich in Indien einem Ashram anzuschließen oder auf den Äußeren Hebriden einzuigeln, um ein Leben als Mystiker führen zu können. Er war »dem Nirvana verfallen« und wollte nun dort den Rest seines Lebens zubringen.

(Während ich das, was er sagte, in groben Zügen zu referieren versuche, wird mir bewußt, daß sich der Umschwung in seinem Leben nur unzureichend erklären läßt. Mir fehlen viel zu viele Informationen, um die ganze Geschichte verständlich zu erzählen. Aus meinen Erfahrungen in Indien weiß ich, daß es nur mit hartnäckiger Zielstrebigkeit gelingt, in transzendente Welten vorzustoßen. Man braucht Hilfe, um dorthin zu finden, denn persönliche Schwächen werden womöglich durch verborgene psychische Energien unerträglich vergrößert. An solche Hilfe ist natürlich schwer zu kommen, insbesondere in der westlichen Welt und gewiß auch im Burningbush der späten dreißiger Jahre.)

Als sich der Sommer dem Ende neigte, wurden die Clubmitglieder ungeduldig. Schließlich riefen sie eine Versammlung zusammen, und zwar zwischen jenen imponierenden Gemälden alter Golfheroen, die ich Jahrzehnte später in den Clubräumen besichtigte. Shivas mußte sich für oder gegen das Turnier entscheiden. »Es war entsetzlich«, sagte er. »Ich wäre vor versammelter Mannschaft fast in Ohnmacht gefallen und glaubte, sterben zu müssen. Die ganze Szene erschien mir völlig irreal. Noch nie hatte ich eine vergleichbare Situation erlebt, nie war ich so exponiert gewesen, umworben und herausgefordert.« In dieser Bedrängnis kam nun Rat aus den Tiefen seiner Seele, worin er inzwischen fest verwurzelt war. Ungeordnete Gedanken sprudelten aus ihm hervor, wirres Zeug, unter anderem auch lateinische Phrasen, die er in der Schule gelernt hatte. Er wetterte gegen Arroganz und Vorurteile, warf den Clubmitgliedern geistige Borniertheit vor und predigte über Gott, Dämonen und den Zustand mystischer Verklärung. Dann attakkierte er jeden einzelnen und zieh ihn der Unwahrhaftigkeit und des Selbstbetrugs.

Auf einen solchen Auftritt waren die Versammelten nicht vorbereitet. Das frühe gruppendynamische Experiment machte alle stumm. Es regte sich nicht der geringste Widerspruch, und so setzte er ungestört seine Tirade fort, die am Ende wie ein monotoner Singsang klang, vergleichbar »mit der Litanei einer in Zungen redenden Pfingstgemeinde«. Die verdatterten Mitglieder waren hin und her gerissen zwischen ihrer Sympathie für und Empörung gegen ihn. Einer nach dem anderen verließ den Raum; ihre Blicke sprachen Bände. Nur einer blieb, und das war der Arzt und Psychiater Julian Laing, der zu dieser Zeit gerade damit begonnen hatte, seine exzentrischen Theorien über mentale Gesundheitspflege öffentlich darzulegen. Mit Laing saß Shivas noch die halbe Nacht zusammen und gestand ihm seine geheimen Nöte und Gedanken. Am nächsten Tag rang er sich zu einem beherzten Entschluß durch: Er wollte jedes Clubmitglied persönlich zu einem Vieraugengespräch aufsuchen. Julian hatte ihn davon überzeugt, daß er seine mystische Höhe nur dann beibehalten konnte, wenn er auch seinen mitmenschlichen Verpflichtungen nachkommen und den Freunden gegenüber fair sein würde, die ja nur sein Talent zu fördern beabsichtigten. Julian hatte ihm außerdem Mut gemacht, seinen »Eingebungen« zu folgen und nicht dagegen anzukämpfen, sondern sein Leben entsprechend einzurichten. »Laß dir von Gott den Weg zeigen«, hatte Julian zu ihm gesagt, »bisweilen spricht er auch durch deine Mitmenschen zu dir.«

Also machte sich Shivas auf den Weg, um ein persönliches Wort mit all denen zu wechseln, die er während der Versammlung vor den Kopf gestoßen hatte. Er sprach mit ihnen über seine Hemmungen, Ängste und Unaufrichtigkeiten. Einige verziehen ihm, andere wimmelten ihn ab, »weil sie selber gehemmt und unaufrichtig waren«. Doch davon ließ er sich nicht abschrecken; er, der ein neues Leben zu starten entschlossen war, absolvierte diese Gesprächsrunden mit derselben Gründlichkeit, die er auch später in seinen Studien unter Beweis stellte. Auf diese Weise entwickelte er genügend Selbstbewußtsein, Stärke und Humor, um sich schließlich doch dem Massenandrang und den Reportern während der britischen Amateurmeisterschaft zu stellen.

Dieses Unternehmen war wiederum eine schwere Prüfung für ihn. Nach der tapferen Auseinandersetzung mit den Clubmitgliedern hatte er geglaubt, seine Probleme endlich im Griff zu haben. »Aber das ängstliche Häschen folgte mir wie ein Schatten, der nicht abzuschütteln ist.« Das Glück bescherte ihm eine günstige Startzeit für die Eröffnungsrunde, doch dann wurde ihm einer der berühmtesten Golfer Amerikas als direkter Gegenspieler zugedacht. Als er auf den Abschlag hinaustrat und all die Zuschauer sah, die die Spielbahn flankierten, glaubte er, schlecht zu träumen. Die alte Angst war wieder da. Doch dann wurde ihm klar, daß »der Entschluß, mich nach vorn zu bewegen, schon jetzt viel tiefer griff als die Komplexe, die mich plagten«, und ohne lange zu fackeln, stellte er sich vor die Zuschauer und hielt eine Ansprache, die zwar viel kürzer war als die Clubrede, aber nicht weniger gepfeffert, von Furcht und Mut handelte, von Unlauterkeit und wahrer Freundschaft, ein kleines Sündenbekenntnis enthielt sowie den frommen Hinweis auf die Notwendigkeit einer neuen Religion. Die Leute hörten aufmerksam zu; viele der amerikanischen Touristen schienen zu glauben, daß diese Rede zum traditionellen Programm gehörte und schottischer Brauch sei. Shivas hatte mit diesem Auftritt zwar nicht alle Angst von sich abschütteln können, war aber nun immerhin in der Lage, den Ball sauber abzuschlagen. Als er durch das Zuschauerspalier die Spielbahn entlangschritt, schüttelte er Hände und flachste. Beim Ansprechen des Balls vor dem zweiten Schlag hatte er zur gewohnten Ruhe zurückgefunden.

»So überwindet man den Drachen«, sagte er. »Frontaler Angriff und dann mit der Lanze direkt in den Schlund. An diesem Tag fing ich damit an, den Leuten ins Gesicht zu sehen. Ich war den Zuschauern von Herzen dankbar.

Ein junger Bengel kam auch mich zu, gratulierte mir und sagte, daß auf einem Golfplatz wohl noch nie eine so treffende Rede gehalten worden sei. Eine alte Frau hatte Tränen in den Augen. Die Offiziellen schäumten natürlich vor Wut über meine Frechheit. Später erfuhr ich, daß man mich eigentlich vom Platz verjagen wollte. Aber das war nicht möglich, weil ich gleich in der ersten Runde nicht nur meinen amerikanischen Gegenspieler übertrumpft, sondern auch den Rundenrekord gebrochen hatte.« Shivas verhakte die Finger ineinander und sagte: »Ich hatte die Zuschauer voll auf meiner Seite; wir waren ein Team. Unter ihren Anfeuerungsrufen flogen meine Drives zehn Meter weiter als sonst. Diese Leute gaben mir zusätzliche Kraft. Gott segne sie. Wenn sie und die hiesigen Clubmitglieder nicht so freundlich gewesen wären, würde ich mich noch immer schwertun im Umgang mit anderen. Ihre Hilfe und ein bißchen Mut meinerseits – das hat's gebracht!« Er schüttelte den Kopf und pfiff durch die Zähne hindurch. »Ich habe den Drachen erschlagen, mit einem Hieb. Nur so ist das zu schaffen.«

Er sah mich fragend an, als zweifelte er daran, daß ich seine Geschichte glaubte. »Willst du hören, was dann geschah?« Ich machte aus meiner Neugier keinen Hehl. »Wir, das heißt die Zuschauer und ich, gingen gemeinsam von Runde zu Runde und brachen alle Rekorde. Seit dem ersten Abschlag war eine Riesenlast von mir gefallen. Ich hätte heulen können, so glücklich war ich, endlich frei zu sein von Angst. Ich hatte überhaupt keine Angst mehr. Zwischenzeitlich passierte folgendes: Vor lauter Übermut schlug ich einen Ball in den Kakao und bugsierte ihn mit einem kleinen Wegde wieder heraus. Dann legte der Herr im Himmel selber Hand an. Der Ball prallte auf einen Stein und hüpfte an die hundert Meter weit bis kurz vors Grün. Du glaubst es kaum. Er hüpfte tatsächlich stracks in Richtung Grün, geradeso wie eine mexikanische Springbohne. Ich kam mir vor wie in einem dieser alten Slapstick-Filme, wo sich Gegenstände von selbst bewegen. Ehrenwort, das Ding hoppelte wie aus eigenem Antrieb drauflos. Für die Zuschauer war ich nun endgültig die Sensation. Ich konnte gar nicht mehr verlieren.«

»Und so ging es weiter«, fuhr er stockend fort. Er musterte mich und schien wieder prüfen zu wollen, ob ich immer noch interessiert war an seiner Geschichte. »Nun aber in Technicolor«, sagte er schließlich.

»In Technicolor?«

»Ja, im Super-Breitwandformat. Mit Musikuntermalung.«

»Musik?«

»Ich hörte einen Chor in der Ferne. Chorgesang mit Trommeln. Einige der Zuschauer hörten es ebenfalls. Im Ernst. Daß sie es hörten, konnte ich ihren Gesichtern anmerken. Der Junge, der am Anfang auf mich zukam, wußte die ganze Zeit über, was Sache war.«

Eine Runde Golf in Technicolor, begleitet von Chor- und Trommelmusik – und all das, weil Shivas seine Schüchternheit überwunden hatte! Sie sehen, die Geschichte hat erhebliche Lücken. Ich frage mich oft, was an seinen Erzählungen wahr ist und was Dichtung. Hätte ich Seamus' Shillelagh, die seltsame Galerie aus Skizzen und Fotos in seiner Wohnung nicht mit eigenen Augen gesehen, wäre ich gewiß skeptischer.

Nach dem Turnier stand für Shivas fest, daß Golf und Psychologie in eins seine Bestimmung war. Er wollte Golfpro *und* Philosoph werden, über das Spiel die Wahrheit darstellen, die er im Innern entdeckte.

Weil er nun seine disparaten Neigungen auf einen für ihn akzeptablen Nenner bringen konnte, brauchte er nicht mehr auf jede Situation und auf jeden Impuls hin »wie ein Chamäleon auf kariertem Schottenrock« zu reagieren. Er hatte endlich seine Mitte gefunden, seinen Wesenskern, der sich nun weiter entwickeln ließ. Er wuchs zu der Persönlichkeit heran, die ihm nach göttlichem Plan zuerkannt worden war. Julian Laing half ihm dabei, diesen seelischen Prozeß zu verstehen; er hörte ihm stundenlang zu und machte Mut.

Aber Laings Hilfe allein reichte nicht aus; Shivas brauchte Anleitung. Im August 1945, zwei Wochen nach Hiroshima, fand er einen Mentor.

Er hatte die Kriegsjahre über auf einer schottischen Insel in der Nordsee zugebracht, um als Vorposten vor feindlichen Bombern zu warnen. Dieser Auftrag kam seinem »Talent zum Grübeln« entgegen. Er gehörte zu einer vierköpfigen Mannschaft, die sich alle drei Wochen mit einer anderen Mannschaft auf der Insel ablöste. Zwischen den Dienstzeiten spielte er Golf auf dem Festland. Während dieser fünf Jahre konnte er seine Entwicklung entscheidend vorantreiben, denn in langen Winternächten, wenn er den Himmel nach feindlichen Fliegern absuchte, widmete er sich intensiv dem kontemplativen Teil seiner Disziplin. In ständiger Erwartung eines Angriffs zu sein, ließ in ihm allmählich die Vision entstehen, daß Gott selbst eines Tages zur Erde niederfahren würde. Dieser Gedanke bewegte ihn auch in jener Augustwoche des Jahres 1945.

Er war in Burningbush auf Urlaub und besuchte die alte Kathedrale, um zu beten, eine Gewohnheit, die er auch nach seinem Kirchenaustritt fortsetzte. Im Anschluß an die Gebete schlenderte er über den angrenzenden Friedhof. Vor dem Grabstein eines berühmten Golfers stand Seamus MacDuff, den Shivas seit seiner Kindheit kannte und dem er immer bewundernd nachgeschaut hatte, wenn er, der Alte, mit seinem weißen Shetlandpony über den Golfplatz geritten war. MacDuff war damals in den zwanziger Jahren stadtbekannt gewesen und hatte sich als exzentrischer Erfinder einen Namen gemacht, nicht zuletzt aufgrund einer bestimmten technischen Vorleistung, die zur Entwicklung von Raketen führte. Seine distanzierte und herrische Art brachte ihm in Burningbush nicht nur Freunde ein; die meisten fühlten sich durch ihn provoziert, vor allem auch deshalb, weil seine afrikanische Herkunft vielen ein Dorn im Auge war. Er war der Sohn eines wohlhabenden schottischen Kaufmanns, der im Afrikahandel sein Glück gemacht hatte, und einer hellseherischen Voodoo-Priesterin von der Elfenbeinküste. In ihrem Stamm wuchs Seamus auf, unterrichtet von britischen Lehrern, die der Vater zu diesem Zweck engagiert hatte. Im Alter von siebzehn Jahren wurde er auf die Universität von Oxford geschickt. Das später entwickelte Interesse für die dunkle Kehrseite der modernen Wissenschaft war zweifellos auf seine afrikanischen Wurzeln zurückzuführen. Er verglich sich bisweilen mit Amenhotep IV., jenem auch unter dem Namen Echnaton bekannten monotheistischen Pharao, der wie Seamus nördliche und südliche Erbanteile gehabt hatte. Seamus' dunkelbraunes Gesicht, aus dem ein weißer Bart sproß, irritierte viele der Bewohner von Burningbush, die jemanden wie ihn noch nie gesehen hatten. Das Sonderlichste an ihm war aber wohl die Angewohnheit, auf einem weißen Shetland-Pony über den Golfplatz zu reiten.

Irgendwann vor 1930 hatte er sich gänzlich zurückgezogen; keiner wußte warum. Manche glaubten, er habe den Verstand verloren, andere behaupteten, daß er an einer Erfindung gescheitert und bankrott gegangen sei.

Nun stand er da und starrte auf das Denkmal, als Shivas näherkam. Ohne sich umzudrehen, sagte er: »Wir, du und ich, haben noch viel zu tun, denn unsere Tage sind gezählt.« Wenn ich mich an Shivas' Bericht korrekt erinnere, begann die Zusammenarbeit der beiden unmittelbar darauf. Seamus führte seinen neuen Schüler über den Golfplatz und erteilte ihm die erste Lektion zum Thema »wahre Gravitation«. Während dieser Runde gelang es Shivas zum ersten Mal, über »Lucifer's Rug« hinweg ein *hole-in-one* zu spielen.

In den darauffolgenden Jahren spürten sie arbeitsteilig dem Verhältnis von Bewußtsein und Physis nach; Seamus war der Theoretiker, Shivas der Praktiker in Sachen Golf. Der Alte versuchte, seine Theorien auch auf anderen Gebieten anzuwenden in der Hoffnung, eines Tages mit seinem Wissen über die wahre Gravitation und den »leuchtenden Körper« sämtliche Bereiche menschlichen Lebens revolutionieren zu können.

In Hiroshima sah Seamus MacDuff die letzte Aufforderung für den Menschen, die Geheimnisse der Seele zu ergründen oder seinen Untergang zu beschließen. Die Entwicklung von Atomwaffen war einem tieferen Verständnis der Wissenschaft vorausgeeilt. Die Evolution hatte eine schreckliche Wendung genommen, und um die wieder hinzubiegen, blieb nicht viel Zeit.

Der Ort ihrer ersten Zusammenkunft – das Grabmal des Golfers auf dem Friedhof vor der Kathedrale – hätte kaum angemessener sein können, denn für Seamus und Shivas war Golf nun eine Sache um Leben und Tod.

Shivas Irons und Seamus MacDuff – was für ein Paar! Ich weiß nicht, ob ich mir jemals verzeihen kann, den Kreis dieser beiden verlassen zu haben.

Es drängte mich nach London zurück, denn ich wollte – pünktlich wie immer – unbedingt den Zeitplan meiner Reise einhalten. Typisch. Ich leide wohl tatsächlich unter einem »Erfüllungskomplex«, wie mir mal ein Psychoanalytiker bescheinigt hatte. Wie dem auch sei, die Abfahrtszeit meines Zuges rückte näher. Shivas hatte mich außerdem nicht ausdrücklich zum Bleiben aufgefordert und allenfalls indirekt auf eine solche Möglichkeit angespielt. Wir waren auch mit keinem Wort auf die Verwendung meiner Notizen eingegangen, die ich mir von seinen Tagebüchern gemacht hatte.

Mein Plan sah vor, daß ich über London und Dover nach Calais weiterreiste, und zwar in Begleitung einer jungen Frau, die ich auf der *Ile de France* kennengelernt hatte. All diese Stationen auf dem Weg nach Indien waren bereits seit über einem Jahr festgelegt. Es war gegen halb vier an jenem Nachmittag, als ich Shivas mitteilte, nun aufbrechen zu müssen.

Er stand vorm Fenster und schaute hinaus. Dann drehte er sich um, betrachtete mich mit vernichtendem Blick und meinte, daß ich nicht würdig sei, Einblick in seine Gedanken bekommen zu haben. Hastig sammelte ich meine Notizen ein und bat ihn, mich zu meiner Pension und zum Bahnhof zu begleiten. Darauf ließ er sich nur widerwillig ein, und schweigend gingen wir zum *Druid's Inn* – ich verlegen und nervös, er mit düsterer Miene. Die Stimmung zwischen uns war unerträglich.

Ich sehe das Bild noch vor mir: Er stand da und winkte, als der Zug abfuhr, eine verärgerte Gestalt, die immer kleiner wurde vor der zurückweichenden Kulisse dieser wunderschönen kleinen Stadt.

Was ist Verdrängung? Wie funktioniert sie? Warum weiß ich nicht mehr, was mir durch den Kopf ging, als ich Burningbush so überstürzt verließ? Nur eines ist mir noch in Erinnerung: Während der Fahrt nach London versuchte ich mich mit dem Gedanken zu trösten, daß sich die meisten Schüler Shivas' kaum anders verhalten hatten als ich.

Epilog

Die Geschichte ist noch lange nicht zu Ende. Eine Woche nach meiner Abreise ereignete sich in der Kathedrale von Reims ein bemerkenswerter Vorfall, der irgendwie mit meinen Abenteuern in Burningbush zusammenzuhängen scheint.

In London traf ich, wie verabredet, meine Reisebegleiterin von der *Ile de France*, die den europäischen Sommer in vollen Zügen genoß. Sie hatte einen Morris Minor gemietet und überredete mich zu einem Abstecher nach Canterbury. Wir waren kaum eine Viertelstunde zusammen, als ich damit begann, ihr von meinen Erlebnissen der vergangenen zwei Tage zu berichten. Daß ich ihr die Geschichte in zwei bis drei verschiedenen Versionen vortrug, mag wohl an meiner strapazierten und übermüdeten Verfassung gelegen haben. Sie war neugierig und bei bester Laune, die auch auf mich abfärbte und mir ein wenig dabei half, die verwirrenden Einzelheiten meiner Stippvisite in Schottland vorzusortieren.

Nach einer Weile geriet ich ins Träumen. Der Ausblick auf die sanfte Hügellandschaft, durch die wir fuhren, lullte mich ein; angenehme und scheinbar abwegige Gedanken kamen mir in den Sinn, Szenen aus der Vergangenheit, die mich wie in hypnotischer Regression in meine Kindheit zurückführten mit dem Versprechen, ein bislang ungelöstes Rätsel zu klären. Ich fühlte mich schwerelos wie immer, wenn ich reise, ohne ein bestimmtes Ziel vor Augen zu haben.

In Canterbury besuchten wir die alte Kathedrale. Obwohl es schon nach Mitternacht war, gewährte uns der alte Küster Einlaß; vielleicht gefiel ihm der Glanz, den mein entrücktes Gemüt ausstrahlte.

Am nächsten Tag fuhren wir nach Dover weiter und überquerten den Kanal nach Calais. Ich erinnere mich noch deutlich an den Geruch eines Lebensmittelgeschäfts, in dem wir dort einkauften, ein Aroma, das mir seit meiner Kindheit vertraut war, denn nach derselben Mischung aus Salami, Petersilie, Gewürzen und Kraftbrühe hatte es auch in der Küche meiner Großeltern immer gerochen. Und ich dachte zurück an die Sommerferien in San Francisco, an die heitere Zeit mit Grandmère und Grandpère und deren Kindern und Enkeln (von denen einige Spitzenköche wurden), an die Landluft, die mit einem Hauch von den Pyrenäen durchsetzt zu sein schien. Eben diese Düfte fand ich hier in dem Laden von Calais wieder. Sie gaben den Anstoß dazu, daß ich auf unserer Weiterfahrt wieder zu träumen anfing und in Erinnerungen schwelgte, bis wir die große Kathedrale von Reims erreichten, wo ich das Banner und die Statue der Heiligen Jungfrau von Orleans sah.

Meine Erinnerungen reichten zurück bis in die frühsten Kindertage und brachten Gefühle hervor, die noch unbebildert waren: Empfindungen, die ein Säugling hat, wenn die Mutter in der Nähe ist, wenn er geschaukelt und gestreichelt wird, wenn er unter wärmender Decke strampelt oder mit Wasser in Berührung kommt, ganz und gar umsorgt ist. Dann erlebte ich Kindergartenszenen wieder, sah Spielkameraden Karussell fahren; ohne mich selbst darauf zu trauen, stand ich schüchtern abseits, während die anderen Kinder vor Vergnügen kreischten und lachten. Ich erinnerte mich an eine Lehrerin in der dritten Klasse, die in formalingefüllten Flaschen Käfer und Spinnen aufbewahrte, und ich bestaunte durch das Glas hindurch diese vielbeinigen Scheußlichkeiten, stellte mir vor, wie sie sich auf der Haut anfühlen würden, und war neugierig auf andere Exemplare der wimmelnden Insektenwelt, von der ich dann einiges in Büchern abgebildet sah, die meine Eltern im Regal stehen hatten, wie auch Bücher über Sterne und Planeten und schließlich über die Geheimnisse, die all dem zu Grunde lagen.

In der Pubertät entwickelte sich meine philosophische Ader; ich hielt mich lange in Bibliotheken auf und hielt Ausschau nach jenen Büchern, die mir die Rätsel der Welt zu lösen versprachen. Ich war kaum größer als einssechzig, aber felsenfest davon überzeugt, irgendwo eine Lösungsformel, das Wort aller Worte finden zu können, und durchsuchte Buch um Buch. Und dann kam jener unvergeßliche Tag; ich war durch Zufall in die Klasse von Frederic Spiegelberg geraten, der damals – 1950 – zu den beliebtesten Dozenten von Stanford zählte; er malte Sanskrit-Worte an die Tafel, intonierte das *Brahman*, die vedischen Hymnen, und mir tat sich fortan in meiner Suche eine klare Richtung auf – dort an der heiteren, lebenslustigen Stanford-Universität, in der Klasse von Spiegelberg, der vedische Hymnen rezitierte und einige von uns Studenten zum Ursprung der Dinge führte; 1951 dann scharte sich unsere kleine Gruppe von Aussteigern um Walter Page, dem, der nur wenig älter war als wir, wie einem Mohikaner eine weiße Haarsträhne mitten über den Kopf verlief – Walt Page mit seinem Wandschrank voller Bücher, ein Vorläufer von Shivas Irons. All diese Erinnerungen kehrten an diesem sonnigen Sommertag im Jahre 1956 zurück.

Wir kamen in Reims an, fuhren im Kreis um die große Kathedrale und bestaunten sie aus dem Auto heraus, bevor wir uns ein Zimmer suchten. In Vorbereitung auf meine Indienreise hatte ich jede Menge Bücher gelesen, nicht zuletzt auch Bücher über die abendländische Geschichte, denn ich wollte, um im fremden Osten Kurs halten zu können, meinen Standort bestimmen. Die Kathedrale von Reims und das Standbild der Jeanne d'Arc gehörten zu den besonderen Etappen meiner Reise in die Vergangenheit. Ich hatte Shaws Drama samt Vorwort gelesen und zwei oder drei Monographien über sie, da ich in ihrer Gestalt einen jener Schnittpunkte sah, die Verbindungen herzustellen schienen zwischen der mir vertrauten Welt und der Welten, die ich zu erkunden vorhatte. Sie war eine *Pitha,* wie die Inder sagen würden, ein Ort, an dem etwas stattfindet, was unseren Alltag durchkreuzt und Hinweise liefert, die uns nicht mehr ruhen lassen.

In einem Hotel, das uns empfohlen worden war, fragte ich, nachdem wir schon einen Raum belegt hatten, nach einem *zweiten* Zimmer, womit ich meine Begleiterin gegen mich aufbrachte. Sie war die erste, sollte aber nicht die letzte Frau sein, der mein neuerlicher Hang zur Askese entschieden gegen den Strich ging. Der Hotelier glaubte wohl, daß mir das angebotene Zimmer nicht gefallen würde, und ergriff galant Partei für sie. Nach einem kurzen Wortwechsel sagte er, daß dies das letzte freie Zimmer in der gesamten Stadt sei, worauf ich entgegnete, daß wir in diesem Fall nach Paris weiterreisen müßten. Ich wollte unbedingt Verzicht üben und mich durch nichts von meinem eingeschlagenen Weg der inneren Einkehr und Katharsis abbringen lassen.

Jeanne d'Arc. Ich erinnerte mich an die in Puerto Rico stationierten Matrosen eines französischen Kriegsschiffs, auf deren Mützen der Name der Heiligen stand.

Mein Onkel war einmal in San Francisco an Bord dieses Kreuzers gewesen, und auf jeder Party im französischen Quartier behauptete er scherzend, Kapitän der *Jeanne d'Arc** zu sein; wir Kinder, mein Bruder, ich und alle Vettern und Kusinen, mußten vor »Captain Pierre« Haltung annehmen und salutieren.

Als wir uns den hoch aufragenden Türmen der Kathedrale näherten, gingen mir verschiedene Assoziationen zum Namen der Heiligen durch den Kopf, und ich dachte an den Arkus, den Bogen, der diese Welt mit anderen Welten verbindet, an die von Shivas gezeichneten Diagramme mit den Verbindungslinien und Überschriften wie GEFÄHRLICHE VERBINDUNGEN oder GOTT ERWACHT und an seine Bemerkung, daß Gott ständig Zeichen geben und uns, die wir so borniert seien, manche davon sogar unter die Nase reiben würde.

Dann erreichten wir die Kathedrale. Im Inneren wurde gebaut; die Zerstörungen des Bombenkriegs waren noch längst nicht alle repariert worden. Einige der ausgebesserten Stellen wirkten wie neu, so zum Beispiel der hintere Teil des gewaltigen Mittelschiffs: freigeputzt vom Ruß und Staub aus Jahrhunderten, wie enthäutet. Ich hatte mir den Anblick ganz anders vorgestellt, dunkler, sinnlicher, mysteriöser. Statt dessen wähnte ich mich in einer gigantischen Gartenlaube aus Frühlingslaub und Sonnenschein, der durch die ungetönten Fensterscheiben fiel. Überall schwirrten Schulkinder umher, flüsternd,

* Ich schrieb diesen Epilog im Frühjahr 1971 in der kalifornischen Küstenstadt Big Sur, und als ich nach San Francisco zurückkehrte, sah ich einen Kreuzer im Wasser liegen, hell erleuchtet wie eine Kathedrale. Der Name des Schiffes war mir zunächst unbekannt. Dann hörte ich im Radio die Ankündigung, daß die *Jeanne d'Arc* Besucher empfangen würde, und zwar an Pier 39 – der genau unter meinem Fenster liegt! Durchs Fernglas sah ich tatsächlich den Namen an der Bugwand. Mein Schiff war angekommen, wie ein Freund daraufhin bemerkte.

kichernd und von nervösen Lehrerinnen beaufsichtigt, deren Stimmen von den hohen Mauern widerhallten und im tiefen Gewölbe ausplätscherten wie Wellen, wie der Anfang von Musik. Ja, die Kathedrale von Reims wirkte auf mich wie eine luftige Gartenlaube; das Eindrückliche und Mysteriöse waren für mich die hallenden Geräusche darin.

Der Hall. Wie erstaunt war ich von den wirbelnden Lauten um mich herum: kichernde Kinder, das Echo von Schritten und hin und wieder – wie aus rauschender Brandung – der Ruf eines Arbeiters.

Der Hall und dann die kleine Figur am Ende des Mittelschiffs. Denn dort stand sie wie erwartet, die Statue der Johanna in Rüstung und ein weißes Banner tragend, das wohl viermal größer war als sie.

Ich trennte mich von der Freundin und ging allein auf das Standbild zu, voll Andacht und Innerlichkeit – ein frommer Langweiler für die Freundin, aber aufnahmebereit für Winke des fügenden Schicksals, trat ich wie ein Schlafwandler vor den besagten Schnittpunkt, verkörpert in der Gestalt der Heiligen.

Und in der Tat machten sich mir Zeichen bemerkbar.

Eine alte Frau in Schwarz erhob sich von ihren Gebeten, sah mich an und langte, als ich vorbeiging, nach meinem Arm. Ihr Gesicht kam mir affenartig vor, die Nasenflügel waren gebläht, platt die hohen Wangenknochen, und die kleinen Augen zeigten nur das Weiße, als wären sie permanent nach hinten weggedreht. *»Entendez-vous les voix sous les voûtes?«* fragte sie – ob ich die Stimmen in der Kuppel hörte? Ihre Augen rollten zurück; sie blickte hinauf zur Decke und wiederholte die Frage. Ich war hin und her gerissen, wollte vor ihr Reißaus nehmen, fühlte mich aber gleichzeitig durch ihre seltsam aufdringliche Art zurückgehalten.

Wieder stellte sie mir dieselbe Frage, erregter diesmal. Ob ich die Stimmen hörte? Was meinte sie damit? Ich hielt die Alte für übergeschnappt und dachte: Womöglich hat sie zu lange gebetet und halluziniert jetzt. Aber dann folgte ich ihrem Blick, schaute ins hohe Gewölbe und fühlte mich plötzlich von hallenden Geräuschen überschwemmt.

Ich hörte fernes Wellenschlagen und flüchtiges Gewisper, ja, ich vernahm Stimmen im Rauschen ringsum. Ich setzte mich neben sie in die Bank und lauschte. Die Träumereien und Erinnerungen der letzten Tage hatten mich empfänglich gemacht für skurrile Dinge. Ich blickte hinauf zu den gotischen Strebebögen, in den Scheitel der Kuppel. Was sagten sie, die Stimmen der alten Frau? Aus langen Stunden der Meditation wußte ich, daß, wenn ich eine bestimmte Tür im Bewußtsein aufstieß, eine Stimme und ein Wort zu hören wären. Doch davor sträubte ich mich, denn diese Stimme implizierte Gefahr und löste unweigerlich ein Ekelgefühl in mir aus, vor dem ich mich instinktiv abschottete. Jetzt aber war ich in der Stimmung, die Schotten zu lichten; die jüngsten Abenteuer hatten mir Geschmack gemacht auf mehr. Ja, was in Burningbush seinen Ausgang genommen hatte, hatte mich hierher geführt auf diese Kirchenbank. Ich schloß die Augen und ließ das Raunen ringsum auf mich einwirken. Und tatsächlich, wie ein Echo von ferne hörte ich eine dünne Stimme mit den Worten: »Komm heim, komm heim ...« – immer wieder dieselben beschwörenden Worte, die sich schließlich als polyphoner Gesang in meinem Kopf festsetzten. Komm heim, komm heim!, und ich folgte der singenden Stimme in ein anderes Reich.

Ich werde wohl nie erfahren, was dann geschah. Als ich die Augen öffnete, war die Alte verschwunden. Statt dessen saß die Freundin neben mir. Ich reckte mich und berührte sie mit der Hand. Ihr Haar glänzte im Sonnenlicht; Mund und Augen verrieten spöttische Belustigung. Trotzdem war ihr anzusehen, daß sie Verständnis für mich hatte. Sie gab mir einen Kuß auf die Wange, flüsterte mir zu, daß sie draußen auf mich warten würde und ließ mich allein.

Dem Lichtwechsel nach zu urteilen, waren eine oder zwei Stunden vergangen. Es muß später Nachmittag gewesen sein, und in der Kathedrale herrschte nun Stille. Von der Rüstung der Heiligen blinkte ein reflektierter Sonnenstrahl der Länge nach durchs Mittelschiff – vielleicht gab mir Johanna Signale. Ich verspürte den vagen Impuls, aufzustehen und den Ort zu erkunden, doch eine gemütvolle Mattigkeit hielt mich zurück. Im Ausklang der Trance und verstärkt durch die tiefe Stille des Raums war es mir, als sickerte jener Feenglimmer, von dem Shivas gesprochen hatte, durch die Membranen meines Innenleibes. Minutenlang saß ich da, genoß die Ruhe und den zauberhaften Wandel, der sich in mir vollzog, und dabei dachte ich wieder an Shivas. Ihm verdankte ich die Teilhabe am Privileg, an der Wonne dieser Empfindungen, das, was die Inder *Darshan* nennen, also das Überspringen des Funkens vom Lehrer auf den Schüler.

Das Licht nahm ab, und die Bäume vor der Kirche warfen lange Schatten ins Schiff. Ich blickte mich in der riesigen Halle um. Die letzten Besucher gingen durch das rückwärtige Portal nach draußen; zurück blieb nur noch eine Handvoll Gläubiger, die betend zwischen den Bänken knieten. Ich sah hinauf ins Gewölbe. Hoch oben, an die dreißig Meter über mir, entdeckte ich im Schatten der Strebebögen eine winzige Gestalt, einen Arbeiter, wie es schien, der nach einem Kollegen Ausschau hielt. Er rührte sich nicht, und mir fiel nun auf, daß er direkt auf mich herabblickte. Gesichtszüge waren nicht zu erkennen, aber ich sah, daß er in Schwarz gekleidet war und einen zerzausten Bart trug. Außerdem bildete ich mir ein, ein verschmitztes, leicht irres Grinsen ausmachen zu können.

Ich senkte den Blick und schaute wenig später wieder

nach oben. Das bärtige Gesicht starrte immer noch grinsend auf mich herab, was mir ganz und gar nicht behagte. Ich stand auf und ging nach vorn in Richtung Chor, um den Mann da oben aus einem anderen Blickwinkel zu beobachten. Sein Kopf folgte meiner Bewegung. Kein Zweifel, er hatte mich aufmerksam ins Auge gefaßt. Eine alte Frau wischte vor dem Chor den Boden. Ich deutete auf die Gestalt zwischen den Streben und fragte sie, wer das sei. Schulterzuckend gab sie zur Antwort: »*Qui est-ce?*« Ich zeigte nachdrücklich auf den Mann. »Mais de qui parlez vous? Je ne vois rien«, sagte sie mit krächzender Stimme und starrte nach oben. »Ich verstehe nicht.«

»Da, da oben, sehen Sie denn nicht?«

»Ich verstehe nicht«, entgegnete sie wieder und wischte weiter.

Ich sah mich hilfesuchend um und bemerkte, wie eine Gestalt durch den Mittelgang auf mich zukam, ein großgewachsener Mann mit dunklem Bart und schwarzer Soutane, offenbar ein Geistlicher. Er schien das Standbild der Heiligen zu betrachten, denn im Näherkommen blieb sein Blick auf die Statue gerichtet. Ich räusperte mich und berührte seinen Arm, als er an mir vorbeiging.

»Entschuldigen Sie, würden Sie mir einen Gefallen tun?« fragte ich und schaute nach oben. Der Mann starrte immer noch auf mich herab; sein Grinsen war nicht zu verkennen.

»Ja, bitte?« Der Priester blieb stehen und sah mich freundlich an. Ich hatte den Eindruck, ihm schon einmal irgendwo begegnet zu sein.

»Verzeihung, aber ich glaube, daß mich jemand von dort oben beobachtet. Erkennen Sie den Mann?«

Der Priester zeigte lächelnd einen leichten Überbiß und antwortete mit britischem Akzent: »In das Strebewerk hinaufzuklettern ist unmöglich.«

»Aber sehen Sie doch bitte hin«, bat ich fast flehentlich.

»Na, dann zeigen Sie mir mal, wo da jemand stecken soll.« Er folgte meinem Fingerzeig. »Ich sehe niemanden«, sagte er und suchte mit den Blicken das Gewölbe ab.

»Aber da, da, direkt über uns«, insistierte ich und drängte ihm mit ausgestrecktem Arm die Blickrichtung auf. Ich sah das Gesicht ganz deutlich.

»Tut mir leid«, entgegnete er und wandte sich mir zu. »Ich kann nichts erkennen. Vielleicht halten Sie eins der Ornamente für ein lebendiges Gesicht.« Er schmunzelte wieder und legte mir einen Arm auf die Schulter. »Junger Mann«, sagte er, »lassen Sie sich von mir das Banner der Johanna zeigen. Das ist viel interessanter.«

Verwirrt schaute ich hinauf in das starrende Gesicht, folgte aber dem Geistlichen, weil ich mich in seiner Nähe sicher fühlte.

Er führte mich vor den Sockel der kleinen Statue, die kaum größer war als einsfünfzig. Schweigend betrachteten wir die Heilige, und nach einer Weile sagte der freundliche Mann in Schwarz: »Das Banner, haben Sie so etwas schon einmal gesehen?« Ja, das hatte ich, allerdings bisher nur auf Abbildungen. Das Banner war erstaunlich lang; wer es zu tragen vermochte, mußte Bärenkräfte besitzen. Der Priester trat näher und strich vorsichtig den Staub von der *fleur-de-lis,* dem Wappen Frankreichs. »Sie hat es selbst entworfen«, erklärte er. »Eine wahrhaft inspirierte Frau.« Seine Verehrung rührte mich. Meine Erregung hatte sich gelegt. »Ob von diesem Banner wohl noch immer eine Kraft ausgeht?« murmelte er, und es schien, als stellte er sich diese Frage selbst. »Wie gern würde ich es tragen.« Er nahm nun den Schaft in beide Hände, und für einen Moment glaubte ich, daß er tatsächlich vorhatte, der Statue das Banner zu entwenden. In der Vorstellung sah ich ihn bereits fahnenschwenkend durch die Kirche marschieren. Er schien meine Gedanken zu erraten, denn er zwinkerte mir zu und sagte: »Sie wären der Dauphin und ich die Lilie.« Ich war mittlerweile wieder besser gestimmt und konnte lachen.

Die Glocken fingen zu läuten an; Kirchendiener zündeten Kerzen an. Es war Zeit für die Messe.

»Bleiben Sie doch, und feiern Sie mit uns«, forderte mich mein neuer Freund lächelnd auf. »Anschließend werde ich Ihnen ein paar Geheimnisse über Jeanne d'Arc verraten.« Ich wollte gerade »Ja« sagen, sah ihn dann aber mit skeptischer Miene über meine Schulter blicken, und plötzlich spürte ich eine Hand im Nacken und wußte, daß Dulce, meine Begleiterin, gekommen war, um mich zu holen. Da stand sie mit ihren goldblonden Haaren und sprühenden Augen; geduldig hatte sie all die Zeit auf mich gewartet.

»Tut mir leid«, entschuldigte ich mich beim Priester. »Wir müssen nach Paris. In Reims war kein Zimmer mehr aufzutreiben.«

Er schien enttäuscht zu sein. »Tja«, meinte er und warf einen Blick unters Kirchengewölbe, »immerhin sind wir das Gespenst losgeworden.« Ich schaute nach oben. Tatsächlich, das Gesicht war verschwunden. »So was passiert mir leider manchmal«, sagte ich verlegen. »Ich sehe Gesichter.«

Ich streckte ihm die Hand entgegen. Er griff energisch zu und schüttelte sie herzhaft. Dann zeigte er mir ein letztes Mal beim Lächeln die vorstehenden Zähne, und ich bemerkte, daß er auch ein wenig schielte.

»Wenn es Ihnen einmal schlecht geht«, sagte er, »dann denken Sie an die Heilige Johanna, an ihr Banner und an ihre Engel.« Zum Abschied hob er winkend die kräftige Hand vors Gesicht, und es schien, als bewegte er dabei einen unsichtbaren Vorhang. Auch wir winkten ihm noch einmal zu und gingen Arm in Arm nach draußen in die abendliche Dämmerung.

Zweiter Teil

Die verborgene, aber ergründbare Bedeutung des Golfspiels

In manchen Ereignissen kommen alle entscheidenden Dimensionen des eigenen Lebens zum Tragen, und die gesamte Vita spiegelt sich in einem flüchtigen Moment. Haben Sie derartiges schon einmal erlebt? Kennen Sie solche Augenblicke, die den Schleier des Unerkannten lüften? Shivas Irons behauptete, daß eine Runde Golf zu solchen Offenbarungen führen kann.

Das Spiel, so sagte er, sei deshalb so sehr beliebt, weil es eine Vielzahl archetypischer Sinnbezüge enthalte.

Golf als Reise

Ich zitiere aus Shivas' Tagebüchern: »Eine Runde Golf läßt teilhaben an der Reise schlechthin, und die Reise als solche gehört zu den zentralen Mythen und Symbolen des Abendlandes. Sie ist tief verwurzelt in unseren Gedanken und Träumen, ja, womöglich sogar Teil unserer genetischen Anlage. Der Exodus, die Himmelfahrt, die Odyssee, die Kreuzzüge, die Wallfahrten durch Europa, die Entdeckungsreisen von Kolumbus, Magellans Weltumseglung, das Fortschreiten der Zeit, das Streben nach Vervollkommnung, die Erforschung des Alls oder die innere Einkehr – unsere westliche Kultur ist ständig unterwegs. Wir begreifen alles als Teil einer Reise. Andere Kulturen bevorzugen dagegen die Vorstellung der Wiederkehr des Ewiggleichen (wie etwa im Hinduismus) oder der Versenkung (wie im chinesischen Tao). Für sie ist Fortschritt keine *conditio humana.*«

Vielleicht sind wir deshalb so rastlos, weil wir wie Moses auf der Suche sind nach dem gelobten Land. Wir reden uns ein, daß es wohl gleich hinter dem nächsten Hügel zu finden sein wird. Dort wollen wir hin, und koste es noch soviel Zeit, Geld und Anstrengung. »Auch unser Glaube an Gott stützt sich auf die Vorstellung vom Jüngsten Gericht, auf das, was uns am Ende unserer Reise erwartet.«

Das Reisesymbol ist Ausdruck unseres Bewußtseins, und tatsächlich ist unsereins sozusagen ständig auf Achse. Viele empfinden das Leben als Drahtseilakt; wer sich nicht voranbewegt, droht in den Abgrund zu stürzen. »In einer solchen Welt kann man nur draufgehen«, sagte Shivas damals. Wer nicht nach althergebrachter Manier in die Irre laufen, sondern seinen Platz behaupten will, muß dafür teuer bezahlen.

Ja, wir können uns aus dem langen Marsch nicht ausklinken. Dieses Schicksal wird auf dem Golfplatz ständig neuinszeniert. Wir reagieren dort den unbezwingbaren Trieb ab, uns fortbewegen zu müssen.

Der Mythos der Reise hat laut Shivas ein Pendant, und zwar den Mythos der Ankunft. Wir erleben Ziel und Bewegung in eins. So lehrt uns Shivas, bei der Suche nach zukünftigem Glück den Augenblick zu genießen. Und selbstverständlich ist eine Runde Golf gerade in dieser Hinsicht sehr erbaulich: »Du befindest dich auf einer Reise, bewegst dich aber gleichzeitig im Kreis und kommst stets an den Ausgangspunkt zurück. Je länger du spielst, desto deutlicher wird dir bewußt, daß du nie wirklich von deinem Platz abrückst.« Golfspielend, sagt Shivas, »kommst du dem Geheimnis der Reise auf die Spur, und vielleicht empfindest du sogar Spaß daran.«*

Das Weiß des Balls

Was der Golfball für Shivas bedeutete, wurde kurz angedeutet; was er mir bedeutet, lasse ich lieber ungenannt, und zwar aus folgendem Grund: Seine Symbolik ist so komplex und kryptisch und wirkt sich als solche der Möglichkeit nach derartig gravierend auf das Bewußtsein eines jeden Spielers aus, daß der Versuch, den Ball in seiner »inneren Bedeutung« zu verstehen, in völliger Verwirrung enden kann. Denn der Golfball ist »eine Ikone des Amphibienwesens Mensch, eine Glaskugel en miniature, ein Spiegel des Innenleibes; ein Magnet, der die Seele polarisiert«. In Anbetracht seiner vielverzweigten Bezüge werde ich der Tatsache gewahr, daß jedes Ding in dieser Welt das Ganze reflektiert.

Ein Freund von mir hält den Ball für einen Satelliten, der unser höheres Selbst umkreist und somit die Grenzen eines kleinen Universums absteckt, das es für uns zu beherrschen gilt. Dieses Bild gefällt mir besonders gut, und ich bin sicher, daß es auch den Zuspruch von Shivas Irons und Seamus MacDuff finden würde. Unser Verhältnis zum Ball ist gleichzusetzen mit dem Verhältnis des Allmächtigen zu dessen Werkzeugen und Kräften; seine

* Sooft mir diese Vorstellung vom Golf als Reise-Runde durch den Kopf geht, erinnere ich mich daran, daß das achtzehnte Loch auf dem Platz von Burningbush auf einem ehemaligen Friedhof gelegen ist.

Flugbahn entspricht dem Orbit von Planeten und Sonnen. Der Ball ist also ein Symbol all unserer zentrisch kreisenden Teile, gleichwohl ob geistiger oder physischer Natur. Wir stellen als Spieler den Urakt der Schöpfung nach und schleudern Welten in den Raum, aus purer Lust und um der Ausdehnung willen. Ähnliches formuliert Shivas in seinen Aufzeichnungen: »Auf dem Golfplatz herrschen wir für eine Weile über unser winziges Sonnensystem und spielen Gott: kein Wunder, daß wir so sehr leiden, wenn unser Planet in die Irre fliegt.«

Der Ball ist, wie Adam Greene behauptete, ein Projektil aus der Vergangenheit und in die Zukunft; er erinnert uns an unsere Herkunft als steinzeitliche Jäger und weist hin auf unsere Möglichkeiten der Raumfahrt. Wir können nun das Verhältnis zwischen Projektil und Planet überdenken, zwischen unserem Jäger- und Gottsein; der Jäger, der Golfer, der Astronaut, der Yogi, Gott – all diese Seinsweisen sind im Symbol des Balls angesprochen.

»Der Ball ist allgegenwärtig«, heißt es in den Aufzeichnungen. »Er fliegt über jeden Kontinent, zu jeder Tages- und Nachtzeit. Irgendwann einmal wird er auch über die Oberfläche des Mondes fliegen (und man stelle sich vor, wie weit ein Abschlag dort tragen würde!). Ein faszinierender Gedanke: In jedem Moment schwebt ein Golfball in der Luft.« Immerhin findet zu jeder Zeit irgendwo auf dem Globus ein Golfspiel statt.

In Ruhelage ist der Ball »ein vom Menschen gelegtes Ei«, das ein Versprechen für den nächsten Schlag birgt. Im Flug führt er zu jenem sonderbaren Hochgefühl, das dem Spiel zugrundeliegt. Der Ball »zeigt, daß wir fliegen können – je weiter, desto besser«; er symbolisiert unsere geistigen Flüge hin auf ein Ziel. Und was seine Kugelform anbelangt: Parmenides und andere griechische Philosophen sprachen dem Sein selbst eine Kugelform zu; dieser »runden Wahrheit« gelte es, sich mit »kreisenden Gedanken« zu nähern.

Die Symbole und Assoziationen sind zahllos. Aber wenn alles über den Ball gesagt ist, tritt eine Qualität in den Vordergrund, die mich verwirrt wie keine andere: die Farbe Weiß. In einem bekannten Kapitel aus Herman Melvilles *Moby Dick* steht zu lesen: »Obwohl in vielen Naturdingen die Farbe Weiß für Schönheit bürgt und den Anschein einer besonderen Tugend vermittelt... und obwohl manche Kulturen dieser Farbe einen gewissen Vorrang einräumen... lauert in ihr ein flüchtiges Etwas, das die Seele in Panik versetzt.«

Wie ihr Komplementär, das Schwarz, hat die Farbe Weiß den Charakter des Unbestimmten. Ist gerade das Fehlen einer gewöhnlichen Tönung Grund dafür, daß wir mit ihnen das Nichts verbinden? Fürchten wir Vernichtung, wenn wir ihnen begegnen? »Weiß ist die Mischung aller Farben, schwarz das Weltall«, schreibt Shivas Irons. »Was wäre, wenn jemand einen schwarz bemalten Golfball ins Spiel einführte?«

Das Mysterium des Loches

In keinem anderen Spiel ist das Verhältnismaß von Spielfläche und Ziel so groß. (Man denke zum Beispiel an Fußball, Lacrosse, Basketball, Billard oder Bowling.) Wir spielen auf einer weiten Fläche auf einen relativ winzigen Punkt zu.

Das Ziel ist ausgehoben, führt unter die Oberfläche. Dies wurde mir zum ersten Mal voll bewußt auf unserem Platz in Salinas, wo die Löcher 1949 extrem tief waren (der Greenkeeper hatte sich einen neuen Lochschneider zugelegt). Was für eine merkwürdige Empfindung, so tief in den Boden zu langen! Was verbarg sich da noch, abgesehen von dem Ball?

In Shivas Aufzeichnungen trägt ein Kapitel die Überschrift »Die Psychologie des Durchgangs«; sie enthält eine Liste von »Löchern und Türen, auf die wir im Alltag stoßen.« Dazu gehört eine längere Abhandlung über die Bedeutung des Blicks durch Fenster (der uns nach Meinung Shivas' weniger die jeweilige Aussicht, als vielmehr die Einsicht in unser prinzipielles Eingeschlossensein offenbart), des weiteren ein Aufsatz über Toiletten und sonstige Drainagen von Abrat (Shivas fordert unter anderem dazu auf, bei allgemeinem Unwohlsein den Stuhl zu untersuchen), ein Essay über Bilderrahmen und andere Umgrenzungen von Kunstobjekten sowie ein Katalog von allen »signifikanten Öffnungen« in seiner Wohnung (er hatte offenbar eine sehr gründliche Inventur vorgenommen). Ein Unterabschnitt zählt »Außergewöhnliche Durchbrüche« auf, zum Beispiel eine Konstellation in dem von ihm entdeckten neuen Tierkreiszeichen (siehe »Der Zodiakus für Golfer«) sowie verschiedene Arten mystischer Erfahrung – eine umfangreiche Aufstellung von Formen der Verzückung und Ekstase, von geschichtlichen Persönlichkeiten (wie Jeanne d'Arc, Pythagoras, Sri Ramakrishna, Seamus MacDuff, Echnaton und jener Schuster aus Dundee namens Typhus Magee), von historischen Ereignissen (u. a. der Anfang der Philosophie im sechsten Jahrhundert v. Chr., der erste Flug der Brüder Wright bei Kitty Hawk und ein besonderer Drive, den er im Sommer 1948 geschlagen hatte). Erwähnung finden in diesem Zusammenhang weiterhin bestimmte Orte in und um Burningbush (die er, wie ich glaube, mit Akupunkturstellen am Körper verglich), eine Golfanlage in Peru (wahrscheinlich die von Tuctu, von der er während der Unterhaltung bei den McNaughtons gesprochen hatte), einzelne Aphorismen, philosophische Begriffe und dichterische Zitate (aus den *Upanischaden* bis hin zu einem Limerick, den einer seiner Schüler ersonnen hatte), eine Liste von Zufällen in seinem Leben sowie das unveröffentlichte Manuskript seines Lebens.

Zu den wichtigsten Durchgängen, sagt Shivas, gehören die Sinneswege von Augen, Ohren, Nase und Mund. »Mit der Wahrnehmung äußerer Daten beginnt für den Menschen die Suche nach Auswegen.«

Weiter heißt es in den Aufzeichnungen: »Auswege zu suchen, bestimmt fast zwanghaft unser Leben, Auswege aus der Ignoranz, der Isolation und Gefangenschaft. Erinnerung, Reise, Entdeckung, Ekstase – dies sind Mittel und Wege, um aus unserer Haut herauszukommen.«

Interessanterweise wird der Fairway mitsamt dem Grün, den Roughs und Bunkern ein »Loch« genannt; das winzige Ziel also kennzeichnet die gesamte Spielfläche. »›Wie viele Löcher hast du gespielt?‹ wird in der Regel gefragt, nicht: ›Wie viele Fairways?‹ oder ›Wie viele Abschläge?‹« Diese Sprechweise berücksichtigt, worauf es beim Golfspiel letztlich ankommt.

Einer der originellsten Gedanken zu diesem Thema stammt von Jean-Paul Sartre, der gegen Ende des vierten Teils von *Das Sein und das Nichts* auf die Psychologie des Lochs zu sprechen kommt. Ich kann mich nicht erinnern, in Shivas' Notizen ein Sartre-Zitat gefunden zu haben; dennoch sind die Überlegungen beider verblüffend ähnlich. Der französische Philosoph war zwar zugegebenermaßen kein guter Golfspieler, doch seine Bemerkungen zum Mysterium des Loches lassen vermuten, daß er auf dem Platz Niederlagen und Triumphe erlebt hatte. »Ein Loch ausfüllen«, sagt er, »bedeutet ... ursprünglich, meinen Körper opfern, damit die Seinsfülle existiert ...« (Jeder Golfspieler wird diesen Satz unterschreiben.) »Wir erfassen hier eine der fundamentalsten menschlichen Tendenzen an ihrem Ursprung: die Tendenz, *zu erfüllen* ... Einen großen Teil unseres Lebens verbringen wir damit, Löcher zu stopfen, Leeres auszufüllen, das Volle symbolisch zu verwirklichen und zu gründen.« Das Volle zu verwirklichen! Für mich gibt es kaum eine treffendere Formulierung. Ebenso grundlegend ist auch das Verständnis von jenem essentiellen Akt der Opferung, symbolisch nachvollzogen durch das Einlochen des Balls (Selbstopferung und Wiedergeburt!). Shivas schreibt: »Wegwerfend finden wir uns wieder ... Zu jeder Zeit befindet sich irgendwo ein Ball im Flug ...« Ein Loch mit unserem Ball zu füllen, heißt, die Fülle des Lebens neu zu begründen.

Zum Wiedereinsetzen eines ausgeschlagenen Rasenstücks

Shivas meint, daß das Zurückpflanzen eines Divots eine beispielhafte Sühne sei für unsere Erzschuld und der Wiederherstellung einer zerrütteten Freundschaft gleichkomme. »In dieser freundschaftlichen Gesinnung sollten wir uns unseren Mitmenschen, unserem Land, unseren Werkzeugen, den unsichtbaren Mächten und Gott gegenüber verhalten, dessen Welt wir zur Pflege haben. Golf ist ein Spiel mit Waffen, die schlagen. Um es auch weiterhin ausüben zu können, muß jeder Akt der Zerstörung Wiedergutmachung finden. Jeder Spieler, der sein Divot nicht zurücklegt, fällt unangenehm auf und verrät, daß er sich auch außerhalb des Platzes verantwortungslos und nachlässig verhält.«

Das Wiedereinsetzen eines Divots ist »eine Übung zum allgemeinen Wohl«, die überdies daran erinnert, daß »Golfer fest zusammenstehn«. Würden sie die Schäden, die ihr Spiel anrichtet, nicht beachten, gäbe es bald kein Golf mehr.

Ein Spiel für das vielseitige Amphibienwesen

Bobby Jones führt (wie fast alle Kenner) den großen Reiz des Spiels auf den Umstand zurück, daß Golf im kleinen beschreibt, was die menschliche Lebensweise im großen ausmacht, und dazu gehören Elemente der Komödie, der Tragödie, der Mühsal sowie des Leids und der Ekstase. Shivas zitiert gern aus der Religio Medici, vor allem aus jener Passage, die den Menschen definiert als »... das große und wahre Amphibienwesen, dem im Unterschied zu anderen Lebewesen kein bestimmtes Milieu zugewiesen ist, sondern disparate Welten Wohnstatt sind.« Er behauptet, daß das Golfspiel dieser amphibischen Natur auf einzigartige Weise Rechnung trägt; in ihm finden die verschiedensten Fähigkeiten physischer und psychischer Art sinnvolle Anwendung.

Ich brauche wohl nicht ins Detail zu gehen, um diesen Punkt klarzumachen. Sie wissen bestimmt genug über lange und kurze Schläge, über Wettereinflüsse, Luft- und Grasverhältnisse, über mentale Voraussetzungen, all die Erfolgswünsche und Enttäuschungen, von denen es so viele Geschichten gibt, auch über die Geduldsproben und gemeinen Frustrationen, über Selbstmordgedanken und Hoffnungen auf Ruhm. Wer hätte nicht schon einmal seinem golfspielenden Freund über einen drohenden Nervenzusammenbruch hinweggeholfen oder dessen neuester Theorie zum Spiel geduldig zugehört? Wie oft haben wir die Dramen miterlebt, die nicht selten, heiter begonnen, in einer Katastrophe Learschen Ausmaßes enden – und das auf nur einer Spielbahn? Unvergeßlich ist mir ein Freund, der sich nach einem Abschlag das Leben nehmen wollte und dann, nachdem er eingelocht hatte, allen Ernstes erklärte, nie zuvor in seinem Leben glücklicher gewesen zu sein. Es gibt wohl kein zweites Spiel, das den einzelnen derartig leidenschaftlich bewegt.*

Shivas erfreute sich an der immensen Komplexität des Spiels, die er stets noch weiter auszubauen trachtete, um

* Einfühlsam behandelt dieses Thema Arnold Haultain in seinem Buch *The Mystery of Golf*.

seiner unstillbaren Abenteuerlust nachzukommen. So riet er seinen Schülern zum Beispiel, durch Geschrei und wilde Sprünge nervliche Überbelastungen abzubauen. Jeder sollte, wie er sagte, seinen Gefühlen unmittelbar Ausdruck verleihen; »wir dürfen uns von den Konventionen nicht einengen lassen. Zwar gelten für jedes Spiel notwendigerweise bestimmte Konventionen, Grenzen, die sein Zustandekommen überhaupt erst ermöglichen, aber unter einer allzu starren Auslegung leiden Körper und Seele.« Deshalb sei es mitunter durchaus angebracht, zu toben, zu singen und zu schreien. (Ich möchte allerdings gleich eine Warnung hinterherschicken, denn Versuche, diesem Rat zu folgen, haben mir schon manchen Ärger eingebracht. Vielleicht wäre es doch besser, Anwandlungen dieser Art an geeigneterem Ort auszuleben, etwa auf dem Fußballplatz oder in der Turnhalle. Dennoch ist es äußerst interessant zu erfahren, wie sich die Betätigung von Muskeln und Organen, die beim Golf sonst vernachlässigt werden, auf den Spielverlauf auswirkt.)

Dasselbe gilt auch für andere Äußerungen. Nachdrücklich weist Shivas darauf hin, daß unser »emotionaler und mentaler Leib« ebenso trainiert werden müsse wie unser physischer Leib. Darum ist »Poesie, Musik, Drama, das Gebet und die Liebe« gleichfalls essentiell für das Spiel. »Für den, der Golf wirklich ernst zu nehmen versucht, ist dieser Katalog unendlich erweiterbar.«

Über einen Golfschlag auf dem Mond

Mit Fug und Recht läßt sich behaupten, daß Golf das erste Spiel ist, daß auf außerirdischem Boden gespielt wurde. Es war in der Tat eine Sternstunde für alle Golfer weltweit, als Astronaut Alan Shepard mit einem Eisen 6 in der Fra Mauro Region des Mondes zwei Bälle schlug. Dies geschah ausgerechnet zu der Zeit, da ich das vorliegende Buch schrieb. Was für ein Synchronismus der Ereignisse! Er bewahrheitete Shivas Irons' Wort von der mächtigen Schicksalhaftigkeit des Spiels. Als mich die Nachricht erreichte (ich hatte die Fernsehübertragung nicht gesehen), war mein erster Gedanke, daß diese beiden Schläge nur von Shivas (aus seinem weltlichen Versteck heraus) oder Seamus MacDuff (aus seinem außerweltlichen Versteck heraus) initiiert sein konnten. Aber meine schwärmerischen Spekulationen erhielten einen Dämpfer durch den zusätzlichen Nachrichtenhinweis, daß Shepard und sein Golflehrer Jack Harden diesen Coup schon lange vorher geplant hatten. Dennoch konnte ich von dem Gedanken einer subtilen Affinität nicht ablassen. Golf auf dem Mond! Und eine Kommandokapsel namens Kitty Hawk! (Shivas hatte das Ereignis bei Kitty Hawk als einen »Außergewöhnlichen Durchbruch« bezeichnet und jahrelang gemeinsam mit Seamus über die Möglichkeit des Flugs in einem »leuchtenden Körper« nachgedacht.)

Ich frage mich, wie viele Golfer ähnlich empfunden haben. Unsereins ist sehr empfänglich für das, was sich am Rand der Möglichkeit abspielt (das Spiel hat uns oft genug auf harte Proben gestellt); und wir sind hellhörig, wenn es um Anzeichen kosmischer Bedeutungen geht.

Das Ereignis enthält allerdings auch ein paar Implikationen, die weniger optimistisch stimmen. Ein Freund von mir, der ein wachsames Auge hat für Ungerechtigkeiten und Intrigen, entdeckte sofort eine häßliche Seite am genannten Ereignis. Er interpretierte Shepards Golfschläge als eine wenn auch unbewußte, aber darum nicht minder arrogante Geste nach dem Motto: Da, schaut her, der Mond ist unser kleiner »Country Club« und wir, die Wasps (White Anglo-Saxon Protestants), demonstrieren hiermit unseren Anspruch darauf. Diese Deutung paßte mir ganz und gar nicht in den Kram; ich wollte am erhabeneren Bezug festhalten und fragte mich, was wohl Seamus, der ja zur Hälfte Schwarzer war, von diesen vermeintlich kulturimperialistischen Schlägen mit Eisen 6 halten würde.

Was die Person von Alan Shepard angeht, bleiben für mich noch weitere Fragen offen. Was mochte diesen Mann bewogen haben, einen so primitiven Schläger zu entwerfen, ihn mitsamt jener »hitzebeständigen« Bälle an Bord zu schmuggeln und ein Milliarden-Dollar-Desaster zu riskieren, zu dem möglicherweise schon ein fliegender Divot oder ein Tränenrinnsal im Raumanzug hätte führen können? Wie konnte er sich inmitten der Wunder und Schrecken des Mondes zu einer solch monumentalen Trivialität hinreißen lassen? Wieder einmal war der latente Wahnsinn des Spiels zum Ausbruch gekommen, dachte ich beim Rätselraten über Shepards Motive.

Ob ihn die NASA aus Public-Relations-Gründen dazu angestiftet hatte? War der Behörde etwa daran gelegen gewesen, dem Unternehmen eine humorvolle Note zu verpassen, oder wollte sie sich die Unterstützung golfspielender Senatoren mit Einfluß sichern? Womöglich war Shepard auch nur eine Wette mit hohem Einsatz eingegangen (in seinen Jahren als Astronaut hatte er jede Menge Geld gemacht). Oder konnte es nicht doch sein, daß er als leidenschaftlicher Golfer die einmalige, geschichtliche Chance ergriffen hatte, einen Ball meilenweit zu schlagen? Vielleicht hatte das kollektive Unterbewußtsein der gesamten Golfwelt Einfluß genommen und Shepard zum Werkzeug gemacht, um der millionenfach gehegten Hoffnung auf einen geschlagenen Ball, der auf ewig weiterfliegt, ein Stück näherzukommen. Und in der Tat, aus dem Weltall tönte es: »Er fliegt und fliegt und fliegt ...« Alan Shepard schrie allen Golfern aus der Seele, die danach trachten, einen Ball in die Umlaufbahn zu schicken und wie Gott zu sein.

Ja, ja, Shivas hatte recht; das Spiel läßt tief blicken.

Der Innenleib

A: Als Erfahrung

Als mir Shivas die mitternächtliche Lektion erteilte und mich flüsternd aufforderte, den Innenleib wahrzunehmen, ahnte ich gleich, was er meinte, obwohl sich mein »gesunder Menschenverstand« sträubte. Psychologen würden wohl sagen, daß er lediglich meinen kinästhetischen Sinn beziehungsweise meine Eigenwahrnehmung zu stärken versuchte, um mir die Signale bewußt zu machen, die von den Muskeln ausgehen. Oder sie würden sagen, daß er mich für das »Körperbild« empfänglich machen wollte, für die fließende Gestalthaftigkeit, die sich aus der Gesamtheit körperlicher Empfindungen zusammensetzt. Auf diese Weise wäre Shivas' Hinweis wissenschaftlich zurechtgestutzt worden. Immerhin sind ja Psychologen vernünftige Leute und darum bemüht, die menschliche Psyche aufgeräumt und verständlich zu halten, was ihnen weiß Gott nicht leicht fällt mit ihren arg limitierten Hilfsmitteln und Methoden. Begriffe wie der »Innenleib« oder das »Höhere Selbst« bereiten ihnen größte Schwierigkeiten. Die komplette Psycho-Kosmologie von Irons und MacDuff bleibt für sie ein Buch mit sieben Siegeln.

Shivas aber richtete in jener Nacht meine Aufmerksamkeit auf viel komplexere Zusammenhänge, von denen der kinästhetische Sinn oder das sogenannte Körperbild lediglich ein Teil ist. Der Innenleib war für ihn nicht bloß eine Metapher oder ein Denkmodell, sondern eine klar ersichtliche, unbestreitbare Realität unserer Alltagserfahrung. Und für den, der sie wahrzunehmen vermochte, öffnete sich eine Tür zu wundersamen Regionen.

Es gibt allerdings Psychologien, die diesen Dimensionen menschlicher Erfahrung durchaus Rechnung tragen, und zwar seit Tausenden von Jahren. Die Erinnerung daran hat mir sehr geholfen. Zum Beispiel weiß die indische Psychologie einiges zu diesem Thema zu sagen; der »feinfühlende« Körper wird hier als *sukshma sharira* begrifflich erfaßt; die Upanischaden beschreiben verschiedene *kosha* oder »Seelenhüllen«; aus kontemplativen Übungen tantrischer Yogis entstand die Wissenschaft von der inneren Anatomie, die Auskunft gibt über seelische Kräfte. Diese esoterischen Anatomien zeigen eine auffällige Verwandtschaft zu entsprechenden Systemen aus afrikanischen, chinesischen und indianischen Kulturen. Überall dort behauptet sich seit Jahrhunderten eine Anatomie des Innenleibes. Erkenntnisse dieser alten Psychologien berühren seit einiger Zeit auch die Randbezirke der argwöhnischen Wissenschaften des Abendlandes, was nicht zu verhindern war, da diese Erkenntnisse von fundamentaler und ununterdrückbarer Bedeutung sind.

Ich will nun etwas genauer auf den Begriff eingehen, der hier zur Verhandlung steht. Der erste Wortteil weist hin auf die subjektive Qualität des bezeichneten Phänomens sowie auf den Umstand, daß dieser andere Leib, nämlich der *innere*, in unserem äußeren, physischen Körper eingeschlossen ist oder – zutreffender formuliert – dort seinen natürlichen Platz hat. Denn Shivas erwähnte ausdrücklich (und ich machte auch selbst die Erfahrung), daß der Innenleib nicht begrenzt ist auf den physischen Bau, den er bewohnt. Vielmehr ist er so aufgeschlossen und frei wie eine Flamme im Vergleich zu einem Felsblock. Die Bezeichnung »Leib« könnte gleichfalls mißverstanden werden als ein Ding mit begrenzter Ausdehnung. Nach dem Verständnis von Shivas Irons nimmt der Innenleib jedoch keinen definierbaren Raum ein, sondern er ist zu begreifen als ein operatives Zentrum, das wie eine Flamme flackert und tanzt und mitunter alarmierende Proportionen annimmt. Es kann die Grenzen des Alls durchstoßen und Zeitluken öffnen, so daß wir uns plötzlich an einem anderen Ort wiederfinden, in einem anderen Körper oder überall gleichzeitig.

Den Begriff angemessen zu definieren, ist ein frustrierendes Unterfangen. Der Intellekt steht meist dumm vor solchen Phänomenen. Eine Annäherung erscheint nur möglich unter Zuhilfenahme von Poesie, Mathematik, Philosophie und Musik. Schließlich muß es der Phantasie überlassen bleiben, die Wirklichkeit einzuholen.

Wir überquerten die letzte Spielbahn in Richtung auf die Altstadt von Burningbush. Es war still, und weich zog die Dämmerung herauf. Hinter uns lag der Platz wie ein ruhender See. Meine Stimmung hätte nicht besser sein können. Plötzlich hörte ich ein Geräusch. War es ein Knistern im Ohr oder das Zirpen einer Grille? Der Laut ließ sich nicht orten. Ich ging weiter, begleitet von diesem unbestimmbaren Laut, der sanft und rhythmisch Wellen der Begeisterung in mir auslöste.

Diese Erfahrung war meine erste Lektion in Sachen Begrenzung, denn als ich das Grün erreichte, fragte mich Shivas, ob ich die Kirchenglocken hörte, die zum Abend läuteten. Kaum hatte er diese Frage ausgesprochen, da sprang die Klangquelle aus meinem Inneren hinüber zum alten Kirchturm. Die Bestimmung der Herkunft hatte eine Grenze gezogen zwischen mir und dem Laut.

Etwas Ähnliches passierte während unserer mitternächtlichen Exkursion. Als ich zu jener Konzentration fand, die mir Shivas abverlangte, spürte ich, wie sich mit dem Flug des Balls mein Körper ausdehnte. Er hatte gesagt, daß Schläger und Ball eine Einheit bildeten, und: »Immer schon ein Feld, schon vor dem Schwung.« Ich erinnere mich gut an diese Worte, denn sie trafen zu. Ich war tatsächlich Zentrum dieses Kraftfelds und spürte, als der Ball gegen die Felswand traf, den Aufprall im Bauch, einen Stoß, als hätte mich ein kleines Kind geboxt. Shivas, dem ich davon berichtete, sagte, daß auch er den Stoß gefühlt habe.

Der Innenleib steht wie die wahre Gravitation außerhalb unserer westlich geprägten Anschauung. Akademisch geschulte Psychologen werden dessen Realität wohl nie anerkennen, es sei denn, sie stoßen selbst darauf.

Maler und Poeten dagegen haben sich ihr längst genähert. El Grecos »Toledo im Wetterleuchten« und seine religiösen Bilder flackern himmelwärts durch wirbelndes Gewölk. »Seine Rhythmen galoppieren dem Verstand davon«, urteilte ein berühmter Kunstkritiker. Die Energie des Innenleibes bricht sich Bahn und nimmt alles in ihren Sog mit auf, sogar den kritischen Verstand. Der Maler Matthias Grünewald war sich dieser Energie vollauf bewußt. Heiligenscheine umkränzen viele seiner Gestalten; ihre subtilen Leiber sind explizit hervorgehoben. Zu Lebzeiten des Künstlers, also um die Wende zum sechzehnten Jahrhundert, gehörten Aureolen und okkulte Phänomene zur Alltagserfahrung; mit Engeln oder Dämonen wurde Zwiesprache gehalten. Doch was früher Ausdruck feinsinniger Visionen war, ist in unserer säkularisierten Welt nur noch verkitschte Konvention: Aus Heiligenscheinen wurden goldene Accessoires, aus Engeln kleine Puttenpummel. Wie stellt man einen Heiligenschein von der Seite dar? Zwei- oder dreidimensional? Keiner weiß, wie er aussieht.

Zeitgenössische Künstler haben Ausdrucksformen entworfen, um die innere Zerrissenheit des Menschen darzustellen. Picassos »Guernica« zeugt von der seelischen Verstümmelung, der Qual und den Schrecken des Krieges im zwanzigsten Jahrhundert. Der Innenleib kann amputiert und zertreten werden. Die Opfer vegetieren in Irrenhäusern, in zerrütteten Familien oder in den Ghettos der Großstädte. Warum sagt man heute, das Herz sei *gebrochen* oder die Persönlichkeit *gespalten*? Im Grunde ist die Rede von der Verletzung der Substanz, von klaffenden Wunden des Innenleibes, die sich unweigerlich auch auf unseren physischen Organismus auswirken. Wir kennen diese Schmerzen. Picasso hat unseren kriegsversehrten Seelen den Spiegel vorgehalten.

Es könnte der Einwand erhoben werden, daß sich Maler und Poeten lediglich in Metaphern und Symbolen äußern. Doch auch dann büßen die Werke nichts von ihrer Wirkung ein: Sie führen uns vor reale Gestalten und Kräfte unsichtbarer Welten. Ich denke, daß sich viele Menschen aus einem ganz bestimmten Grund in Museen und Gemäldegalerien langweilen. Stumpfsinn ist nämlich ein Schutz vor unheimlichen Übergriffen. Denn:

> Gespenster und monströse Geister, die es wagten,
> sich Körperstatus anzumaßen,
> Verschwinden wieder ohne Spur,
> und sichtbar bleiben Körper nur.

Diese barocken Zeilen beschreiben das Licht bei Tagesanbruch – und verweisen auf dunkle Schleusen zwischen dieser Welt und einer jenseitigen.

B: Als Faktum

Die Universitätsbibliothek von Stanford besitzt eine große Sammlung von Büchern über Mystizismus und Okkultismus. Thomas Walton Stanford, der Bruder des Gründers, interessierte sich für diese Themen und spendete der Universität sehr viel Geld für Forschungszwecke. Er überließ ihr außerdem einen umfangreichen Fundus an theosophischen Schriften und Dokumentationen über Apporte. (Ein Apport ist die Materialisation von Ektoplasma oder subtilen Substanzen, die während einer Séance mit Toten zutage tritt.) Jahrelang habe ich mich in dieser großartigen Sammlung umgesehen und verstaubte Bücher durchblättert, die seit ihrer Drucklegung unangetastet geblieben waren. Dabei machte ich die Entdeckung, daß die systematische Erforschung der Phänomene des Innenleibes seit der Gründung der *British Psychical Research Society* im Jahre 1882 sehr weit gediehen ist. Nach meinen Schätzungen liegen mittlerweile mehrere tausend unabhängige Untersuchungen vor, die der Frage nachgehen, was an den alten Berichten über Aureolen, Telepathie, Hellsichtigkeit, postmortales Leben und ähnliche Erscheinungen nachprüfbar ist. Amerikanische und britische Forschungsgesellschaften haben beeindruckende Methoden entwickelt und eine fast unüberschaubare Fülle von Publikationen vorgelegt. Wenn den Urhebern zu trauen ist – und wie William James genießen viele von ihnen auch als Experten auf anderen Gebieten großes Ansehen –, zwingt uns die Beweislage anzuerkennen, daß wir in der Tat einen Innenleib besitzen, der den physischen Tod überlebt, in Schlaf oder Trance ferne Orte bereist und wandelbar ist, was Gestalt und Größe anbelangt. Dieser Sachverhalt ist nicht nur für hellseherisch begabte Personen erkenntlich, sondern offenbart sich auch anderen – oft unvermutet – durch Erscheinungen und Visionen besonderer Art. Es gibt eine von alters her tradierte Anatomie des Innenleibes, und viele Versuche wurden unternommen, das gesammelte Wissen über seine Struktur und Funktionsweise zu systematisieren. Das Buch *Human Personality and Its Structure of Bodily Death* ist ein solcher Versuch; es wurde kompiliert von Frederic Myers, dem zu Unrecht kaum beachteten Genie der parapsychologischen Wissenschaft. (Auf ihn geht unter anderem der allenthalben gebräuchliche Begriff »Telepathie« zurück.) All die anderen Werke zu diesem Thema aufzuzählen, würde hier zu weit gehen. Wer sich kundig machen will, braucht nur irgendein Buch über ESP (außersinnliche Wahrnehmung) aufzuschlagen, um über die darin enthaltenen Literaturangaben zu anderen Werken vorzustoßen. Ein Buch verweist auf eine Vielzahl anderer Bücher, und so kann jeder seinen eigenen Weg wählen durch eine Welt der Forschung, Spekulation und Überraschung, die, im Jenseits der rationalistischen Welt des Westens gelegen, größer ist als gedacht.

C: Als leuchtender Körper

Shivas und sein Lehrer haben eine Theorie entwickelt, wonach fast jeder größeren Entdeckung aus jüngerer Zeit eine korrespondierende Kraft zuzuordnen ist, die, wäre sie vom Menschen erkannt und aus ihm heraus entwickelt worden, alle technischen Hilfsmittel überflüssig gemacht hätte. Zum Beispiel: Uns wäre es auch ohne Flugzeuge möglich, fliegen zu lernen, wenn wir mit der »wahren Gravitation« umzugehen und richtig zu atmen verstünden (oder wir könnten phantastische Golfschläge mit einfachen Holzknüppeln hinlegen, wenn uns die Geheimnisse des »Innenleibes« vertraut wären). Diese Vorstellung ist natürlich nicht neu. Die Alchimisten und Gnostiker haben sich darüber auch schon ihre Gedanken gemacht; noch älter sind die entsprechenden Zeugnisse aus den vedischen Hymnen.

»Oh, Sohn der Energie«, heißt es im Rigveda (VIII, 84.4 – angesprochen ist die Bewußtseinskraft, die in der menschlichen Seele wohnt und allen Dingen zugrundeliegt), »andere Flammen sind nur Zweige deines Stamms.« Im Zentrum des menschlichen Bewußtseins wirkt dieselbe Kraft, die »in den Wassern (ist) und in den Wäldern, in festen Dingen und bewegten und selbst im Stein...« Die vedischen Rishi glaubten, daß durch diese ursprüngliche Verbindung zwischen der Menschenseele und dem Agni (dem Urfeuer) ihm, dem Menschen, die Möglichkeit erwüchse, dessen Kraft für sich zu nutzen. Wer diese Verbindung entdeckte, würde – nach Meinung der Rishi – zu jenem höchsten Wesen aufwachsen, dem alles Seiende entspringt, und auf dem Weg dahin Manifestationen dieses Wesens in Erscheinung treten sehen. Zum Beispiel würde der eigene Körper zu glühen anfangen im Glanz des Ersten Lichts. Eine Ahnung von diesen inneren Kräften hat El Greco in seine religiösen Bilder einfließen lassen, und in byzantinischen Mosaiken schimmern goldene Aureolen. Emanationen der inneren Leuchtkraft fanden über viele Jahrhunderte hinweg ihren sichtbaren Ausdruck in der abendländischen Kunst und wurden der unterschiedlichen Form und Größe nach typisiert als Mandorlen, Nimbusse und Aureolen.

Daß Shivas Irons und Seamus MacDuff anscheinend kaum Schlaf nötig hatten, war in der gesamten Grafschaft Fife schon fast legendär. Aber wie läßt sich das erklären? Der Relativitätstheorie und anderen Modellen der modernen Physik zufolge steht Energie immer auch in Korrelation zur Struktur einer Masse. Auf diese Erkenntnis führe ich jenes merkwürdige Erlebnis zurück, das ich hatte, als Shivas damals am dreizehnten Loch abschlug. Obwohl mein Verstand spontan streikte, ahnte ich, daß dort etwas Außergewöhnliches geschehen war. Ich glaube, es hatte zu tun mit dem Verhältnis zwischen der Beschaffenheit der Spielbahn insgesamt und Shivas' Körper. Es kann kein Zweifel bestehen, daß sich dort – von Shivas wie auch immer ausgelöst – eine phantastische Energie manifestiert hatte, ohne daß dafür Elektronenbeschleuniger oder sonstige Hi-Tech-Apparate in Einsatz gebracht worden wären.

»Die Überwindung der gewöhnlichen Schwerkraft ist ein Privileg des leuchtenden Körpers«, heißt es in den Aufzeichnungen. An anderer Stelle steht ein Satz, der mir rätselhaft bleibt: »Wenn es mir jemals gelingt, mit ihr zu atmen, kann ich die Schlucht im Flug überqueren.« (Worauf bezieht sich dieses »ihr«?) Es gibt noch andere Hinweise auf die Möglichkeit zu fliegen. Shivas versuchte lange Zeit, sich an die Stelle des fliegenden Balls zu versetzen, die Flugbahn in seinen Innenleib zu integrieren; er meditierte über den Segelflug der Möwen vor der Küste von Burningbush; er beschäftigte sich mit mathematischen Formeln zur Schwerkraft und spekulierte über ihr Verhältnis zur Musik. Vor allem aber arbeitete er daran, die Inspiration innerer Freiheit auf seinen Körper zu übertragen. Seine Trancezustände nannte er »Ausflüge nach oben«, das Körpertraining dagegen »Ausflüge nach unten«, das heißt zu den Urkräften, die, aus Ekstasen geschöpft, allmählich seinen Organismus modifizierten. (Aurobindo legte in seiner Arbeit einen ähnlichen Schwerpunkt; wohl deshalb schätzte Shivas den indischen Seher.) In einer Passage seiner Aufzeichnungen spekuliert er über die Möglichkeit einer Umwandlung seiner Körperorgane in leuchtende Zentren, wovon er sich all das versprach, wonach wir uns insgeheim sehnen. »... aus dem Herzen wird ein wärmendes Feuer, aus den Lungen werden Flügel und aus den Geschlechtsorganen flammende Schwerter der Liebe ...« Seiner fröhlichen Alchemie zufolge verwandelte sich der Körper selbst schließlich zu Gold.

Einige Bemerkungen zur wahren Gravitation

Als ich die Arbeit an diesem Buch begann, hatte ich vor, ein Glossar der Begriffe anzulegen, die für die Kosmologie von Irons-MacDuff grundlegend sind. Aber schon bald wurde mir klar, daß diese Begriffe viel zu komplex sind, um eine knappe Definition für sie zu finden. Beispielsweise wären zur Bestimmung der »wahren Gravitation« unter anderem Fotografien nötig (wie diejenigen aus Shivas' Wohnung), mathematische Demonstrationen, Musik und lange Abhandlungen in dichterisch philosophischer Manier. Aber selbst das reichte nicht aus. Ein umfassendes Verständnis würde außerdem eine Runde Golf mit Shivas oder eine nächtliche Übung mit Seamus' Holzknüppel voraussetzen.

Das Vokabular von Shivas enthält eine Anzahl von Begriffen, die mit dem der »wahren Gravitation« in etwa übereinstimmen. Zum Beispiel: »fühlende Potenz«, »Herzmacht« oder das Sanskrit-Wort *chit*, das sich mit »Bewußtseinskraft« übersetzen läßt. In Verwandtschaft dazu stehen Begriffe und Redewendungen wie: Gravitation mit liebendem Blick, schimmerndes Körperfeld, MacDuff-Leib, pythagoräische Einheit, PK(psychokinetisches)-Feld, atmende Dreschkelle, galaktisch-ekstatisches-*Hole-in-one*-Erlebnis, achtzehn Löcher auf dem »Milchstraßen-Fairway« (wie gesagt sah Shivas in etlichen Konstellationen Golffiguren nachgebildet) und natürlich alle Wörter, die sich auf den »Innenleib« beziehen.

All diese Wendungen bringen wesentliche Konnotationen zum Ausdruck, die »wahre Gravitation« hervorruft. Gemein ist ihnen das Ineinandergreifen von Bewußtsein, Empfindung und Gefühl (auch: Mitgefühl im Sinne einer Kraft, die Fremdes umschließt und sich so zu eigen macht). Diese drei Kräfte wirken in nahezu allen Existenzformen zusammen, auch wenn die moderne Welt und die herrschende Ideologie sie zu trennen versuchen. Wahre Gravitation ist einerseits empirisch nachweisbar, andererseits eine weltimmanente Generalkraft, eine allgegenwärtige »Herzmacht« oder »fühlende Potenz«, die alles Seiende durchdringt. Sie ist der dynamische Aspekt der Wirklichkeit schlechthin und entspricht darin dem *Shakti* der tantrischen Philosophie. Diese Doppelbödigkeit mag der Grund dafür sein, warum wir uns im Westen mit dieser Idee so schwertun. Außerdem haben wir nie gelernt, Bewußtsein und Gefühl als Kräfte zu verstehen, obwohl uns Redewendungen wie »persönliche Anziehungskraft« oder »Gewicht einer Entscheidung« durchaus geläufig sind – wenn auch nur im übertragenen Sinne.

Mit Hilfe der von Sir Isaac Newton mathematisch formulierten Gravitationsgesetze lassen sich mechanische Bewegungen kalkulieren und kontrollieren. »Wahre Gravitation« aber ist mit der Newtonschen Physik nicht zu beschreiben; sie greift absichtsvoll ins Weltgeschehen ein und harmonisiert alles Disparate, so letztlich auch den Umgang des Menschen mit der Natur. Es ist gut, daß der Mensch Macht ergreift und ausübt, aber sie muß mit den Kräften des Bewußtseins und des Gefühls im Einklang stehen – letztlich (laut Pythagoras) »mit dem Willen Gottes«.

In diesen Zusammenhang paßt auch ein anderer Begriff aus der Kosmologie von Irons-MacDuff, nämlich »die nächste Manifestationsebene«. Die Welt strebt beständig einer volleren Seinsweise zu; den Weg dahin bahnt die wahre Gravitation. GOTT ERWACHT steht als Überschrift über einer von Shivas' schematischen Darstellungen. Die moderne Wissenschaft untersucht lediglich die Oberfläche der auftauchenden Realität – also nur einen winzigen Teil des göttlichen Willens. Ähnlich kurzsichtig ist die westliche Mentalität im Durchschnitt, ein Befund, der auch jene Golf-Handbücher einschließt, die nicht mehr zu bieten haben als Tricks und Techniken. Darum legte Shivas in seinem Golfunterricht um so größeren Wert auf die Vermittlung dessen, was wahre Gravitation und Innenleib bedeuten.

Wahre Gravitation ist eine universale Kraft, ein ethischer Imperativ und eine überwältigende spirituelle Erfahrung.

Wahre Gravitation ist intentional. Konkret heißt dies: Wer sich dieser Kraft fügt, kann nicht mehr eigenmächtig, willkürlich handeln; er muß lernen, seinen Willen in Übereinstimmung zu bringen mit dem mehr und mehr in Erscheinung tretenden Willen Gottes, oder anders ausgedrückt: er muß ökologisch harmonieren mit der erwachenden Welt, nicht mit der »alten, statischen, sterbenden Welt«, sondern mit der »nächsten Manifestationsebene«, wie sie sich in und um uns herum entfaltet. Moderne Wissenschaft ist eine Art schwarzer Magie, die aus einem begrenzten und fehlgerichteten Bewußtsein heraus über die Natur zu herrschen versucht. Wie alle schwarze Magie verursacht sie einen »okkulten Rückschlag«, der die Welt zugrunde richten würde, wenn ihr nicht der mäßigende und korrektive Einfluß jener Bewußtseinsform entgegenwirkte, die Shivas anstrebte. Gott zielt ab auf die Vollkommenheit seines Seins in der Welt; ein Nischendasein wäre ihm zu wenig. Darum wird er »das moderne

Unwesen wie eine abtrünnige Spezies verwerfen und sich den Weg freimachen für ein größeres Leben.« Als ich diese Zeile zum ersten Mal las, lief es mir kalt den Rücken herunter. Heute erscheinen mir die Worte prophetischer denn je.

Wenn wir den Anschluß an diese Macht nicht finden, reagieren Körper, Geist und Seele mit zahllosen Störungen. »Tausend schmerzhafte Symptome weisen darauf hin, daß wir den rechten Pfad verlassen haben.« Wenn wir aber unsere Sinne schärfen für die wahre Intention, »empfangen wir immer wieder Signale, auf die wir unseren Kurs ausrichten können.« Shivas arbeitete an einer »Hamartiologie des Golfspiels«, einer Wissenschaft, die den Irrtum offenlegt, um Korrekturen zu ermöglichen.

Die Entdeckung der wahren Gravitation ist ein Abenteuer von unvorstellbarer Konsequenz und Größe, und »wir erzittern in ihrer Nähe«. Nach Meinung meiner schottischen Lehrer verhindern Hedonismus und moderne Technologie die Erfahrung von Ekstase und Erleuchtung; sie sind wie die Roughs und die Bunker, die den Abbruch des Golfspiels erzwingen können.

Shivas' Aufzeichnungen sind voller Hinweise auf dieses Abenteuer. In einem Abschnitt ist die Rede von »Energiebahnen, die jeden Golfball lenken, der in wahrer Gravitation geschlagen wird«. Daß ich mir bei meinen ersten Schlägen auf der Anlage von Burningbush Vorstellungen machte von der optimalen Flugbahn des Balls, war, wie ich nun glaube, ein erster Schritt in Richtung auf jenen bewußten Prozeß der Antizipation, den er MacIver beizubringen versuchte. Viele Golfer bereiten sich auf ihre Schläge ähnlich vor, vielleicht auch Sie. Shivas entwickelte daraus eine hohe Kunst. Die Flugbahn des Balls zu antizipieren, kann tatsächlich dazu führen, daß Energiebahnen vom Spieler auf das Ziel ausstrahlen, Energiebahnen, von denen der Ball geführt wird. Ein Grund für die beim Golf vorherrschende Stille liegt sicherlich darin, daß Spieler und auch Zuschauer etwas von jener okkulten Potenz spüren, die ständig unterschwellig wirkt, aber, wie Shivas bemerkt, »durchaus störanfällig ist«.

Weiter heißt es in den Aufzeichnungen: ». . . und alle spüren, daß ich plötzlich neue Kräfte gesammelt habe, voller Vorahnung bin und unsichtbare Arme ausstrecke, so viele wie Shiva. Campbell und MacIver sind wohl halbwegs dahintergestiegen, daß ich heute mit zusätzlichen Armen und Beinen spielte und mit einem Innenleib, so ausgedehnt wie das Grün. Indische Künstler haben uns ein Bildnis Gottes vor Augen geführt. Wie hält er die Welt, wo er doch selbst die Welt in all ihren Teilen ist? Eigentlich könnten sich alle vorstellen, wie Gott *uns* hält, auch unsere Wissenschaftler; zumindest könnten sie entsprechende Auskünfte einholen oder der Frage nachgehen, wie Gott den Globus ins Rollen gebracht hat. Wahre Gravitation durchdringt das gesamte Universum; Er hält alles in Shivas Armen . . .

Newton hat zwischen wissenschaftlicher und okkultreligiöser Forschung streng unterschieden und damit das abendländische Schisma nachvollzogen . . . seine guten, verrückten Gedanken mußten verkümmern; er würgte sie ab, Amen. Ebenso seine Wissenschaftskollegen. Sie überhörten das Raunen der inneren Stimmen. Dabei waren sie den tieferen Geheimnissen ganz nahe. Aber sie paßten ihre Ahnungen dem an, was sie für zeitgemäß erachteten. Fortschritt der Wissenschaft. Kompetenz. Seamus sagt, daß er Newtons vergessene Schriften über die Geschichte der Welt studieren will . . .

Eine wahre Idee hat Arme, die umschließen. Wahre Ideen sind das unsichtbare Zentrum eines Körpers, einer Kultur. Mathematische Erkenntnisse sind unsichtbare . . . [meine Notizen lassen sich an dieser Stelle nicht mehr entziffern] . . . Lichtbahnen.«

Okkulter Rückschlag

Mein weiser schottischer Lehrer vermutet, daß all unsere menschlichen Erfahrungen Spuren einer höheren Intention folgen. Diese Spuren beziehungsweise »psychokinetischen« Felder zeigen sich deutlicher, wenn wir aufmerksamer werden für gewisse Botschaften und Schwingungen, die das Leben aussendet. Bisweilen geraten wir in Versuchung, diese Felder zu manipulieren, ehe wir ihre Wirkung vollständig erkannt haben, aber es bleibt uns nichts anderes übrig, als ihrer Führung zu folgen. Sooft wir sie aus Eigennutz (der uns nur zum Nachteil gereicht) umzulenken versuchen, schwenken sie uns zurück auf ihre zweckbestimmte Richtung. Die ihnen zugrundeliegenden okkulten Prinzipien sind noch unentdeckt; unvorsehbar ist, welche langfristigen Folgen unser eigenmächtiges Eingreifen zeitigt. Wenn wir uns ihnen nicht in Liebe und Bescheidenheit nähern, schlagen sie zurück.

Als ich auf dem Platz von Burningbush meine Schwünge mit verkrampftem Trotz durchzog, nahmen meine Schläger, der Ball, meine gute Laune und mein Verhältnis zu MacIver und Shivas Schaden. Ein Teil von mir – der Vorteil berechnende – preschte voraus und ließ die anderen Teile zurück. Shivas spricht in solchen Fällen von »Karambolagen« und »okkulten Rückschlägen«. Dazu kommt es, wenn aus unzureichender Liebe und Andacht Kraft angewandt wird. Ähnliches gilt für alle anderen Lebensbereiche.

Vor etwa zehn Jahren ist etwas geschehen, das mir diese Wahrheit mit Nachdruck in Erinnerung brachte. Der Vorfall ereignete sich unter ganz unverfänglichen Umständen, nämlich während eines Baseball-Spiels.

An einem kalten, windigen Abend spielten die San Francisco Giants gegen die Los Angeles Dodgers. Ich war mit drei Freunden im Candlestick-Park-Stadion, trotz des schlechten Wetters bei bester Laune und entschlossen, unser Team zum Sieg anzufeuern. Jack Sanford war damals der beste Pitcher bei den Giants; er sollte gegen den als unbezwingbar geltenden Sandy Koufax antreten. In jenen Tagen hatte ich jede Menge Schlachtenrufe auf Lager, Schmähungen, mit denen ich gegnerische Mannschaften überschüttete, Schreie und Gebärden, die an Medizinmänner aus Zeichentrickfilmen erinnerten – und nicht selten die gewünschte Wirkung zeigten. Im Duett mit George Leonard hatte ich einmal eine solche List so gut getimed und laut ins Spiel gebracht, daß Bob Gibson beim Versuch zu werfen auf den Hintern fiel, was ihm laut Auskunft der *Sporting Green* in der Ausgabe des folgenden Tages noch nie passiert war. (Zweifellos hatte ihn unser Schrei zu Fall gebracht; eine andere Ursache ist nicht anzunehmen.) Bisweilen forderte ich die Zuschauer neben mir zum Mitmachen auf, meist ohne Erfolg; sie waren in der Regel entweder zu schüchtern oder zu anständig. Durch mein Betragen fühlte sich einmal ein Nebenmann derartig brüskiert, daß er mich mit einem Karateschlag in den Nacken zum Schweigen brachte. Doch an jenem Abend, von dem ich nun rede, machten alle, die um uns herumstanden, kräftig mit. Ich hatte ihnen erklärt, daß die Gebärden, auf die es nun ankäme, von Schamanen aus dem Amazonasbecken entwickelt worden seien zu dem Zweck, ihre Feinde zu töten; in diesem Sinne wäre es besonders wirksam, die beiden Mittelfinger der Hand unter den Daumen zu klemmen, während der Zeige- und der kleine Finger, ausgestreckt und abgespreizt, zwei teuflische Hörner darzustellen hätten. Um den Zauber zu verstärken, müßten die Hände entsprechend heftig hin- und herbewegt werden. Nie hatte ich als Schlachtenbummler mehr Erfolg gehabt, als an diesem Abend. In kürzester Zeit waren an die zweihundert Mitstreiter eifrig dabei, ihren amazonischen Bannstrahl zu richten auf Sandy Koufax und die verdutzten Dodgers. Mir wurde ganz schwindelig, so groß war die Erregung.

Und unser Voodoo-Block machte sich in der Tat bemerkbar. Die Dodgers wurden unter dem Bombardement unserer Flüche immer fahriger. Das Gewimmel unserer Teufelshörner verunsicherte sie zusehends. Nur Koufax, der Klassemann, ließ sich kaum beirren. Er warf und warf – die Giants kamen nicht einmal ans Laufen. Trotz des Psychoterrors von unserer Seite gelang es den Dodgers sogar zu punkten, worauf wir um so wütender loslegten und in schamanische Besessenheit gerieten. Block 17 stand Kopf.

Dann meldete sich das erste böse Omen. Jack Sanford mußte in der siebten Spielrunde ausscheiden, obwohl er den Dodgers nur einen Lauf gestattet hatte. (Wie später zu erfahren war, hatte er sich eine Armverletzung zugezogen, die ihn für den Rest der Saison zum Pausieren zwang. Danach fand er nie mehr zu seiner alten Leistung zurück.)

Aber wir schrien und gestikulierten um die Wette und hatten inzwischen das ganze Stadion angesteckt. Es lief die neunte Spielrunde; wir lagen immer noch 0:1 zurück, was uns bis zum Äußersten anspornte. Und schließlich gelang es uns mit einem Crescendo übelsten Gebrülls, den Durchmarsch der Dodgers zu stoppen. Die Giants schafften im allerletzten Augenblick noch zwei Punkte und entschieden das Spiel für sich. Total erschöpft taumelte ich aus dem Stadion und wähnte mich am Rande eines Herzinfarkts.

Am nächsten Morgen schlug ich die *Chronicle Sporting Green* auf, um den Bericht vom Spiel zu lesen. Sofort fiel mein Blick auf eine kleine Randnotiz, eine Art Spaltenfüller am unteren Rand der Seite. Die Überschrift lautete: »Tod im Stadion«. Darunter stand in knappen Sätzen zu lesen, daß ein gewisser Michael Murphy zweiundsiebzigjährig infolge eines Herzinfarktes während des Spiels der Giants im Candlestick Park gestorben sei.

»Psychische Karambolagen«, »okkulte Rückschläge« – natürlich erinnerte ich mich sofort an Shivas' Worte. Hatte ich den armen alten Namensvetter auf dem Gewissen? Vielleicht denken Sie an diesen Fall einmal zurück, wenn Ihnen Ähnliches widerfährt.

Der Zodiakus für Golfer

In einer sternklaren Nacht während des Kriegs entdeckte Shivas seinen Tierkreis, den »wahren Zodiakus«, wie er sagte, der mit dem der Astrologen nur wenig gemein hat. Den gesamten Kreis sah er in jener Nacht zwar nicht (tatsächlich fehlte ihm immer noch eine Konstellation, als ich ihn fünfzehn Jahre später traf), aber während seiner einsamen Nachtwachen vervollständigte sich das Bild Stück für Stück.

Es besteht aus dreizehn Zeichen. Das zusätzliche Zeichen sei notwendig, sagte er, um die Sterngebilde unserer neuen Zeit anzugleichen. Seiner Vorstellung nach wechselt gerade das Shank-Zeitalter (Shank = ein völlig mißratener Schlag) in das Zeitalter von MacDuff über. Shivas nannte die für das kommende Zeitalter vorherrschenden Konstellationen nach seinem Lehrmeister. Der Reihe nach heißen die einzelnen Zeichen wie folgt: Burningbush (anstelle des Widders), das erste Zeichen des Frühlings, dann Porky Oliver, Morris und Morris (nach Tommy jun. und Old Tom) Vardon, Jones, Slice, ein noch unbenanntes, Hook, Verschwindendes Loch, Swilcan Burn (nach einem berüchtigten Golfhindernis) Hogan, MacDuff und Shank. Aus diesen Konstellationen setzt sich Shivas' »Milchstraßen-Fairway« zusammen. Geboren wurde er, wenn ich mich recht erinnere, im Wendekreis zwischen Hogan und MacDuff – daher sein großer Respekt für beide.

Das für mich interessanteste Zeichen ist das »verschwindende Loch«. Ich mußte an dieses Bild denken, als ich den Film *2001: Odyssee im Weltall* sah, in dem ein Astronaut, wie durch ein Sternentor geschleudert, eine bizarre Transformation durchmacht. Sofern es am Himmel zu sehen war, richtete Shivas, wenn er nächtens meditierte, immer zuerst den Blick auf dieses Zeichen – wie übrigens auch an jenem Abend, als er vor dem Haus der McNaughtons auf dem Fensterbrett hockte. Für ihn war das Zeichen Ausdruck des Mysteriums Golfloch, unserer leidenschaftlichen Bereitschaft, »nach langer Wanderung über die grüne Welt« vor dieser winzigen Öffnung demütig niederzuknien. Sternentor und Golfloch – zwei Symbole voller Bedeutung. Ich wünschte, ich könnte dieses Bild am Himmel ausmachen, aber obwohl sich Shivas große Mühe machte, mich darauf hinzuweisen, sehe ich in klaren Nächten nur ein chaotisches Geflimmer von Sternen.

Es stimmt hoffnungsvoll zu wissen, daß wir das schreckliche Shank-Zeitalter hinter uns lassen. Die vergangenen Jahrhunderte waren in der Tat mißraten, die vielleicht schlimmsten in der Geschichte der Menschheit. Nun blicken wir nach vorn in ein Zeitalter »wahrer Gravitation« und der Verwirklichung MacDuffscher Visionen. »Hook« und »Slice« waren in der Entwicklung der Welt ebenfalls zwei schlechte Epochen; das Zeitalter von Jones dagegen war ganz gut.

Wenn ich mich nicht irre, sah Shivas mein Schicksal mit einigen Planeten im Zeichen des »Swilcan Burn« verknüpft, obwohl mein Geburtstag in den Wendekreis zwischen »Slice« und dem unbenannten Zeichen fällt. Er sah mir auf Anhieb den Bezug zu diesen Planeten an und meinte allen Ernstes, daß ich ständig Gefahr laufe, am

»letzten Hindernis« zu scheitern. Ich kann mich leider nicht erinnern, was dieses »letzte Hindernis« zu bedeuten hat.

Ich fragte ihn, warum er dem letzten Zeichen noch keinen Namen gegeben habe; er könnte es doch jederzeit umbenennen. Aber er schüttelte energisch den Kopf und antwortete, daß sich das Zeichen vorstellen würde, wenn er dazu bereit wäre. Eine Konstellation zu benennen, sei keine Kleinigkeit.

Hogan und Fleck auf den US-Open von 1955

Viele Spieler haben, wie Shivas glaubt, einen natürlichen Sinn für ihren Innenleib und die wahre Gravitation. Bei manchen ist dieser Sinn offenbar besonders stark ausgeprägt, vor allem bei Ben Hogan. 1955, im Todesjahr von Seamus, unternahm Shivas seine erste und einzige Reise nach Amerika, um sich dort nach neuen Möglichkeiten als Golflehrer umzusehen. Während dieser Reise besuchte er die US-Open-Championship, die in diesem Jahr auf dem Lakeside-Course in San Francisco stattfand. Hogans direkter Gegenspieler war der zu dieser Zeit noch unbekannte Jack Fleck. Shivas begleitete die beiden über alle vier Runden bis zum letzten Loch. Er behauptete, daß Hogan auf die »Chakren vier und sechs« konzentriert gewesen sei, also auf jene psychischen Zentren, die nahe dem Herzen und zwischen den Augen angesiedelt sind, und daß er eine für jeden aufmerksamen Beobachter spürbare Kraft ausgestrahlt habe. Hogan war allem Anschein nach der wahren Gravitation sehr nahe.

Unmittelbar nachdem er sein Spiel abgeschlossen hatte, verschwand Hogan im Clubhaus. Shivas folgte ihm, um »seine Emanationen aus nächster Nähe spüren zu können«. Er bahnte sich einen Weg durch die Menge der Leibwächter und Offiziellen, tat so, als ob er zu Hogan gehörte, und begleitete ihn in die Umkleidekabine. Hogan ließ ihn gewähren; mehr noch, er verhielt sich Shivas gegenüber wie zu einem altvertrauten Freund. Reporter und Mitspieler, die ihm schon jetzt zum fünften Titel in Folge gratulieren wollten, wimmelte er dagegen ab. Noch stand der Sieg für ihn nicht fest, obwohl er sich am achtzehnten Loch von Gene Sarazen hatte breitschlagen lassen, vor laufenden Fernsehkameras die fünf Finger seiner Hand auszustrecken. Nun aber war er wieder gefaßt, »wie ein Mönch«. Plötzlich – so berichtet Shivas – wurde draußen laut gejubelt; Hogan fluchte und verlor für einen kurzen Moment die Beherrschung, denn er wußte sofort, daß Fleck, dieser völlig unbekannte Pro, gleichgezogen hatte und daß ein Playoff die endgültige Entscheidung bringen mußte. Doch dann, sagt Shivas (der in allem einen verborgenen Sinn wittert), schaltete Hogan automatisch über auf sein »viertes Chakra«.

Unterdessen teilte Fleck der Presse mit, daß er Hogans »Geheimnis« auf die Spur gekommen sei. Genaueres aber wollte er nicht verraten. Die Reporter versuchten, ihm eine Antwort zu entlocken, und wollten wissen, ob er nun Hogans »Pronation« zu kopieren versuche, also die versetzte Stellung zum Ball, die dazu angetan war, Hooks zu vermeiden. Doch Fleck blieb stumm und gab das Geheimnis auch am nächsten Tag nicht preis, als er das Playoff für sich entschied und den Titel gewann. Was selbst für Hogan offenbar ein Rätsel blieb, hatte Shivas – wie Sie sich denken können – längst durchschaut. Hogans »Innenleib« war in Kommunikation getreten zu Jack Fleck; die Emanationen des Champions hatten dem jüngeren Pro zum Sieg verholfen. Shivas sagt, Hogan sei, ohne es zu wissen, der geborene Golflehrer gewesen.

Shivas, der Hogan als sein großes Vorbild pries, behauptete, daß der Champion den fünften US-Open-Titel nicht gewinnen sollte, weil es seine Bestimmung war, »das Geheimnis« weiterzugeben. Ein okkulter Prozeß hatte für einen Generationswechsel von Lehrern gesorgt: Es lag nun an Shivas und Jack Fleck, das Feuer des erleuchteten Golfspiels weiterzutragen. Manchmal frage ich mich, ob ein Widerschein davon auch auf mich übergegangen ist.

Ich glaube, es ist an dieser Stelle wichtig, darauf hinzuweisen, daß die meisten Golfer durchaus vertraut sind mit den psychischen Wirkungen, die durch ungewöhnliche Methoden dieser Art hervorgerufen werden. Vielleicht beruhigt es Sie zu wissen, daß Ben Hogan immer schon verwickelt gewesen ist in diese okkulten Zusammenhängen.

Eine Hamartiologie des Golfspiels

Der Aufschwung als seelischer Ausdruck

Peter McNaughton bemerkte, daß ein Mensch nirgends so nackt dastünde wie vor den Augen eines aufmerksamen Golfspielers. Shivas erinnerte mich an diesen Ausspruch und fragte, ob mir der Begriff »Hamartie« bekannt sei. (Ich höre noch deutlich, wie sein breiter schottischer Akzent Töne der Hochsprache anklingen ließ, die er in den wenigen Jahren seiner formalen Schulbildung gelernt hatte.)

»Ursprünglich war damit gemeint, ein Ziel verfehlt zu haben – beim Bogenschießen etwa«, sagte er. »Dann bezeichnete das Wort Fehlleistungen und Irrtümer ganz allgemein, aber auch charakterliche Mängel. Ich brauche dir wohl nicht zu sagen, daß Körper und Geist Teile des Charakters sind, und darum verrät die Art, wie ein Golfer aufschwingt, so manches über ihn als Menschen. Nehmen wir MacIver als Beispiel. Er ist ein äußerst methodischer Mensch, aber viel zu verbissen und langweilig. Deshalb habe ich ihn auch nicht zum Essen eingeladen. Ein brillanter Golfspieler wird wohl nie aus ihm werden, aber er hat einen eisernen Willen, und es könnte durchaus sein, daß er sogar der wahren Gravitation auf die Spur kommt.« Ich dachte an unseren Spielpartner und seine beflissene Art, dem Lehrer alles recht zu machen. Bilder von anderen Leuten seines Schlages paradierten vor mir her.

»Du siehst, wer sich eine andere Spielweise aneignen will, muß sein Leben schon von Grund auf ändern. Es heißt, daß der Blick immer auf den Ball gerichtet sein sollte. Das lernt man als erste Golfregel. Aber es geht mitnichten bloß darum, das kleine runde Ding anzugukken, von wegen. Bei jedem Schlag bringst du dein ganzes Leben mit ins Spiel, deine komplette Vergangenheit. All das steckt dir in den Knochen, den Muskeln und Nerven. Einer, der seinen Blick immer zuerst über die Spielbahn schweifen läßt, bevor er den Ball ins Auge faßt, wird sich im Leben kaum anders verhalten.« Er stand auf und zuckte nervös mit Kopf und Schultern, um die Gestik eines Spieler zu mimen, der, vom Eifer gepackt und übermotiviert, zum Schwung ausholt.

»Tja, so ist es mit jeder anderen Fehlleistung auch.« Er zählte auf: »Überstürzung und Hast. Wer holterdiepolter an eine Sache rangeht, kommt nicht weit. Ihm fehlt die Kraft dazu, denn die will erst gesammelt sein. Oder das Zappelphilipp-Syndrom. Dazu führt überschüssige Energie. Mann, was hab ich schon Leute herumhampeln sehen! Denen fehlt der ruhende Pol. Oder Angeberei. Es gibt Deppen, die können bloß schwätzen, sonst nichts, zwanghafte Quasselköpfe, die sich ständig wichtig machen müssen und dir als Sensation verkaufen, daß sie ein Loch par gespielt haben. Mir ist aufgefallen, daß solche Typen in der Regel gesundheitlich schlecht dran sind. Die haben kein Gefühl im Leib, weil ihnen alles zum Mund rausplätschert. Überhaupt sind Geräusche, die eine Person von sich gibt, sehr aufschlußreich. Hör dir mal an, wie manche am Grün oder beim Abschlag zu grunzen oder zu hecheln anfangen. Bisweilen mache ich die

Augen zu, um meinen Schülern besser lauschen zu können. Tu das ruhig auch mal, und dann entscheide, ob du gute oder schlechte Musik aus den Geräuschen heraushörst.« Shivas gab mir eine Kostprobe von den auf Golfplätzen vernehmbaren Grunz-, Quietsch- und Ächzlauten. Die Beispielfülle verblüffte mich ebenso sehr wie die Virtuosität seiner Nachahmung.

»Ja, die Art, wie jemand spielt, sagt einiges über dessen seelischen Zustand aus«, sagte Shivas und nannte dann weitere Belege für golftypische Hamartien: »Leute, die den Ball ständig unterschlagen, halten sich für stärker, als sie in Wirklichkeit sind. Kennst du jemanden, auf den die Beschreibung zutrifft?« fragte er und kniff die Brauen zusammen. »Kannst du bestätigen, daß diese Typen meist auf halbem Wege schlappmachen? Und dann gibt es diejenigen, die den Ball fast immer über das Ziel hinausschlagen, oft bis zum nächsten Abschlag. Tja, Golf ist wirklich ein Röntgenschirm der Seele. Ich kannte einen verheirateten Kerl aus London, der hier bei uns ein Mädchen aushielt, eine echte Perle. Was soll ich dir sagen, dieser Schlawiner füllte doch tatsächlich bei jeder Runde zwei Score-Karten aus, eine für die ersten neun Löcher, die andere für den Rest. Und nicht nur das: Nach der Hälfte wechselte er außerdem die Bälle – genauso wie im richtigen Leben. Ich frage mich, welche Score-Karte er seiner Ehefrau vorlegte? Ich könnte dir noch Hunderte weiterer Beispiele nennen. Es müßte mal eine Enzyklopädie zu diesem Thema zusammengestellt werden. Denk nur an all die armseligen Gestalten, die über den Platz rennen, ohne sich auch nur im geringsten am Spiel erfreuen zu können oder an der Landschaft oder an Freundschaften. Vor jedem Hindernis laufen sie Gefahr, einen Herzschlag zu erleiden. Ich kenne einen, der in Dundee mehrere Restaurants besitzt und ständig außer Atem ist. Um keinen Preis würde ich noch mal mit ihm spielen wollen, aber wahrscheinlich hätte er sowieso keine Zeit dazu.

Leute, die wie er permanent in Eile sind, können nicht abwarten, bis sie mit ihrem Schlag an der Reihe sind, vor allem dann nicht, wenn ihr Ball kurz vorm Loch liegt. Wenn du in solchen Momenten mit ihnen wetten würdest, könntest du jede Menge Geld gewinnen.« Er schüttelte den Kopf. »Alles hat seine Zeit und sein ausgewogenes Tempo, das gilt fürs Golfspiel wie für den Alltag. Ich kenne einen Mann, der es nicht verträgt, Erfolg zu haben. Spielt er zwei, drei Löcher gut, überfallen ihn die schlimmsten Befürchtungen. Er ist dann so verstört, daß ich ihn nach Hause begleiten und durch Meditationsübungen wieder beruhigen muß. Wenn ich ein Bild von der Golfwelt malen sollte, würde ich ein Szenarium entwerfen wie die Hölle von Hieronymus Bosch. Du weißt, wovon ich spreche?«

»Ja«, antwortete ich.

»Dieser Bosch war übrigens auch Golfer, das heißt, er spielte ein Spiel namens *Kolven*. In seinem höllischen Bild ›Garten der Lüste‹ sind Hinweise darauf zu erkennen.«

Für Shivas stand außer Frage, daß Hieronymus Bosch nicht nur ein guter Golfer war, sondern auch künstlerische Inspiration aus dem Spiel geschöpft hatte. Eine Kopie des berühmten Tryptichons hängt bei mir an der Wand, und sooft ich darauf schaue, denke ich an Shivas' Worte. Ja, die Darstellung der Hölle beschreibt durchaus die Qualen, die auf Golfplätzen zu erleben sind.

Spielregeln

Daß Shivas Irons Golf spielt, kommt mir manchmal vor wie eine Absurdität. Können Sie sich andere Philosophen oder Mystiker auf dem Golfplatz vorstellen? Den Heiligen Franziskus etwa, wie er sich abmüht, seinen Ball über einen Meter ins Loch zu putten, oder Plato, mit geschultertem Golfsack beherzten Schritts den Abschlag verlassend. Wie kann ein Geist, der tiefste Mysterien auslotet, einer so frustrierenden Sportart nachgehen? Diese Frage läßt mich nicht los. Selbst auf Dinnerpartys gerate ich bisweilen darüber ins Grübeln. Der Gipfel der Absurdität ist für mich Shivas' Regeltreue und die pedantische Art, mit der er die Scores notierte. Daß er alle elf Schläge zählte, die ich damals in Burningbush für ein Loch brauchte, will mir immer noch nicht in den Kopf gehen. »Michael, wenn ich richtig mitgezählt habe, waren's elf.« Ich werde diese Zurechtweisung nie vergessen, genausowenig wie das Bild des braven MacIver, der Buch führte, als gelte es, der Nachwelt Zeugnis abzulegen.

Daß sich ein so großer Geist mit derartig banalen Dingen abgibt, ist für mich eine Paradoxie von der Qualität, die am Anfang aller Philosophie steht. Vielleicht hat mich die Vorsehung in ihrer grenzenlosen Weisheit aus einem bestimmten Grund über diesen vermeintlichen

Widersinn stolpern lassen, und es scheint mir in diesem Zusammenhang bedeutsam zu sein, Shivas kennengelernt zu haben, als ich unterwegs nach Indien war, um das Absolute zu suchen.

Ich erinnere mich daran, wie fasziniert er war vom Mysterium des Golflochs. »Kennt ihr irgendein anderes Spiel, bei dem man so weite Wege zurücklegt, um ein solch winziges Ziel zu erreichen?« fragte er uns an jenem Abend bei den McNaughtons. »Warum lassen wir uns so willfährig darauf ein?« Diese Frage beschäftigt mich nach wie vor. Hogan hat einmal gesagt, daß das Putten abgeschafft werden sollte, da es das ansonsten so großartige und weitläufige Spiel verhunze. Ja, wir fordern die Frustration durch diese sozusagen analerotische Fixierung geradezu heraus. Ist dieser Umstand womöglich auf irgendeine profunde Verstopfung im schottischen und angelsächsischen Charakter zurückzuführen? Wir rätseln weiter. Noch widersinniger als das Putten und die Ausrichtung auf das winzige Loch erscheint mir das sture Beharren auf die Einhaltung von Regeln und das exakte Ausfüllen der Score-Karten. »Pfuschen ist das Ende des Spiels«, heißt es in Shivas' Aufzeichnungen.

Worin liegt der Grund für diese rigorose Ehrlichkeit? (Zu meiner Schande muß ich gestehen, daß ich es mit der Wahrheit meiner Scores nie so genau genommen habe.) Gewiß steckt dahinter ein Bedürfnis nach Selbsterprobung, das sich in allen Sportarten äußert und nicht nur darin. Oder will der Ehrlichkeitsfanatiker seinem anerzogenen Über-Ich beweisen, wie gut er ist? Versucht er dadurch die Erzschuld, überhaupt am Leben zu sein, ein wenig wettzumachen? Es lassen sich bestimmt noch weitere mögliche Motive benennen, doch es bleibt, wie mir scheint, letztlich unerklärlich, wieso mein Lehrer einen derartigen Abscheu empfand vor Unlauterkeit und Regelverstößen beim Golf.

Nach reiflichem Überlegen bin ich zu der Auffassung

gelangt, daß der Respekt zunimmt mit der eigenen Leistungsfähigkeit. Die besten Spieler rügen Regelverstöße am entschiedendsten. Gleiches gilt für alle Virtuosen; sie sind voller Wertschätzung für die Grenzen ihres Tuns, da sie darin die Voraussetzung ihrer Leistung erkennen. Was das Treueverhalten in der Ehe, war für Shivas die liebevolle Achtung der Spielregeln im Golf – nämlich der Maßstab seiner Hingabe.

All diese Erklärungen bleiben jedoch an der Oberfläche. Ich vermute, daß seinem Regelverständnis die tiefe Einsicht zugrundeliegt, daß das Golfspiel Öffnung und Gefängnis zugleich ist und insofern ein Spiegelbild des Lebens bietet. Im Unterschied zu den Restriktionen des Alltags zeigen sich die Beschränkungen im Spiel allerdings sehr viel deutlicher; um so größer ist der Wunsch, sie zu überwinden. In geschlossenen Räumen machte Shivas stets einen verhaltenen, zahmen Eindruck auf mich. Sein Geist jedoch durchbrach alle Enge, ob im Gespräch oder in ekstatischer Trance. So auch im Spiel: indem er sich den Regeln unterwarf, dramatisierte Shivas seine Grundbefindlichkeit der Gefangenschaft im konkreten Golf-Kontext, aus dem er sich in phantastischer Transzendenz zu befreien vermochte.

Aber es ging ihm nicht bloß um Flucht. Ich erinnere in diesem Zusammenhang an seine Vorstellung von den »Ausflügen nach unten«, von seinem geistigen Rückzug aus mystischen Höhen, um »Feenglimmer zur Erde zu bringen«. Auf dem Golfplatz nahm er jene magischen Energieströme in sich auf, die das Diesseits mit ferneren Welten verbinden, und wechselte allmählich in den »leuchtenden Körper« über. Diese Verwandlung war, wie er sagte, beileibe keine Flucht aus dem Jammertal der Welt, sondern führte vielmehr zu einer gleichsam substantiellen Veränderung seiner selbst. Golf war für ihn in erster Linie Entwicklungsmöglichkeit.

Über das Buchführen der Resultate

»Das Festhalten von Scores hat wie alles seine zwei Seiten und vermittelt deshalb einen mahnenden Hinweis auf Dualitäten.«

»Unser Verhältnis zum Paradoxen ist ein Barometer unserer Aufklärung.«

Diese beiden Sentenzen aus Shivas' Aufzeichnungen drücken die Essenz seiner Einstellung zur Protokollierung von Scores aus. Er war ganz genau im Zählen eines jeden Schlags, forderte aber gleichzeitig seine Schüler dazu auf, die Scores nicht überzubewerten und sie lediglich im Hinterkopf zu behalten. Für Schüler, die Probleme damit hatten, entwickelte er ein »zweites Zählsystem«. Er gab ihnen Punkte für bestimmte Verhaltensweisen, um sie auf das eigentliche Lernziel aufmerksam zu machen. Dies geschah immer im Einverständnis mit dem Schüler, denn ihm war daran gelegen, dessen »Würde zu wahren«. MacIver zum Beispiel bekam damals Punkte für seine Unerschütterlichkeit; sie war die Stärke, auf die er setzen sollte. Sie werden sich vielleicht erinnern, daß mir dieser Gemütsmensch MacIver Gleichmut beizubringen versuchte; nun, dafür belohnte ihn Shivas mit seinem unnachahmlichen Lächeln. Er würde seinerseits dafür viel Beifall erhalten haben von Experten für Verhaltenssteuerung und Konditionierung.

Versuchen auch Sie einmal, nach diesem »zweiten Zählsystem« zu verfahren. Geben sie sich Punkte für Ruhe und Konzentration oder für Gelassenheit in den Roughs. Ein Lächeln nach einem Doppel-Bogey oder Aufmunterungen für den Spielpartner – auch diese Verhaltensweisen verdienen einen Punkt.

Was besonders wichtig ist: Vergessen Sie nicht, daß Ihr Handicap kein exaktes Spiegelbild Ihrer Seele sein kann. Was wirklich zählt, ist Ihre Reaktion auf das erzielte Resultat. Wer mit Anstand seine Leistung zu akzeptieren versteht, hat immer Gewinn – für sich selbst und andere. Unter Shivas' Schülern gab es eine Anzahl von britischen Staatsbeamten, die sich, wie er sagte, aufgrund der mißlichen Lage Großbritanniens in ihrem Stolz verletzt sahen. Shivas sah seine Hauptaufgabe darin, zwischen hohen Ansprüchen und begrenzten Möglichkeiten zu vermitteln, und damit glaubte er auch dem Staat helfen zu können in einer Phase, da dieser sich von einer Weltmacht zu einer bescheideneren, menschlicheren Rolle in der Welt hinentwickeln mußte.

Freude am Training

In Erinnerung an Shivas sagte Sonny Liston, daß unser verschollener Freund oft eine Gruppe von Caddies und Clubmitgliedern im Schlepptau hatte, wenn er trainierte. »Seine Schläge hatten eine irgendwie hypnotische Qualität«, meinte er. »Da draußen geriet er immer in eine Art Trance. Manchmal schlug er den ganzen Tag über einen Drive nach dem anderen und gab den Leuten, die dabeistanden, praktische Tips. Die Jungs haben ihm so gern beim Training zugesehen, daß der Club ihm einen gesonderten Übungsplatz zur exklusiven Verfügung überlassen hat.« Shivas hatte Burningbush schon vor sieben Jahren verlassen, aber Liston konnte sich noch genau daran erinnern, »was Shivas für ein Gesicht machte«, wenn er am Abschlag seine Schwünge übte.

Ich kann mir lebhaft vorstellen, was es für Leute wie Liston bedeutet haben muß, wenn sie Zeuge wurden von den subtilen Transformationen des Meisters, von der magischen Entäußerung seiner inneren Welten, durch die es ihm gelang, seine großartigen Schwünge immer weiter zu verbessern. Für die meisten Zuschauer wird wohl unklar geblieben sein, was er da trieb, aber wahrscheinlich haben sie ein Gespür gehabt für die Erhabenheit und Kunst in dieser Szene. Allein die Nähe zu ihm scheint viele in eine Art Meditationszustand versetzt zu haben. Liston sagte, daß es ihm ein besonderer Genuß gewesen sei, wenn Shivas nach absichtlich mißratenen Abschlägen seine »Ballsteuerung« demonstrierte. Ich frage mich, ob von den Zuschauern jemand erahnte, welche Experimente Shivas in diesen Fällen durchführte.

Das Training liebte er nicht weniger als das Spiel. Als wir die Nacht in der Schlucht zubrachten, sagte er, daß für ihn beides inzwischen gleich wichtig sei, daß er sich auch am Training »zutiefst« erfreuen würde.

Wäre ich länger in Burningbush geblieben, hätte ich vielleicht mehr über das erfahren, was ein mir bekannter Pro »die Sekundärkunst« des Golfspiels nennt. Immerhin habe ich so manches zu diesem Thema aus Shivas' Aufzeichnungen erfahren und auch eigene Entdeckungen machen können. Davon will ich nun berichten in der Hoffnung, zumindest einen Teil der Aufgabe zu erfüllen, die mir vom Schicksal auferlegt wurde.

Wir spielen das Spiel auf vielen Ebenen. Das wird jeder Golfer bestätigen, sobald er damit anfängt, sich aus der Perspektive des Innenleibs heraus zu betrachten. An jenem Tag im Jahre 1956 machte ich die Erfahrung, daß wir alle – mehr oder weniger – zwischen diesen außerordentlichen Stadien hin und her pendeln. Wie tief wir jeweils vordringen, hängt ganz allein von uns ab. Haltungen und Fähigkeiten, die diese Erfahrung fördern, müssen sorgsam kultiviert werden. Wir müssen sie einstudieren, wie es Shivas tat. Die Übung braucht nicht auf den Golfplatz beschränkt zu bleiben; wir können das »innere Auge« zum Beispiel auch »zu Hause an einem verregneten Tag« schärfen lernen.

Golf heißt in erster Linie sehen und fühlen. Es lehrt uns, zur Ruhe zu kommen und ein Gespür für die Beschaffenheit von Wind und Boden zu entwickeln. Das steht in allen guten Anleitungen. Darüber hinaus ist Golf ein Spiel, das uns beibringt, auf Meldungen aus dem Inneren zu achten, auf die zarten Stimmen des Bewußtseins von Körper und Geist. Wer sie zu hören vermag, erkennt seine »Hamartien« und sieht in der speziellen Spielart einen Spiegel des Charakters. Wie Peter McNaughton richtig sagte: »Nirgends steht ein Mensch so nackt da . . .«

Jenseits dieser Verbindungen zwischen der Welt um uns herum und denen, die unmittelbar in uns liegen, liegen die »wahre Gravitation« und jene »Bilder, die uns zum Wegweiser werden«. Diese Kräfte ermöglichen das beste Golf und verleihen uns einen Ausblick auf das, was wir vielleicht einmal sein können.

Schließlich stoßen wir auf das, was allem Vorangenannten zugrundeliegt und eingewoben ist, nämlich das »Höhere Selbst« und seine Transformationskraft, also das Glück per se, wonach »wir immer schon auf der Suche sind«.

»Golf ist ein Buch mit sieben Siegeln«, sagt Shivas. »Glaube nicht, daß du auf Anhieb das Geheimnis lüftest; nach dem ersten sind noch sechs weitere Siegel zu brechen.« Als ich ihm von meiner Erfahrung am dreizehnten Loch berichtete, zeigte er ironisch übertriebenen Respekt und sagte dann: »Gesehen haben Sie nur so viel«; dabei ließ er zwischen Daumen und Zeigefinger einen zentimeterkleinen Abstand.

Über die Forderung, das innere Auge stets auf den Ball gerichtet zu halten

Stell dir einen Golfball vor, so plastisch wie möglich. Laß keine Störung zu, die dieses Bild trüben könnte. Hol den Ball in die Vorstellung zurück, wenn er verschwindet. Sieh zu, daß er nicht flimmert. So übst du die Fähigkeit ein, das innere Auge auf den Ball zu richten. Auf diese Weise kannst du auch zu Hause an einem verregneten Tag trainieren.

Wenn sich Ablenkungen, die diese Übung stören, nicht ausschalten lassen, gib genau acht darauf. Was sagen dir diese Ablenkungen über dich und deine Verfassung? Zu ergründen, was stört, kann für dein Spiel sehr förderlich sein.

Beide Absätze stehen wortwörtlich so in Shivas' Aufzeichnungen. Sie beschreiben eine Technik zur Entwicklung von Konzentration und Ruhe, die vor allem fahrigen Personen zu empfehlen ist. Als ich die Worte zum ersten Mal las, stellte ich mir spontan einen Golfball mit der Aufschrift »Champion« vor; wenig später verwandelte sich das Bild zu einem tanzenden Lichtfleck, und ich glaubte zu schweben. Shivas, den ich über die Erfahrung sofort informierte, sagte, daß eine Vorstellung stets eingefärbt sei von der jeweiligen Gestimmtheit, von dem Gefühl, das an die Oberfläche drängt. In meinem Fall wäre wohl »frivoler Übermut« Ursache dafür, daß das innere Auge zu tanzen anfinge, denn mein Organismus sehne sich nach dem steten Licht des »höheren Selbst«. Er meinte, ich solle diesem Impuls für eine Weile nachgeben und dann in einem neuen Anlauf den Ball zur Vorstellung zu bringen. Die Erfahrung, die ich machte, war überraschend beruhigend und freudvoll.

Seither wende ich diese Methode regelmäßig an, und mir ist aufgefallen, daß sich der Nutzen direkt auf die Golfpraxis übertragen läßt. Wenn ich mir beim Training, der obersten Regel folgend, Schläger und Ball als Einheit vorstelle, fühle ich mich bisweilen zwar immer noch von den erwähnten Störungen beeinträchtigt, aber ich kann sie dank meiner Meditationsübungen besser abwehren. Außerdem kenne ich ihre Schliche inzwischen viel genauer und bin auf der Hut. Ball und Spielbahn im Rahmen eines ungebrochenen Kraftfeldes zu betrachten, fällt mir nun wesentlich leichter. »Immer schon ein Feld, schon vor dem Schwung.«

Über die Koordination der Kräfte

Aikido ist eine japanische Kunst der Selbstverteidigung. Robert Nadeau – er wohnt und arbeitet in San Francisco – unterrichtet in dieser Kunst, und seit einigen Monaten hilft er mir, deren Prinzipien für mein Golfspiel nutzbar zu machen. Obwohl selbst kein Golfer, zeigt er ein erstaunlich tiefes Verständnis für die Probleme und Möglichkeiten des Spiels. Als Aikido-Lehrer vermittelt er die Fähigkeit, die Kraft des Gegners aufzunehmen, um dessen Angriff abzuwehren. Wer diese Methode beherrscht, macht einen Kampf zum Tanz. Nadeau hat mir beigebracht, meinen Krafteinsatz in harmonische Übereinstimmung zu bringen mit Schläger, Ball und Spielbahn. Vor allem habe ich gelernt, meinen Schwung der jeweils gegebenen Situation anzupassen. Mein Schlagrepertoire ist sehr viel größer geworden, da ich mich nun auf Aerodynamik, Wind und Gelände einzustellen und die vorgefundenen Energien zu nutzen weiß, anstatt mich von ihnen behindern zu lassen. Shivas riet mir, in jeder Situation »originell« zu schwingen, und behauptete, niemals ein und denselben Schwung wiederholt zu haben – obwohl es mir schwerfiel, in seinen makellosen Schlägen Unterschiede auszumachen. Auf jeden Fall hat die Anwendung jenes kräftekoordinierenden Prinzips bei mir bewirkt, daß ich meine Art zu spielen nun sehr viel sorgfältiger der jeweiligen Situation anpasse.

Unter Shivas' Papieren fand ich einen alten Brief, den er einem seiner Studenten geschrieben, aber nie abgeschickt hatte. Ich habe ihn abfotografiert. Er ist ein kleiner Essay über die Koordination der Kräfte.

– and will be in harmony
with you as the dog to the
flocker, as the crop to the
farmer. Walking the course you can
learn many things from your
new found friends, the tree
rooted deeply to the ground, firm,
the upper branches swaying as
natural as the breeze flowing
through it. So reflect on your
stance as you pass the tree.
Can you do this, can you see
the brook that golfers fear and
not fearing but feeling can
you put that flowing water
into your swing. The green
grass restful to body, soothing
to soul. Is it so many paces
that you put on it or is it
a period of rest and calmness
between you and the ly of
your ball. Be the tree rooted,
be the brook flowing, be
the calmness of the green,

[– und Du wirst mit Dir in Harmonie sein wie der Hütehund mit der Herde, wie der Bauer mit seiner Ernte. Auf dem Golfplatz lernst Du vieles von den neugewonnenen Freunden, vom Baum, der tief und fest in der Erde wurzelt, von den hohen Zweigen, die so natürlich wehen wie der Wind, der hindurchstreift. Kommst Du an diesem Baum vorbei, dann sinne über Deine eigene Stellung nach. Da ist ein Bach, den Golfer fürchten; wenn Du Dich, statt selbst in Panik zu geraten, darin einzufühlen verstehst, wird es Dir gelingen, das fließende Wasser in Deinen Schwung mit aufzunehmen. Das grüne Gras, erholsam für den Körper, beruhigend für die Nerven – ist es bloß der Grund, worauf Du gehst, oder nicht vielmehr eine Phase der Ruhe und Stille, die zwischen Dir und dem Ball liegt? Sei der verwurzelte Baum, der fließende Bach, das stille Gras,]

»Da ist ein Bach, den Golfer fürchten; wenn Du Dich, statt selbst in Panik zu geraten, darin einzufühlen verstehst, wird es Dir gelingen, das fließende Wasser in Deinen Schwung mit aufzunehmen.« Wenn ich diese Worte lese, sehe ich Shivas vor mir und in seinem Schwung ein Beispiel dafür, wieviel Eleganz und Stärke in einer so verstandenen Koordination der Kräfte liegt.

Eine solche Praxis kann auch ganz unerwartete Wirkungen zeitigen. Durch die Meditation über seine Einheit mit der Natur hatte Shivas zum Beispiel gelernt, mit der Wünschelrute umzugehen. Kurz nach dem Krieg verdorrte der Golfplatz von Burningbush, und zum ersten Mal in seiner langen Geschichte galt es, ein Bewässerungssystem anzulegen. Regen und Nebel hatten den vielbespielten Platz jahrhundertelang in Schuß gehalten, doch in der Nachkriegszeit boomte der Golfsport ungemein.

Massen von Spielern pilgerten herbei und zertrampelten die Fairways. Im Club wurde heftig gestritten über geeignete Maßnahmen zur Pflege des Rasens. Als sich die Krise zuspitzte, entdeckte Shivas an mehreren Stellen der Anlage ergiebige Wasservorkommen. Darauf gestoßen sei er, wie er sagte, »durch den Griff meines Fünfer-Eisens«: Er spürte ein Zucken im Schaft, als er sich einer bestimmten Stelle im Gelände näherte. Dort wurde mit finanzieller Hilfe durch einen seiner vermögenden Bewunderer eine Bohrung vorgenommen, und siehe da: Wasser in Hülle und Fülle. Der Streit im Club konnte beigelegt werden, und Shivas bekam für seine Hilfe einen Orden. Er erzählte mir, daß ihm das Zucken im Fünfer-Eisen aufgefallen sei bei der Einübung jener Technik, die ich hier als Koordination der Kräfte vorgestellt habe.

Über Synästhesien

Wir alle kennen das Phänomen, daß die Reizung eines bestimmten Sinnesorgans mitunter die Reaktion eines anderen Sinnes auslöst. Zum Beispiel höre ich manchmal im Geiste eine Melodie erklingen, wenn mir ein besonders guter Golfschlag gelingt. Poeten haben beschrieben, wie Vogelgesänge zu sehen und Blumenblüten zu hören sind. Als in der vergangenen Saison die Football-Teams von San Francisco und Atlanta gegeneinander antraten und die Forty-Niners im letzten Viertel den Sieg herausspielten, hörte ich die Ouvertüre zu Richard Wagners »Walküre«. Die religiöse Literatur ist voll ähnlicher Berichte; der Heilige aus Italien zum Beispiel sah farbiges Licht beim Gesang seiner Dorfgemeinde. Für Shivas Irons machen unter anderem solche Sinnesmischungen den Reiz des Golfspiels aus.

In seinen Tagebüchern empfiehlt er, die Sinne willentlich zu kreuzen, und fordert dazu auf, »Schläger und Ball als ein ungebrochenes Kraftfeld« zu sehen *und* zu fühlen oder beim Training auf der Driving-Range dem »Seegang zu lauschen«.

Bobby Jones hörte, wenn er eine Runde spielte, immer eine Melodie und folgte in seinen Bewegungen ihrem Takt. Shivas empfiehlt Ähnliches, wenn er sagt: »Höre die inneren Laute und Rhythmen und laß sie in dein Spiel einfließen.« Synästhesien dieser Art fördern bisweilen wichtige Informationen zutage, in jedem Falle aber sind sie erbaulich. Ich werde nie vergessen, wie sich am dreizehnten Loch in Burningbush alle meine Sinne miteinander vermischten. Für einen kurzen Moment war ich ein einziges Sinnesorgan und die Welt ein Feld aus Musik, Freude und Licht.

Einige der von Shivas praktizierten Übungen erinnern mich an die Konzentrationstechniken, die Paul Reps in seinem kleinen Buch *Zen Flesh, Zen Bones* vorstellt. Sie gehen auf tantrische Disziplinen zurück, die natürliche Impulse als Wege zur Erleuchtung nutzen. Dahinter steht die Einsicht, daß jeder Impuls eine höhere Möglichkeit in sich birgt. Zu dieser tantrischen Weisheit weiß Shivas ein konkretes Beispiel zu nennen: »Wenn dich Furcht überkommt, stell dir vor, daß sich dir der Boden unter den Füßen entzieht und du ins Nichts fällst.« Versagensangst kann befreiend sein.

Oder: »Manchmal erblickt das innere Auge eine Bahn, die der Ball einschlägt. Laß dir dieses Bild in Fleisch und Blut übergehen.« Ansatzweise gelang mir dies am allerersten Loch, doch das Bild wurde verwischt von meinem Ehrgeiz, ein gutes Resultat zu erzielen.

Vom Wert negativer Gedanken

Eines Nachts, als ich wieder einmal in Erinnerungen an meine Abenteuer in Burningbush schwelgte, zählte ich meine Schläge von damals nach (nur 34 für die letzte Hälfte), rief mir manche Bemerkungen ins Gedächtnis zurück, die am Eßtisch der McNaughtons gefallen waren, und vergegenwärtigte mir Shivas' Wohnung mitsamt den Packpapier-Karten und geheimnisvollen Büchern. Aus den vermischten Eindrücken dieses erlebnisreichen Tages tauchte mit einem Male ein klares Bild auf, dessen Mitte jene schematische Darstellung einnahm, die mit GOTT ERWACHT überschrieben war. Dazu gesellten sich Erinnerungen an die Fotografien, die mir Shivas gezeigt hatte, und einige seiner bemerkenswerten Aussagen, und plötzlich fiel mir auf, daß all dies um ein zentrales Thema kreist: daß jedes Ding, jede Person, jedes Ereignis der Möglichkeit nach mehr ist und auf Transformation wartet; oder mit den Worten Shivas', »daß in einem tieferen Sinne alles, was ist, nach Vollkommenheit strebt«.

Zugegeben, für die meisten von uns ist diese Vorstellung nur schwer nachzuvollziehen. Nach »tieferem Sinn« zu graben, ist schließlich keine Alltagsbeschäftigung. Oder wir machen auf halben Wege halt und deuten unsere Wirklichkeit als ein Schlachtfeld zwischen Himmel und Hölle – mal rückt die eine Seite vor, mal die andere, und zumeist empfinden wir uns als die Leidtragenden. Die Vorstellung eines erwachenden Gottes erscheint uns viel zu optimistisch und bar jeder Grundlage, zumindest nach Einschätzung der Fakten, die uns normalerweise zugänglich sind. Und genau das ist der springende Punkt: Wir vergessen, daß es auch andere Weisen des Zugangs zu Fakten gibt.

Für Shivas steckte alles voller Botschaften – nicht zuletzt das Golfspiel. Er behauptete, daß kaum etwas informativer sei als der sogenannte negative Gedanke während einer Runde Golf.

Shivas nennt in diesem Zusammenhang zwei Reaktionsmuster: die Distanzierung von diesen Gedanken oder das Bemühen, ihnen einen informativen Hinweis zu entlocken. Es gibt Gedanken, die das Spiel nur stören und verdrängt werden sollten, um »das innere Auge« zu schärfen. Doch Gedanken, die sich nicht beiseite schieben lassen, müssen verstanden werden, denn sonst bleiben sie eine Belastung für das Spiel und die persönliche Disposition.

Vor einigen Jahren quälte mich ein solcher Gedanke über die Maßen. Er überfiel mich, sooft ich zum Putten ansetzte, und mahnte: »Du stehst nicht richtig zum Ziel; geh noch mal an die Linie heran!« Und in der Tat, der Schlägerkopf schien jedesmal falsch gewinkelt zu sein. Ich trat dann einen Schritt zurück und ging erneut in Position. Doch der Gedanke war immer noch da und ließ sich während der gesamten Runde nicht verscheuchen. Eine Woche später das gleiche Spiel: »Du stehst nicht richtig«, soufflierte mir die Stimme ein, nun auch bei der Vorbereitung auf längere Schläge. Immer wieder korrigierte ich den Stand, wackelte endlos lange mit dem Schläger. Um die Ziellinie besser ins Auge fassen zu können, vermaß ich das Gelände so gründlich, daß mir die Greens und Fairways schließlich wie kubistische Entwürfe vorkamen. Endlich dämmerte mir die Einsicht, daß der quälende Gedanke aus einer verborgenen Nische meines Bewußtseins stammte und zu jener Kategorie zählte, auf die nach Shivas' Rat zu lauschen war. Welche Botschaft enthielt der Gedanke?

Ich merkte auf. »Du stehst nicht richtig zum Ziel; geh noch mal an die Linie heran!« Allmählich kam ich hinter den Sinn der Mahnung. Ich war damals in der Tat falsch ausgerichtet, generell, was Arbeit und Freundschaften anbelangte. Ich schlief im Büro und war ständig eingespannt von der Arbeit fürs Institut, sogar während der Mahlzeiten. Ich war völlig desorganisiert – immer schon gewesen –, und darauf machte mich mein Unterbewußtsein auf dem Golfplatz aufmerksam. Es forderte mich auf, meinen Alltag zu ordnen und auf eine sinnvolle Linie zu bringen. Erst in der Muße des Golfspiels konnte die Botschaft zu mir vordringen.

Als ich es mit Hilfe meiner Freunde und unter der Anleitung des »Zeitmanagers« Alan Lakein geschafft hatte, meinen Alltag in Ordnung zu bringen, blieben die störenden Interventionen des Unterbewußtseins während des Spiels aus. Golf hatte mich therapiert.

Impulse solcher Art über all die Stunden einer Golfrunde hindurch abzuwehren, kann kaum gelingen, denn gerade beim Spiel ist man besonders anfällig dafür. Wenn die Stimmen zu sprechen beginnen, empfiehlt es sich, auf sie achtzugeben.

Aber es gibt auch Glücksimpulse. Ich erinnere mich an eine Golfrunde, in der ich fast zwanghaft schmunzeln mußte, sooft ich den Ball ansprach. Das »höhere Selbst« lächelte mir zu und munterte mich auf, frank und frei zu schwingen. Ich schloß mit einem für mich phantastischen Ergebnis ab und grinste wie ein Pennäler.

»Alles Leben ist Yoga«, sagt der indische Seher Aurobindo. »Golf ist Yoga«, hätte ein Spruch aus Shivas' Aufzeichnungen sein können. Yoga bedeutet Verbindung mit dem tiefsten Selbst. Dazu neigen wir allemal, aber nach Shivas' Meinung müssen wir diesem Prozeß willentlich nachhelfen. Es gilt, den negativen wie positiven Impulsen zu folgen in der von ihnen anvisierten Richtung auf Gott.

«... häßliche Bilder sind wie Peyotlkakteen; sie verwandeln sich in Visionen.« Ob seine biederen Schüler von Burningbush wußten, von welch exotischen Früchten Shivas Irons, der Golfvisionär, naschte?

»Das Bewußtsein ruht niemals. Es ist ständig in Bewegung und lädt uns zu einer abenteuerlichen Reise ein.«

»Folge dem Ball, dem in Windrichtung abgeschlagenen, bis zur Unendlichkeit.« Haben Sie jemals daran gedacht, und sei es nur für einen Augenblick?

Oder: »Gegen den Wind schlagen und dich als festen, ruhenden Pol erleben...« Zugegeben, eine schwer nachzuvollziehende Übung, aber haben Sie Ähnliches nicht schon das eine oder andere Mal erlebt? (Golfpros sprechen davon, »den Wind herumzudrehen«; gemeint ist damit die Möglichkeit, bei noch so starkem Gegenwind einen langen Ball zu spielen.)

»Hangabwärts gehen, schwerelos werden. Beim Anstieg Kraft sammeln.«

Zahllose Möglichkeiten bieten sich an, einen Impuls zu einer Übung auszubauen. Tagtäglich bieten sich Gelegenheiten dazu.

»Stell dir den Golfball als ein Loch im All vor.« Die Erinnerung an diesen Satz holte mich eines Tages im Lincoln Park ein, auf jenem Golfplatz hoch über der San Francisco Bay. Eine Nebelbank rollte langsam auf die Golden Gate Bridge zu. Auf den von Kiefern und Zypressen gesäumten Fairways kam ich mir vor wie zwischen Klostermauern. Während der ersten halben Runde dachte ich an Grenzsituationen zurück, in denen ich mich in Gefahr gewähnt hatte, den Zugriff auf die Welt zu verlieren: Als Kind war ich in einem Wandschrank eingeschlossen, schrie um Hilfe und glaubte als Antwort zu hören: »Wer bin ich?« – und aus Furcht, in Vergessenheit zu geraten, rief ich meinen Namen immer und immer wieder. Bei der Armee hatte es ein Vorgesetzter auf mich abgesehen, und um Selbstbehauptung ringend, glaubte ich, mich selbst zu verlieren – wie auch zu Zeiten, da ich vor Verliebtheit ins Schwindeln geriet. Diese und andere Bilder zogen mir durch den Kopf, als ich im grünen Spalier der Bäume über die Fairways spazierte, Nebelhörner von der Golden Gate her tuten hörte und hinausschaute aufs sonnenbestrahlte Meer, über das vereinzelt Schiffe zogen. In Erinnerung an Shivas' Worte sah ich, wie sich mein Golfball in ein Bullauge vor der Tiefe des Alls verwandelte, und all die Begegnungen mit dem Nichts, die mir durchs Gedächtnis spukten, verloren ihren Schrecken vor meinem inneren Auge, das die Leere in der Leere vernahm, ringsum geschützt von grünem Gras, guten Freunden und dem blauen Pazifik.

Es war ein wunderschöner Tag. Am Abend fiel mir noch ein Satz von Shivas ein. »Stell dir vor, die Sterne unter den Füßen zu haben.« Ich hörte seine Stimme im leisen Widerhall der Schlucht, in der wir auf Seamus gewartet hatten.

Von Durchbrüchen

Es gibt laut Shivas keinen größeren Durchbruch als den, der zur Muße führt, zu jener Gelassenheit, die sich Zeit läßt, um ein gestecktes Ziel zu erreichen, und in Ruhe abwartet, was wie eine gnädige Fügung an Hilfe hinzukommt. Das heißt nicht, daß auf eigene Anstrengung verzichtet werden kann. Im Gegenteil, die eigene Anstrengung nimmt zu, weil aus ihr Freude zu gewinnen ist.

»Wie das Gestirn, / Ohne Hast, aber ohne Rast, / Drehe sich jeder / Um die eigne Last«, weiß Shivas Goethe zu zitieren. Ich sehe ihn nun vor mir, wie er mit ernstem Blick auf die letzte Spielbahn hinausschaut und gelassen das Ziel anvisiert im Wissen darum, daß neue Abenteuer auf ihn warten.

Gegen die Verbesserungssucht

Bevor ich im Text fortfahre, will ich wie Shivas damals in Burningbush mein Glas erheben und allen Golffreunden zurufen: »Zum Teufel mit unserem ewigen Besserwerdenwollen.«

»Da seh ich bei Ihnen auch keine Chance«, röhrte er mir prostend zu. »Sie haben doch wohl nicht im Ernst daran geglaubt, daß Golf den Menschen adeln könnte, oder? Kennen Sie etwa einen, auf den das zuträfe?«

»Aber davon reden Sie doch ständig«, protestierte ich. »Vom Besserwerden.«

»Ach, Quatsch«, entgegnete er grinsend. »Sehen Sie sich bloß unseren Evan hier an!« Dabei zeigte er auf den betrunkenen Kerl in der Ecke, der auf einer unsichtbaren Geige fiedelte. »Nennen Sie so was verfeinert? Gute Laune, darauf kommt's an«, sagte er. »Und hüten Sie sich vorm Treibsand der Perfektion.« Dann hob er das Whiskyglas und brüllte: »Zum Teufel mit unserem ewigen Besserwerdenwollen!«

Ich komme darauf zurück, um einem möglichen Mißverständnis vorzubeugen: Die Übungen zum Zwecke persönlichen Wachstums dürfen nicht fanatisch oder frömmlerisch betrieben werden. Shivas war vielleicht ein wenig verrückt in seiner Suche nach Gott, aber keineswegs verbiestert oder einsam.

Wie sagte er so oft? Verbissenheit verdirbt das Spiel.

The Game Is Meant for Walkin'

»Es wäre ein gewaltiger Irrtum zu glauben, daß es beim Golf auf die Schläge ankommt«, sagte er im Clublokal vor Listons Kaminfeuer und musterte mich mit durchdringendem Blick. »Hauptsache ist vielmehr das Gehen.« Er zeigte auf eins der großen Viktorianischen Porträts, die über uns an der Wand hingen. »Das hat uns dieser Mann da beigebracht.« Auf dem Gemälde war ein stattlicher Mann mit Knebelbart zu sehen, dessen spähender Blick mich an einen Fährtenleser erinnerte. In meiner Vorstellung sah ich ihn suchend durch die Heidebüsche am Rand der Spielbahn schleichen. Er war Oberst gewesen im indischen Regiment von Königin Viktoria. Shivas merkte, wie verwundert ich war.

»Der Mann auf dem Bild war berühmt für seine Spaziergänge. Wer, so heißt es, über längere Zeit mit ihm spielte, lernte jeden seiner Schritte zu genießen. Er soll des öfteren vergessen haben zu schlagen, weil ihm das Laufen so gut gefiel. Sein Caddie mußte ihn dann daran erinnern, den Ball zu spielen.« Shivas winkte Liston herbei und fragte, ob er den porträtierten Mann kennengelernt habe. Der joviale Barkeeper blickte zum Gemälde auf und schüttelte den Kopf. Er war erst nach dem Tod des alten Mannes nach Burningbush gekommen. Shivas erzählte weiter. »Er war neunzig Jahre alt, als ich mit ihm gespielt habe. Das werde ich nie vergessen. Er war leidenschaftlich gern zu Fuß unterwegs und sagte, daß er in den achtziger Jahren des vorigen Jahrhunderts von einem indischen Yogi richtig zu gehen gelernt habe. Er hatte mit diesem Yogi eine Himalaya-Expedition unternommen, wovon er im hohen Alter noch zehrte. Wandern, sagte er, sei für die Seele ebenso wohltuend wie ein Tag in der Kirche – und das will was heißen, denn er war ein strenger Presbyterianer. Mir ist aufgefallen, daß Sie auf Ihre Schritte beim Golfspiel kaum achten.«

Ich mußte ihm recht geben. Für gewöhnlich waren all meine Gedanken beim nächsten Schlag.

»Tja, das ist bei den meisten der Fall. Traurig«, sagte er und starrte ins Feuer. »Eine Schande ist das, denn wer am Gehen Spaß hat, ist zumeist gut gestimmt, auch wenn er mal aus der Spur läuft, und das kommt schließlich hin und wieder vor. Was meinen Sie?«

Der vorgestellte Flug des Balls: Imagination und Wirkung

Im Zusammenhang seiner Konversionsgeschichte eröffnete mir Shivas, daß er panische Angst vor Epilepsie und Verstümmelung gehabt habe und daß diese Zwangsvorstellung ein »prophetisches Bild« gewesen sei und von einer »psychischen Leiblichkeit«, die nicht weniger real als der physische Körper sei.

Eine solche Zwangsvorstellung würde aus dem Unbewußten auftauchen und Kraft zur Transformation verleihen. Heimsuchungen dieser Art könnten jedem widerfahren, vor allem in kritischen Lebenslagen. Wir sollten diese Erfahrungen kultivieren und nutzen, zum Beispiel auch beim Golf.

Ich habe bereits über den Wert negativer Gedanken gesprochen und meinen Fall als Beleg herangezogen. Eine innere Stimme riet mir, meinen Alltag zu ordnen. So war auch für Shivas das Schreckensbild der Epilepsie ein Wendepunkt in seinem Leben. Ein »prophetisches Bild«

muß also als solches erkannt und akzeptiert werden, damit es nützlich wirken kann.

Transformierende Kraft können aber auch solche Bilder entfalten, die wir nicht als Zwangsvorstellung wahrnehmen. Meditationen über den Golfball vermitteln ein Gespür für die Ganzheitlichkeit des Lebens, denn die Gestalt des Ball entspricht dem Urbild der Vollkommenheit. (Parmenides stellte sich das Sein in Kugelform vor.) Die kontemplative Betrachtung seines kleinen Umfangs und seiner Leichtigkeit mag auch dazu führen, daß der Globus in gewissem Sinne federleicht für uns wird und daß wir das Leben – nach Shivas Worten – als eine »weltliche Nichtigkeit« auffassen. In seinen Aufzeichnungen steht zu lesen: »Meditation ist eine unentbehrliche Kunst – ohne sie verlören wir allzuleicht unseren Weg in dieser hektischen Welt.« Ebenso wichtig wie die innere Einkehr ist jedoch der aufmerksame Blick um uns herum, nicht zuletzt auf die möglichen Konsequenzen unseres Tuns. Auf dem Golfplatz bestand er darauf, daß seine Schüler den Ball vom Abschlag bis zur Landung im Auge behalten, auch dann, wenn er völlig verzogen ist. Nur so lernt man aus Fehlern und Erfolgen. »Wir strafen uns selbst mit Blindheit, wenden wir uns zu früh ab.«

Eine besonders wichtige Meditationsübung beim Golf ist es, die Flugbahn des Balls während der Vorbereitung auf den Schlag im Geiste vorzuzeichnen. Dieses Bild hat in der Tat steuernde Wirkung; das können viele Golfer bestätigen. Tüchtige Lehrer empfehlen deshalb die Vorausschau der Flugbahn als wichtigste Golftechnik überhaupt.

Wer das innere Auge durch diese Übung trainiert, erwirbt laut Shivas die Fähigkeit, »Ströme der Herzkraft hervorzubringen, die den Ball zu tragen vermögen«. Manchmal habe ich den Eindruck, als ließe sich auch ein bereits abgeschlagener Ball kraft meiner Vorstellung wie durch Fernsteuerung lenken.

Diese lebendigen und wirksamen Bilder können allerdings nicht vom Willen ertrotzt werden. Sie entstehen wie von selbst und unter der Federführung einer höheren Intelligenz. Am Abschlag des ersten Lochs von Burningbush sah ich zum Beispiel meinen imaginierten Ball, wie von einem Draw geschnitten, leicht nach rechts abdrehen und nicht etwa – was ja naheliegender gewesen wäre – auf geradem Weg in Richtung Grün fliegen. Die vorgestellte Flugbahn war, wie die Praxis erwies, die günstigste; so hatte sich eine unsichtbare Instanz des Innenleibs gegen andere Entscheidungsmöglichkeiten durchgesetzt. Das ist mir schon viele Male passiert.

Ob die von Shivas angesprochenen »Kraftströme« real sind oder nicht, bleibt eine offene Frage. Vielleicht finden Sie selbst eine Antwort darauf. Die Wirklichkeit, so wie wir sie zumeist und durchschnittlich erleben, ist jedenfalls weniger starr umrissen als der Begriff, den wir uns von ihr machen.

Shivas Irons' Geschichte des Abendlandes

In den Aufzeichnungen fand ich folgende Tabelle:

Verwirklicht	*Bald möglich*	*Irgendwann möglich*
Flugzeuge und Automobile	Riesensprünge	Freier Flug in wahrer Gravitation
Telefon	telepathischer Austausch	göttliche Stille
Radio	sensibles Lauschen	allgemeine Hellsicht, psychische Mobilität
Heizsysteme	selbstgenerierte Wärme	Partizipation am Urfeuer
Kleidung	natürliche Schönheit	Emanation und Unsichtbarkeit
Nahrungsmittelindustrie	geringer Nahrungsbedarf	permanenter Energie-Austausch
Zeitungen	ein Weltenstaat	Allwissenheit und Autonomie
Orchestren	Musik im inneren Ohr	Sphärenmusik
Hospitäler und Medizin	Körperharmonie	leuchtender Körper
Kernspaltung	Dreschkellen à la MacDuff	Wissen um die Lücken in Raum und Zeit

Raketen	Flug zu den Sternen	Fortbewegung per De- u. Re-Materialisation
Röntgenstrahlen	umfassende Körperdiagnose	univers. Transparenz
Wasserstoffbombe	psychokinetische Explosion	ekstatische Explosion

Der krakeligen Handschrift nach zu urteilen, muß Shivas wohl betrunken gewesen sein, als er diese Spalten ausfüllte. Vielleicht hatte er sie nach einer durchzechten Nacht bei den McNaughtons niedergeschrieben. Wie dem auch sei, was diese Tabelle zum Ausdruck bringt, ist exemplarisch für das Denken von Shivas und Seamus MacDuff. Sie glaubten, daß sich die westliche Wissenschaft durchaus in eine gänzlich andere Richtung hätte entwickeln können. Insofern griffen sie den Gedanken von Herman Kahn und anderen vor, die über alternative Zukunftsmodelle spekulieren. Ihren Betrachtungen lag die Auffassung zugrunde, daß wir an eigener Potenz und Existenzfreude einbüßen, je mehr Erfindungen gemacht werden, die uns die Arbeit abnehmen. Hinter jeder Erfindung steht eine verkümmerte natürliche Fähigkeit. Daß die moderne Wissenschaft jene Richtung eingeschlagen hat, auf der sie sich befindet, liegt nach Meinung von Shivas und Seamus daran, daß die Schamanen des Westens magische und manipulative Kräfte zum Einsatz brachten und Forscher wurden, anstatt den vorbildlichen Weg der Weisen einzuschlagen. Isaac Newton zum Beispiel unterdrückte in späteren Jahren sein vordem ausgeprägtes Interesse an Religion und Okkultismus. Kepler war zwar zeit seines Lebens ein Mystiker, ließ sich aber dennoch von der Manie der physikalischen Entdeckung anstecken. Weil Swedenborg aus seinen schamanischen Neigungen keinen Hehl machte, wurde er von den Zeitgenossen nicht ernstgenommen. Weitere Beispiele führen bis hin zu Robert Oppenheimer. Die größten Geister der Wissenschaft leugneten die Möglichkeiten intuitiven Wissens und konzentrierten ihre Forschung auf »Äußerlichkeiten«.

Die vorsokratischen Philosophen wußten noch um die Schnittstellen zwischen Innen und Außen. Pythagoras schärfte seinen Schülern ein, »die Welt von innen heraus zu begreifen« und mit allem Wissenszuwachs auch die Seele wachsen zu lassen. Er sprach von Sphärenmusik, also von den Klängen, die Mystiker hören, vom *Omkar*, der Urstimme, dem Wiegenlied des Universums. Wer diese Musik mit all ihren Zwischentönen verstehend hören will, muß sich ganz auf ihren ekstatischen Rhythmus einlassen. Dann wird die Welt nicht mehr als Gegenstand begriffen, denn man lebt im Herzen der Dinge und richtet den Blick auf Gott.

Doch unsere Wissenschaften beobachten nur den Rauch des Urfeuers, hören nur einen schwachen Widerhall der Sphärenmusik, begreifen die Welt nur bruchstückhaft und ahnen nicht, worauf sie zusteuern. »Sie tun uns keinen Gefallen«, sagt Shivas. »Unsere Herzen lechzen nach Erlösung und lassen sich nicht mit Halbwahrheiten abspeisen.« Ihre Geschichte ist nach Ansicht des Sehers von Burningbush eine Geschichte verzerrter Visionen.

»Die Welt ist auf dem Weg zurück zu Gott; das ist der einzige Grund für ihr Sein.«

»Selbst die härteste Materie ist Bewußtsein auf dem Weg zurück, das sich durch nichts aufhalten läßt.«

Die Goldader

Eine Liste von Leuten, die Bescheid wußten

Die folgende Namensliste ist Shivas' Aufzeichnungen entnommen wie auch die Überschrift: die Goldader. Was sie zu bedeuten hat, ist mir nicht ganz klar. Es fällt jedoch auf, daß alle genannten Personen an die Reinkarnation und die Evolution der Seele glaubten. Die Aufstellung entspricht in etwa der schematischen Darstellung unter dem Titel GEFÄHRLICHE VERBINDUNGEN, jenem verwirrend anmutenden Fadennetz zwischen unserer Welt und Gott, unter dem in winzigen Buchstaben der hoffnungsvolle Satz stand: »Noch bleibt Zeit.«

»Zu bedenken: Lao-tse, Henry Ford, Mark Twain, Plato, Heraklit, Pythagoras, Thomas Edison, Thomas Wolfe, Aurobindo, Charles Lindbergh, Goethe, Wordsworth, Coleridge, Salvador Dalí, Henry Miller, John Woolman, James Joyce, Yeats, AE, George Bernard Shaw, Oscar Wilde, Gen. George Patton, Hermann Hesse, Jack London, Rilke, Klee, Kandinsky, Steiner, Mondrian, Sibelius, Lloyd George, Gustav Mahler, Emerson, Thoreau, Ramakrishna, Walt Whitman, Teresa de Jesús, Jeanne d'Arc, San Juan de la Cruz, Boehme, Eckhart, Tolstoi,

Dostojewski, Herman Melville, Richard Grossman, Richard Wagner, Robert Browning, Tennyson, Schopenhauer, Nietzsche, Oliver Wendell Holmes, Beethoven, Balzac, Victor Hugo, Thomas Carlyle, Heinrich Heine, Bischof Isadore Balls, Bronson Alcott, Shelley, Hegel, Fichte, Schiller, Schelling, Schlegel, William Blake, Immanuel Kant, Spinoza, Benjamin Franklin (Hier ruht der Leichnam des Schriftstellers und Druckers B. F., wie der Einband eines alten, zerrissenen Buches, seiner Aufschrift und seines Goldschnitts beraubt, ein Fraß der Würmer; doch das Werk geht dennoch nicht verloren und wird, wie er hoffte, eines Tages in einer neuen, eleganteren Ausgabe wiederaufgelegt, revidiert und korrigiert vom Autor selbst), Voltaire, Dante, Swedenborg, Leibniz, Thomas Vaughan, Thomas Traherne, Henry Moore, Giordano Bruno, Paracelsus, Hippolytos, Proklos, Porphyrios, Iamblichos, der spätrömische Kaiser Julian, Ammonius Saccas, Origenes, Plotin, Plutarch, Ovid, Lucretius, Buddha, die Autoren der Upanischaden, wedischen Hymnen und Bhagawadgita, Druidenpriester, amerikanische Indianerstämme, die Bewohner Sibiriens, Patagoniens und Perus, die Eskimos, Aru-Insulaner, Tahitianer, Okinawaner, Madegassen, Angehörige der Zulu, Bantu, Ibo, Yoruba, Freimaurer, Theosophen, William Judge, Sokrates, Madame Blavatsky, Mahatma Ghandi, Jalal Rumi, die Sufis, Nord- und Südpol, Friedrich Schleiermacher, die Essener, Mozart, Arthur Conan Doyle, Somerset Maugham, Jesus von Nazareth, Vivekananda, Echnaton, Bodhidharma, Milarepa, Marpa, Ramana Maharishi, Averroës, Hermes Trismegistus, Domenikos Theotokopoulos, Houston McOstrich, Alexander der Große, der Gymnosophist Calanus, Picasso, Maimonides, Typhus Magee, Ben Hogan, Richard und Hugh von Saint Viktor, Sherlock Holmes. Aber wir vergessen und vergessen und wenden uns ab vom Licht.«

Das Höhere Selbst

»Das Höhere Selbst« ist ein von Shivas geprägter Begriff, der nicht positiv im Sinne eines Mehr oder Weniger zu verstehen ist, sondern jene Realität bezeichnet, die seit Jahrtausenden von Mystikern und Philosophen geschaut und beschrieben wird. Es bedeutet *Atman, Brahman*, das *Jiji mu-ge* der buddhistischen Philosophie, Gottheit oder die fruchtbare Leere. Um diese zu beschwören, rezitierte er manchmal Passagen aus den *Upanischaden* in der Übersetzung, die ich aus seinen Aufzeichnungen kopiert habe (und die hier wiederum aus dem Englischen ins Deutsche übertragen wurden – Anm. des Übersetzers).

> Ein Unbewegtes, das schneller ist als der Verstand, das die Götter nicht erreichen, weil ihnen stets voraus, das stehend an allem, was läuft, vorbeizieht...
>
> Das sich bewegt und verharrt; das weit weg ist und ganz nah; das in allem steckt und außerhalb.
>
> Aber wer dieses Selbst in allen Existenzen und alle Existenzen in diesem Selbst erblickt, läßt sich durch nichts mehr erschüttern.

Folgender Abschnitt aus dem Rigveda, steht in Sri Aurobindos *Life Divine* an erster Stelle zitiert:

Sie folgt dem Ziel derer, die vorausgegangen sind, sie ist die erste in der immerwährenden Folge heraufziehender Dämmerungen – die Usha; sie weitet sich aus und bringt Leben hervor, erweckt von den Toten... Wie weit ist ihr Horizont, wenn sie in Harmonie tritt mit den Dämmerungen, die vorausgingen, und denen, die noch kommen? Sie verlangt nach dem ursprünglichen Morgen, bringt dessen Licht in Erfüllung und vereint sich mit dem, was kommt, indem sie ihr Leuchten vorauswirft.

Relativität und fruchtbare Leere

Auf meine Nachfrage erklärte mir Shivas eine Zeile aus seinen Aufzeichnungen: »Golf ist eine Übung zur perspektivischen Betrachtung; vor jedem Schlag muß der eigene Stand in Relation zum Ziel bestimmt werden. Die Übung befreit.«

»Wovon befreit sie?« wollte ich wissen.

»Von deiner Standortbezogenheit. Die Befreiung davon vermittelt dir ein Gespür für die Relativität der Dinge und die fruchtbare Leere.« Wie schon erwähnt, war er dieser »fruchtbaren Leere« im Alter von neunzehn Jahren begegnet, als er bis spät in die lichten Sommerabende hinein Golf spielte. Die für das Golfspiel so notwendige Ausbildung des Sinns für Perspektive führt, wie er glaubte, vermittels eines unbewußten Prozesses zu der Einsicht, daß man in Relation zum Ziel ein und denselben Stand nie zweimal einnehmen kann. Im Alltag wie auf dem Golfplatz ist jede Bewegung einzigartig und unwiederholbar. Die Erfahrung einer sich ständig bewegenden Welt drängt uns – zumeist unbewußt – zur Suche nach einem sicheren Ort, der uns keinen endgültigen Standpunkt abverlangt. Die Mystiker haben einen solchen Ort beziehungsweise Utopos beschrieben und ihm Namen wie Gottheit, Brahman oder fruchtbare Leere gegeben. Solche Übungen zur perspektivischen Betrachtung seien, wie er sagte, eine vordringliche Sache. »Das wird auch die westliche Welt noch begreifen – kurz bevor das Spiel vorbei ist.« Anscheinend lernt der Westler aus seinen Reisen um den Globus; schon oft ist er gezwungen worden, seine Perspektiven zu verändern.

Shivas plädierte nicht für Beliebigkeit oder Pflichtvergessenheit, im Gegenteil: Er sah es als unsere Pflicht an, »das Sein auf eine höhere Stufe zu heben, und das nicht nur am Sabbath oder am Tag des Jüngsten Gerichts.«

Das Auf-die-lange-Bank-Schieben kann zu Krankheit werden.

Universelle Transparenz und der feste Stand für den Aufschwung

Die Meister der Kontemplation, seien es Yogis, Schamanen, Sufis oder neoplatonische Seher, sind dazu imstande, in den Köpfen und Herzen anderer zu lesen. Mit der Entwicklung des kosmischen Bewußtseins wird das Verborgene zunehmend transparent. Das tiefste Selbst beginnt, sich seiner selbst zu offenbaren (das Sanskritwort *Atman* ist ein reflexives Pronom). Die Welt wird zu einem Netz aus Juwelen, in dem jedes Juwel alle anderen widerspiegelt. Wir müssen keine Mystiker sein, um die in dieser Entwicklung enthaltene Möglichkeit zu erblikken.

Während unseres letzten Gesprächs erfuhr ich von Shivas, daß sich eine Reihe seiner Schüler unter seiner Anleitung verborgenen Einflüssen gegenüber so weit geöffnet hatten, daß er ihnen beibringen mußte, sich wieder zu verschließen, um diese Einflüsse außen vor zu halten. »Du brauchst einen festen Stand zum Aufschwung; sonst wirft es dich um«, sagte er und legte großen Wert auf die Unterscheidung zwischen dem Höheren Selbst und dem »allumfassenden Bewußtsein«. Es sei ratsam, meinte er, ersteres kennengelernt zu haben, bevor man sich dem letzteren öffnet, da man sonst im Meer der Kräfte und Einflüsse, das auf einen einstürzt, unterzugehen drohe. Darum empfehle sich ein kontemplatives Leben hinter schützenden Klostermauern. Die alten Meister wußten um die Gefahren, die hinter den vertrauten Schranken der Psyche lauerten. Ihre Warnungen werden heute oft in den Wind geschlagen. Viele, die mit LSD oder anderen Mitteln herumexperimentieren, verwechseln ihre Rauschzustände oft mit Erleuchtung und glauben mit jeder wilden Vision einen göttlichen Kuß zu empfangen.

»Du brauchst einen festen Stand zum Aufschwung«, einen Standort, der abgehoben ist vom hektischen Alltagsgeschehen. »Zwischen göttlichem und teuflischem Wahn verläuft eine schmale Grenze«, sagt Shivas.

Die zwei Seiten des Menschen

oder:
Dualität ist durchaus recht

Shivas war Linkshänder. Dieser Umstand erschien mir unbedeutend, bis ich von Forschungsergebnissen hörte, wonach die beiden Gehirnhälften jeweils spezifische Aufgaben bei der Abstimmung unterschiedlicher Gehirnaktivitäten zu erfüllen haben. Shivas neigte auch dazu, mit dem linken Auge nach innen zu schielen, außer wenn er aus tiefer Trance zurückkehrte. Hielt dieses Auge womöglich Ausschau nach Signalen aus der non-verbalen (bei ihm wahrscheinlich rechten) Hemisphäre seines Gehirns? Fand er in der Trance Einblicke dieser Art, so daß er hernach getrost geradeaus blicken konnte? Ich erinnerte mich an seinen Hinweis, daß er bis zur Pubertät linkshändig Golf gespielt hatte und erst dann auf den konventionellen Stil umgestiegen war (auch Ben Hogan hatte von links auf rechts gewechselt). Waren Shivas' Impulse und Reaktionen immer noch von dieser linksseitigen Perspektive beeinflußt? (Hogan korrigierte seine Tendenz zum Hook, indem er willentlich Fades schlug. Kämpfte er so gegen seine linkshändige Veranlagung an?) Ich weiß auf diese Fragen keine Antwort, doch manches von dem, was Shivas sagte, ist mir durch die jüngsten Ergebnisse der Gehirnforschung verständlicher geworden. Zum Beispiel behauptete er, daß die Asymmetrie des Spiels ein Ausdruck unserer menschlichen Unausgewogenheit sei. »Der Sündenfall war ein Abfall vom Rechten«, sagte er, wenn ich mich recht erinnere, und schmunzelte dabei auf jene verschlagene Weise, die immer an ihm zu beobachten war, wenn er eine besonders sinnige Bemerkung machte. »Daß wir beim Golf seitlich zur Ziellinie stehen, erinnert uns an unsere Einseitigkeit und Unvollkommenheit.« Tatsächlich sind Menschen die einzigen Lebewesen, deren Gehirn asymmetrisch funktioniert; kein anderes Wesen muß mit den Engeln beziehungsweise Dämonen der Sprache und Vorstellung ringen.* Mystiker haben immer wieder darauf hingewiesen, daß Worte den Weg zur Erleuchtung verbauen können. Die Upanischaden sagen, daß Befreiung jenseits des »goldenen Lids« der Gedanken liegt. Diese Trennung von einer volleren Seinsweise wird seit eh und je schmerzlich empfunden als eine Art Sündenfall. Zahllose Mythen berichten davon. Golf, sagt Shivas, reflektiert diesen Sündenfall, den »Abfall vom Rechten.«

Aber das Spiel zeigt uns auch einen Ausweg. Einige Psychologen, die sich mit diesen Fragen beschäftigen, sind der Ansicht, daß alle kontemplativen Disziplinen »Strategien (sind), die das Ziel haben, die linke Großhirnhälfte zu umgehen«. Sie weisen darauf hin, daß bestimmte Meditationsgesten, zum Beispiel die Mudra in der buddhistischen Meditationslehre, auf das Links-

* Diese physiologische Besonderheit schlägt sich in der Sprache nieder: Das Wort »sinister« ist lateinisch und bedeutet »links«, aber auch »unheilkündend«. Bedenken Sie ferner: Linksseitige Bewegungen werden von der rechten Gehirnhälfte gesteuert; die als Gegenwort zu »link« (oder linkisch) verstandene Verwendung von »recht« bezog sich ursprünglich auf die rechte Hand und deren als »richtig« erachteten Gebrauch.

Rechts-Verhältnis bezogen sind (der »linke Pfad«, die »linkshändige Segnung«), und darauf, daß in manchen Zeremonien strenge Vorschriften gelten hinsichtlich einer Bewegung zu der einen oder anderen Seite hin (Derwische tanzen zuerst links, dann rechts herum). Jeder Golfschlag eines Rechtshänders versetzt den Körper in eine leichte Linksdrehung. Laut Shivas hat dieser Bewegungsablauf etwas mit Inspiration zu tun, womit er, der ohne formale Ausbildung war, wieder einmal seinen ausgeprägten Sinn für fundamentale Zusammenhänge offenbarte. Nach seiner Meinung ist die Abschlagbewegung beim Golf im Ansatz zu vergleichen mit dem Tanz der Sufi-Derwische, die, ums Herz oder um das innere Auge wirbelnd, den Zugang öffnen zum allumfassenden Bewußtsein.

Die Links-Rechts-Dimension des Spiels kommt ebenfalls im Verhältnis zwischen willkürlichen und unwillkürlichen Bewegungsabläufen zum Tragen. Gute Golfer zeichnet ein hohes Maß an Spontaneität aus. Schönheit, ob in der Kunst oder auf dem Golfplatz, kann nur erzeugt werden, wenn Routine und Kreativität Hand in Hand gehen. Jeder Schlag hat eine rationale und eine intuitive Komponente, wird teils willkürlich, teils unwillkürlich vollzogen. Wahre Meisterschaft liegt in dem Vermögen, eine Balance zwischen beiden Komponenten herzustellen. Wir beneiden die Routine, mit der ein Champion aufschwingt, doch was wir bewundern, ist der fulminante Schlag durch die Fülle von Eventualitäten, die sich nie berechnen lassen. Wie wäre Shivas' *hole-in-one* in jener Nacht am dreizehnten Loch zu erklären? Oder – wenn ich das in aller Bescheidenheit hinzufügen darf – mein großartiger Abschlag am vorausgegangenen Nachmittag? Eine der Schönheiten des Sports ist dieser inspirierte, herzbewegende Zug, der von noch ungeahnten Möglichkeiten zeugt.

Ohne Inspiration und Spontaneität kann das Spiel weder gemeistert werden noch Freude bereiten. Doch leider tendieren allzu viele Golfer dazu, ihre aus dem Inneren aufwallenden Regungen einem eisernen Programm des Willens unterzuordnen.

Es gilt, eine feine Balance zwischen diszipliniertem und inspiriertem Spiel zu finden. Aber man darf und sollte ruhig auch mal über die Stränge schlagen. Shivas sagt: »Auch Übermut hat seine Zeit. Dann vergiß deine Scores, laß alle fünfe gerade sein und zieh deinen Schwung durch, wie's dir gefällt.« Wenn wir nicht ab und zu solchen Launen nachgeben würden, wäre unser Spiel nicht viel wert, wie Shivas befand. Ein Perfektionist, der nur auf sein Handicap schielt, bringt es nie zur Meisterschaft. Nur wer sich Fehler erlaubt, vermag auch daraus zu lernen; er gibt der linken und rechten Gehirnhälfte die Chance, Nervenverbindungen neu zu justieren oder zu entwirren, wenn – in »positiver Desintegration« – durcheinandergeraten. »Zu den Freuden der Selbsterfahrung gehört es, einen Sinn zu entwickeln für die klugen Rhythmen der Seele«, formuliert Shivas in seinen Aufzeichnungen.

Dieser Abstimmungsprozeß vollzieht sich permanent. Wenn wir uns dessen nicht bewußt sind oder uns womöglich sogar dagegen sträuben, droht der Kollaps. Der Glückspieler, sagt Shivas, beschwört unbewußt einen solchen Kollaps herauf, der im Gegensatz zur »positiven Desintegration« keine erneuernde Wirkung zeitigt, da die korrektiven Kräfte unterdrückt werden zugunsten der Erfahrung, von der Spielleidenschaft überwältigt zu werden. Der verlorene Einsatz wird dann oft als Erleichterung empfunden – das weiß ich aus eigener und familiärer Erfahrung. (Mein Bruder versetzte im Alter von nur vierzehn Jahren den Familienflügel. Ich kann mich noch genau an die entsetzten Gesichter meiner Eltern erinnern, als Möbelpacker aufkreuzten und das gute Stück abtransportierten.) Das Glückspiel ist nur einer der vielen Fluchtversuche, die zur Katastrophe führen. Mord, Drogen, Orgien – die Zeitungen sind voll von Beispielen, die alle eines gemein haben, nämlich das Motiv der Entlastung von den Anforderungen, die die Psyche an uns stellt. Transzendenz hat zwei Richtungen; die eine führt zu Gott, die andere in den Machtbereich der Hölle auf Erden.

Aber unser Thema ist das Golfspiel. Es bietet uns segensreichere Möglichkeiten, dem psychischen Druck auch einmal nachzugeben. Mit Shivas als Partner spielte ich unbeschwert auf und schaffte dabei sogar ein Traumergebnis. Wer sich der feinsinnigen Führung wahrer Gravitation unterstellt, kann ganz locker und lässig die herrlichsten Schläge hinzaubern.

»Der Abfall vom Rechten ist berechtigt, denn am Menschen hat alles seine zwei Seiten.« Dieser Satz aus Shivas' Aufzeichnungen paßt gut ans Ende dieses Abschnitts. In seiner pluralistischen Theologie hat auch Dualität ihren Platz.

Sein Ideal

Worauf hoffte Shivas? Welches Ideal strebte er an? Dies zu erklären, bitten mich Freunde immer wieder, vor allem George Leonard, der an diesen Fragen ein besonderes starkes Interesse hat. Aber eine Antwort fällt mir schwer, da Shivas' Lehren in gewisser Weise amorph und undefinierbar sind. Sooft ich eine Erklärung zu Papier zu bringen versuche, kommt es mir so vor, als täte ich seinen Visionen Zwang an. Eine Formulierung seines Ziels wird, so sorgfältig sie auch sein mag, immer zu kurz greifen, da sich manches, worauf hinzuweisen wäre, nicht über Worte kommunizieren läßt. Seien Sie also gewarnt, wenn ich mich nun schriftlich dem hohen Ideal von Shivas Irons (und Seamus MacDuff) zu nähern versuche, also dem, was wir seiner Vorstellung nach in dieser gefallenen, aber vielversprechenden Welt sein sollten und eines Tages sein werden.

»Die Welt ist ein Koan«, sagte er mir, kurz bevor ich Burningbush verließ, »ein Koan von Anfang an, und sie wird mit jedem Tag vertrackter.« Ein Koan ist, wie Sie vielleicht wissen, eine paradoxe Frage, die Zen-Meister ihren Schülern stellen, um deren Geist aufzuschließen. »Welches Gesicht ist ursprünglich deins, schon vor der Geburt deiner Eltern?« So lautet zum Beispiel eine dieser

Fragen, die auf die Entdeckung der Buddha-Seele abzielen, die allen scheinbaren Widersprüchen unserer Existenz zugrundeliegt. Shivas war der Meinung, daß wir tagtäglich mit solchen Koans konfrontiert werden; wenn wir uns ihnen öffnen, entbirgt sich uns die Welt in einer Folge von Offenbarungen; wenn wir uns davon abwenden, drohen sie wie eine vielköpfige Hydra. Es gibt kein Entrinnen von den Paradoxien des Lebens; uns bleibt nur die Wahl, sie anzunehmen oder abzulehnen.

Die moderne Welt intensiviert das Empfinden für Paradoxien; das meinte Shivas, als er sagte: »... sie wird mit jedem Tag vertrackter.«

»Es gibt heutzutage so viele Götter und Moralvorstellungen, so viele Logiken und Geometrien, so viele Vorgaben, die als Orientierung gedacht sind«, beklagt er in seinen Aufzeichnungen. »Das zwanzigste Jahrhundert ist ein einziges Koan.«

Dieser Gedanke beschäftigt mich nach wir vor. Die Welt, so will mir scheinen, hat sich durch unser Wissen und unsere Kunst in eine Achterbahn und in ein Prisma verwandelt: Anthropologen zählen Tausende von ethischen Normen und unendliche Variationen sexueller Praktiken auf; Soziologen experimentieren in Sachen »abweichendes Verhalten«; Freud hat auf die Schliche der Triebe aufmerksam gemacht; Tabus zerbrechen, an die Stelle von Gewißheiten treten beliebig austauschbare Erklärungsmodelle in Natur- oder Geisteswissenschaften; bildende Künstler reduzieren unsere Wahrnehmung auf geometrische Gebilde, Lichtflecke oder Alltagsgegenstände, produzieren Reize für die Sehnerven und stellen ein für allemal unter Beweis, daß wir immer nur optischen Täuschungen unterliegen und nie den richtigen Standpunkt einzunehmen vermögen (wer nahe genug hinschaut, wird zwischen einer Tasse und dem Mond keinen Unterschied mehr feststellen können); in der Tonkunst werden Harmonien und Melodien zerpflückt, unters Mikroskop gelegt und vergrößert dem Ohr zugeführt; das Alltägliche, Vertraute nimmt surreale Züge an, Freunde überraschen uns mit modischen Spleens. Gewißheiten, Ideale, Glaubenssätze und Wahrnehmungsgewohnheiten zerfleddern. Ja, das zwanzigste Jahrhundert ist ein Koan; es traktiert uns mit Paradoxien bis zum Wahnsinnigwerden. Wenn auf den Straßen der Stadt *Hare Krishna* gesungen wird, höre ich den eigenen Impuls, mich dem Einen, das jenseits aller Ungewißheit liegt, zu unterwerfen. Bisweilen stelle ich mir vor, daß unsere ganze Nation in diesen Ruf miteinstimmt, zu Jesus, Buddha oder Mohammed zurückfindet – oder aus sich heraus mit der zunehmenden Problemlast fertig wird. Denn sie ist nicht abzuschütteln. Der Koan hält uns wie in einem Schraubstock gefangen, der von Tag zu Tag fester zudrückt.

»Ich kam mir vor wie ein Chamäleon auf kariertem Schottenrock«, sagte Shivas im Hinblick auf seine jugendliche Identitätssuche, die ihn so sehr in Verwirrung gestürzt hatte, daß er schließlich von Epilepsie- und Verstümmelungshalluzinationen heimgesucht worden war. Wie er diese Krise meisterte, habe ich bereits erwähnt. Durch therapeutische Unterstützung von Clubmitgliedern, durch Meditation und jahrelanges Studium, durch Hilfestellung seiner Freunde war er zu dem Mann herangereift, den ich kennenlernte. Zu diesem Zeitpunkt war er von Verzweiflung und Zerrüttung weit entfernt.

Shivas schreibt: »Da ist immer ein Körper, der hinter uns steht mit Armen, die uns halten, und Augen, die uns neue Aussichten eröffnen, ein größeres Wesen, das uns näher ist als die eigene Haut.« Oder anders ausgedrückt: In unserem Inneren wohnt ein Selbst, das an den Verrücktheiten der Welt erstarkt und »in jeder Kastastrophe einen Ausblick sieht auf den irren, schimmernden Urtanz, auf nächtliche Sonnenfeuer und auf die wirbelnden Welten um uns herum.«

Sein Ideal wäre es, daß wir alle diesen Körper und diesen Tanz kennenlernen und darin aufgehen – beim Golfspielen, beim Liedersingen oder im Gespräch mit Freunden, ja, und nicht zuletzt bei dem Versuch, diese Gedanken an andere weiterzutragen.

Nachwort: Shivas Tanz

In Südindien, unweit von Madras und Pondicherry, liegt der Tempel von Chidambaram, vielen bekannt als die Wohnung Natarayas, also des kosmischen Tänzers Shiva. Die in einer Schlucht gelegene Anlage besteht aus mehreren Sakralbauten, die, von unterschiedlicher Gestalt und Größe, den verschiedenen Körperteilen von Shiva zugeordnet sind. Einer ist mit hohen Fenstern versehen und schwarz wie die Nacht; er beherbergt den göttlichen *Lingam*: einen schwarzen, konisch zugespitzten Stein, der seit Jahrhunderten von Hindu-Frauen mit ausgelassener Butter bestrichen wird und inzwischen spiegelglatt und abgegriffen ist. In einem anderen Gebäude hängt die große Glocke, deren Schlag das Verschwinden und die Erneuerung des Gottes ankündigt. Rings um das Gelände verläuft ein Säulengang, und in der Nähe des Südtors steht der Pavillon mit der berühmten Statue. Auf einer Pyramide aus Göttern und Dämonen tanzt der König des Tanzes, und zwar in jener Weise, die das Ende der Welt und den Ablauf des kosmischen Zyklus darstellt.

Gegen Ende meines Aufenthaltes im Ashram Aurobindos besuchte ich diesen Tempel, begleitet von einem amerikanischen, orangefarben gewandeten Sadhu, der mir mit seinem irritierenden Lächeln zu sagen schien, daß ihm im Traum der Auftrag erteilt worden sei, mich hierher zu führen. Kaum hatte ich die Eingangsschwelle überschritten, wurde ich der Gegenwart des Gottes gewahr – nicht etwa eingebildetermaßen, sondern ganz und gar sinnlich wie fernes Trommelschlagen oder Singen.

Wir gingen schweigend über das Gelände, passierten die von Kerzen beleuchtete *Lingam*-Höhle (Frauen rieben singend über den phallischen Stein, um Teil zu haben an seiner Substanz, die ätherisch ist wie das Medium des Schalls), kamen an der Tempelglocke vorbei und schritten durch den Gang der tausend Säulen bis an den Rand der Besuchermenge, die sich vor der Figur des tanzenden Gottes drängte.

Brahmanische Priester aus Tamilnad umringten, auf überhöhten Bänken sitzend, die Statue und sangen sanskritische Mantras mit durchdringender Kraft und in jenem harten, monotonen Takt, der sich auch dem verstocktesten Sinn mit Nachdruck vermittelt. Dann plötzlich, auf dem Höhepunkt der Weihehandlung, fielen die Türen zu. Der Gott war verschwunden.

Im dichten Gedränge der Menge wurde mir schwindelig. Nach einer Weile gingen die Türen wieder auf. Die Statue war unter einem Berg von Blumen und Blütenblättern begraben; der Gesang schwoll an, und nur der strenge Mantra-Takt schien die Erregung der weißgekleideten Priester zügeln zu können.

Sie pflückten die Blüten und brachten Nataraya, den König des Tanzes, wieder zum Vorschein. Dann fielen erneut die Türen zu.

Als sie wieder aufgingen, stand Shiva in einem Berg von Reis.

Siebenmal wurde der Gott verborgen und entborgen – Nataraya, im Zentrum der Elemente, leuchtend und tanzend auch als steinernes Abbild. Sooft die Türen zuschlugen, erklang die große Glocke, und Hunderte von Zuschauern sahen Shiva im Herzen der Dinge: in Blumen, Reis, Brot und Stein. Arme und Beine der tanzenden Gestalt wie Protuberanzen platzender Welten, die Augen in ewiger Ruhe, das Lächeln Ekstase. Mit ihr tanzt jedes Atom.

Eine Bibliographie für interessierte Golfer

Assagioli, Roberto, *Handbuch der Psycho-Synthesis: angewandte transpersonale Psychologie* (Freiburg: Aurum-Verlag, 1978).

Aurobindo, Sri, *Das göttliche Leben* (Gladenbach: Hinder und Deelmann, 1974).

ders., *The Synthesis of Yoga* (Pondicherry: Sri Aurobindo Ashram Press, 1955).

Satprem, *Sri Aurobindo or The Adventure of Consciousness* (New York: India Library Society, 1964).

Carlyle, Thomas, *Sartor Resartus. Leben und Meinungen des Herrn Teufelsdröckh* (Zürich: Manesse, 1991).

Gurney, Edmund, *Gespenster lebender Personen und andere telepathische Erscheinungen* (Leipzig: M. Spohr, 1897).

Kirkaldy, Andra, *My Fifty Years of Golf: Memories* (London: T. Fisher Unwin Ltd., 1921).

Leonard, George B., *The Transformation* (Los Angeles: Jeremy P. Tarcher, 1986).

MacDuff, Seamus, *The Logarithms of the Just, Being First Notes for a Physics of the Spirit* (unveröffentlichtes Manuskript).

Myers, Frederic, *Human Personality and Its Survival of Bodily Death* (New York: Longmans, Green & Co., 1903 & 1954).

Steve Zikman

Weit weg und glücklich

Von der Magie des Reisens. Aus dem Amerikanischen von Eva Dempewolf. 188 Seiten. Geb.

Spontaner Ausflug über das Wochenende, Geschäftstrip oder vierwöchiger Rucksackurlaub – aus jeder Reise läßt sich viel mehr machen. Steve Zikman, selbst Weltenbummler aus Passion, kennt den besonderen Reiz jeder einzelnen Phase: den ersten Impuls und die kribbelnde Vorfreude beim Kofferpacken; das Entdecken ferner Länder – ein Sonnenaufgang an der Amazonasmündung, die feierliche Stille eines Stadtparks; Freundschaften, die wir unterwegs schließen – in einem Nachtzug ebensogut wie in einem buddhistischen Kloster; das unendliche Gefühl von Freiheit, wenn man aus seiner gewohnten Umgebung gelöst ist, oder auch das von Heimat in der Fremde, etwa weil man immer wieder das gleiche gemütliche Straßencafé besucht ... Dieses Buch steckt voller Erfahrungen darüber, wie Reisen unseren Horizont erweitert und unsere Persönlichkeit bereichert. Es ist das beste Mittel gegen Fernweh, leidenschaftlich, anregend und voller Poesie.

KABEL

Claudia Leins

Glück fürs ganze Jahr

155 Seiten. Mit Schmuckvignetten. Geb.

Glück ist kein Geheimnis. Oft reichen schon kleine Eindrücke und Freuden, um uns in Hochstimmung zu versetzen – das Lieblingslied im Radio, der Geruch nach Sommer oder die Berührung eines geliebten Menschen. Der Band von Claudia Leins leitet an, solche Glücksmomente je nach Jahreszeit zu finden und zu genießen: von der sanften Stille der ersten Schneeflocken über die ausgelassene Fröhlichkeit einer Silvesternacht, den ersten Einkaufsbummel im Frühling, das Streicheln hochsommerlicher Sonnenstrahlen auf der Haut und den Duft dampfend heißer Kürbissuppe im Herbst bis hin zu den glücklichen Gesichtern der Kinder an St. Martin und der eigenen Vorfreude beim Einpacken von Weihnachtsgeschenken für Familie und Freunde.
Abgerundet wird der Band durch viele köstliche Rezepte, passend zu jedem Monat – für Spargelsalat, Kirschkuchen, Pilzstrudel, Adventsgebäck und Co.

Sergio Bambaren
Das weiße Segel

Wohin der Wind des Glücks dich trägt. 192 Seiten.
Mit 10 farbigen Illustrationen von Heinke Both. Geb.
Aus dem Englischen von Barbara Röhl.

Nach »Der träumende Delphin«, der die Menschen auf der ganzen Welt begeistert hat, macht auch Sergio Bambarens neues Buch Mut, sich seine Träume zu erfüllen:
Wie Kate und Michael, deren Leben in der Sackgasse zu stecken scheint – bis sie bereit sind, sich auf ein echtes Abenteuer einzulassen, und von Neuseeland zur großen Reise ins Ungewisse aufbrechen. Mit ihrem Segelschiff *Distant Winds* entdecken sie die zauberhafte Welt des Südpazifiks und lernen so magische Orte wie die Fidschiinseln und Tonga kennen.
Doch die kostbarste Erfahrung, die die beiden unterwegs machen, führt sie an ein Ziel zurück, das schon fast verloren war: zu sich selbst und ihrer Liebe füreinander.

KABEL

Tadahiko Nagao · Isamu Saito

KOKOLOGY

Das Spiel des Herzens. Entdecken Sie die Wahrheit über Ihre Seele. 160 Seiten. Geb. Deutsch von Gabriele Wurster, Anita Brockmann und Annelie Ortmanns.

Nach Feng-Shui und Tamagotchi, Manga und Pokémon jetzt der neue Trend aus Fernost: KOKOLOGY, das spannende Erlebnisbuch mit originellen Fragen zum Mitmachen.
Stellen Sie sich vor, Sie sind im Süßwarenladen. Was wählen Sie aus dem verführerischen Angebot aus – Pralinen und Schokolade, Bonbons oder Lakritze? Und wem würden Sie von Ihren Köstlichkeiten am ehesten was abgeben? – Nehmen wir mal an, Sie haben sich in einer großen Höhle verlaufen und irren durch die verzweigten Gänge. Da flüstert Ihnen plötzlich jemand etwas zu. Was sagt die geheimnisvolle Stimme? Und wem gehört Sie? ...
Spielen Sie KOKOLOGY alleine oder mit den Menschen um Sie herum. Gefühle und Sexualität, Freundschaft und Familie, Job oder Sport: erfahren Sie die verblüffende Wahrheit, wie Sie auf andere wirken und wer Sie wirklich sind.

KABEL

Tadahiko Nagao · Isamu Saito

Mehr KOKOLOGY

Neue Spiele des Herzens. Erforschen Sie Ihre geheimsten Gefühle. 157 Seiten. Geb. Aus dem Japanischen von Ursula Gräfe und Kimiko Nakayama-Ziegler.

Mehr von KOKOLOGY, dem spannenden Erfolgsbuch zum Mitmachen: Angenommen, Sie gehen in den Zoo. Sie haben Glück, denn heute ist Tag der offenen Tür, und Sie dürfen eines der Tiere anfassen – wofür entscheiden Sie sich: Löwe oder Giraffe, Lamm oder Schlange? – Stellen Sie sich Ihr Traumhaus vor: Ist das Treppenhaus schummerig oder hell erleuchtet? Und welcher Raum ist der sauberste – Küche, Wohnzimmer oder Bad? Plötzlich merken Sie, daß die Eingangstür einen Spalt offensteht und jemand hereinspäht – wer? Und was sagt derjenige spontan? – Verborgene Wünsche und familiäre Bindungen, berufliche Ziele und erotische Phantasien: Lassen Sie sich überraschen, wer Sie wirklich sind!